河北省羊产业经济研究

（2021—2022年）

HEBEI SHENG YANG CHANYE
JINGJI YANJIU
（2021-2022 NIAN）

赵慧峰 薛凤蕊 李 珍 董 谦 顾文源 等 著

中国农业出版社
北 京

前　　言

　　河北省是养羊大省，有着悠久的羊产业发展历史和丰富的养殖经验，2022年底，河北省肉羊存栏量、出栏量和羊肉产量分别为 1 418.7 万只、2 664.7万只和 36.9 万吨，在全国排名分别为第七位、第三位和第三位。肉羊规模化生产比重不断提高，形成了包含保定唐县、衡水武邑、定州、承德围场、张家口康保、邯郸邱县、邯郸武安、邯郸大名和沧州孟村等 9 个县市的肉羊产业集群。河北省肉羊产业形成了鲜明的特色，一是打造育肥羊全产业链。近年来，唐县成了全国最大的育肥羊养殖基地，构建了全国最大、拥有较为完备的集良种繁育、肉羊育肥、屠宰加工、市场销售于一体的产业链模式，在全国肉羊市场具有一定的话语权。二是涵盖多品类种质资源。全省羊生产类型和品种齐全，形成了"高繁＋地方特色品种＋引入优势品种""三位一体"丰富的种质资源。三是构建了"平原-山区-坝上"区域布局。尽管取得了良好成绩，但是肉羊产业发展受到许多制约因素的影响，如种业基础薄弱、繁育体系不健全，养殖方式落后、标准化水平较低，疫病风险较高、绿色防控不完善，精深加工不足、品牌影响力较弱等，仍需持之以恒地对该产业进行深入研究，扬长避短，提高产业竞争力。

　　本书是河北省现代农业产业技术体系羊产业创新团队产业经济岗 2021 年和 2022 年的研究成果。在河北省农业农村厅的领导下，在羊产业创新团队首席的指导下，产业经济岗研究人员在对 2021 年和 2022 年河北省羊产业全面调研的基础上，紧紧围绕河北省羊产业高质量发展重大问题进行研究，撰写了相关研究报告。本书由六部分研究内容组成：2021—2022 年羊产业发展报告、河北省羊产业竞争力研究、河北省羊肉品牌建设、河北省肉羊养殖效率研究、对河北省肉羊产业扶贫的效果评价、对唐县羊产业的专题研究。希望我们的研究对河北省羊产业提高竞争力、推进高质量发展起到决策参考作用。

　　本书的部分内容也包含了以下科研课题的研究成果：河北省社科基金项目《"双碳"目标下河北省绿色循环畜牧业实现路径选择及其政策保障体系研究》

（B22YJ024）和河北省教育厅重点项目《环境规制下河北省畜牧业绿色发展路径研究》（SD2022035）。在研究过程中，由河北农业大学河北新型智库、河北省"三农"问题研究中心、河北省"三农"问题研究基地、现代农业发展研究中心和河北省农业经济发展战略研究基地组织专家对各章内容进行了论证，并给予了项目资助，在此表示感谢。

　　本书由赵慧峰负责全书的内容设计和统稿审定工作，各章的具体分工如下：专题一：薛凤蕊、董谦、赵慧峰、冯肃（沧州交通学院）、张希铭；专题二：赵慧峰、顾文源（河北省动物疫病预防与控制中心）、苏娜；专题三：李珍、吴琳；专题四：李珍、田俊达；专题五：薛凤蕊、王卫国、吕伟；专题六：刘倩（河北中医药大学）、顾文源、董晨；专题七：薛凤蕊、王卫国、胡雨欣（围场满族蒙古族自治县农业农村局）；专题八：薛凤蕊、张辉（邢台市柏乡县柏乡镇人民政府）；专题九：董谦；专题十：薛凤蕊、周志敏；专题十一：董谦、杨盼盼、胡建、张欣月；专题十二：李珍、刘丙健。本书作者工作单位除注明以外皆为河北农业大学。

　　由于作者学术水平所限，很多地方的研究浅尝辄止，不足之处有待今后完善，欢迎同行专家学者不吝赐教。

著　者

2024 年夏于保定

目　　录

专题一 2022年河北省羊产业发展报告

一、我国羊产业发展概况及河北省在全国的地位

（一）我国羊产业发展情况

1. 我国羊存栏量稳步发展

近五年[*]，我国羊存栏数均在3亿只上下浮动，除2018年末存栏量为29 713.5万只，不满3亿只外，其余年份均超过3亿只。尤其在2022年达到32 627.3万只，比2021年的31 969.3万只增加了658万只。

（1）山羊存栏量呈波动下降趋势。2021年山羊的存栏数继续呈下降趋势，原因是生态保护政策禁止放养，对于山羊存栏量有较大影响。从山羊存栏数来看，总体稳定在1.3亿～1.4亿只，其中2017年达到13 823.8万只，2018年下降到13 574.7万只；2019年出现上涨趋势，年末存栏量达到13 723.2万只；由于新冠疫情以及禁牧政策的持续影响，2020—2021年山羊存栏量逐步下降，分别为13 345.2万只和13 331.6万只。从国际地位来看，中国山羊饲养量位列全球第2位。

（2）绵羊存栏量呈波动上升趋势。绵羊近五年的年末存栏量呈现逐步增长趋势。2018年绵羊的年末存栏量为16 138.8万只；此后4年呈逐年上涨趋势，2019年绵羊的年末存栏量为16 349万只，2020年继续上涨，为17 309.5万只，2021年持续上涨到18 637.7万只，2022年上涨到19 403万只，相较于2018年增幅为20.23%，同时也达到近五年的绵羊年末存栏量顶峰（图1-1）。从国际地位来看，中国绵羊饲养量及羊肉产量均居全球首位。

2. 我国羊出栏量呈现波动上涨趋势

近五年我国羊出栏量呈现持续增长趋势，且2022年达到出栏量的最大值

---

[*] 本书中的近五年指2018—2022年。

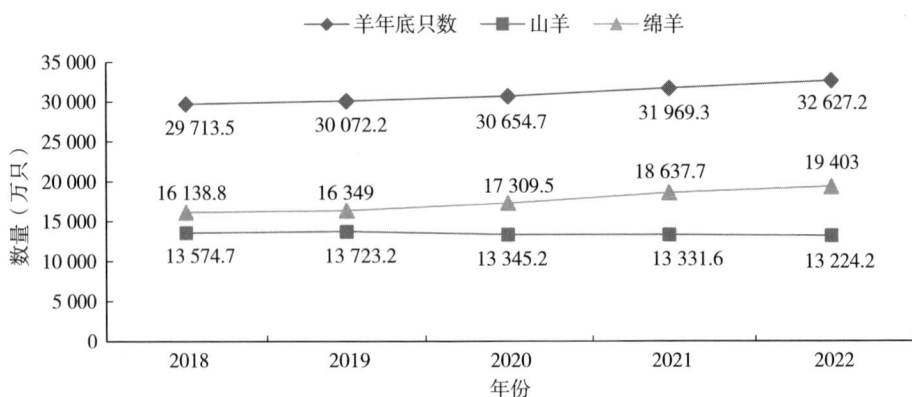

图 1-1　2018—2022 年我国羊年底存栏量

33 624 万只。从增长幅度看，2018 年到 2019 年的增长幅度为 2.22%；2019 年到 2020 年的增长幅度下降到 0.76%；2020 年到 2021 年的增长幅度再次上升，骤增至 3.46%，是近五年来最大增幅；2022 年持续上升，增长幅度为 1.75%（图 1-2）。我国近五年的羊出栏量增长幅度虽然一直处于波动状态，但在数量上一直保持上涨趋势。

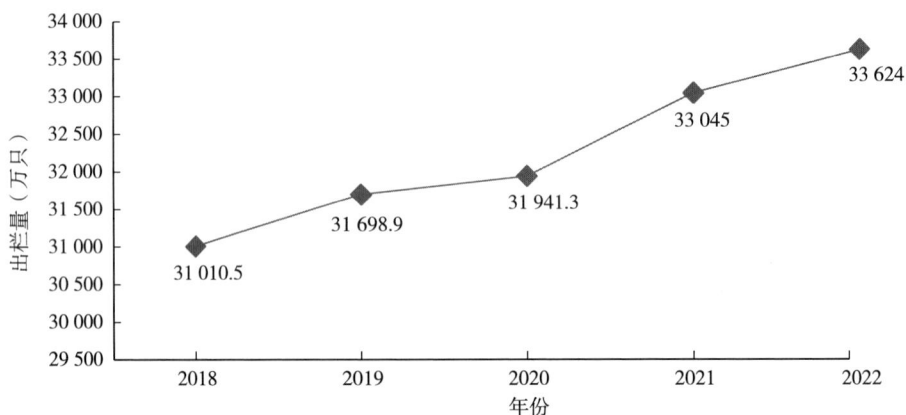

图 1-2　2018—2022 年我国羊出栏量

3. 我国羊肉产量波动上涨

我国羊肉产量总体变化趋势与羊出栏量基本保持一致，保持持续上升状态。2018 年羊肉产量为 475.1 万吨，增幅为 0.85%；2019 年羊肉产量为 487.5 万吨，增幅达到 2.61%；2020 年增幅放缓，仅为 0.98%；在 2021 年增幅再次出现增长，超过 2019 年，高达 4.41%；2022 年增幅为 2.05%，羊肉产量为 524.53 万吨，达到近五年最大产量（图 1-3）。

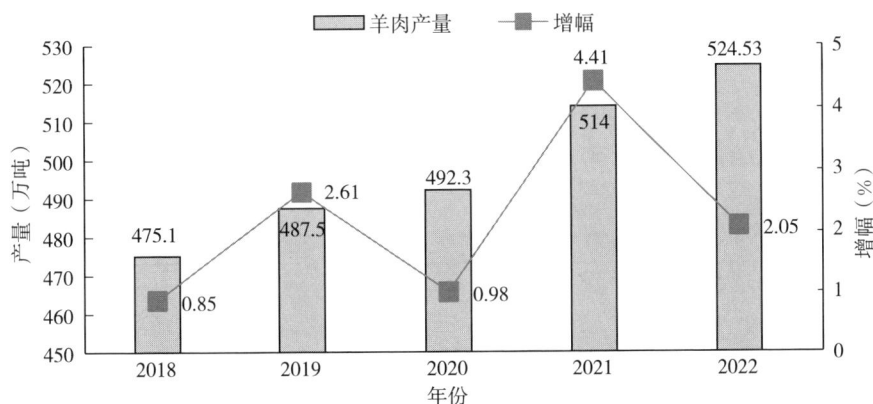

图 1-3 2018—2022 年我国羊肉产量及增幅

（二）河北省羊产业发展及全国排名情况

1. 河北省羊存栏量在全国排名第七位，增幅位居第一

2022 年底河北羊存栏量为 1 419 万只（表 1-1），在全国排名第七位，名次由 2021 年的第九位上升至第七位，增幅为 7.83%，由 2021 年的全国第四位变为第一位。在 2022 年底羊存栏量排名前十名的省份中，仅有内蒙古、山东、青海三个省份增长为负，其中，青海的降幅最大，幅度为 2.31%，其次是山东，降幅为 0.48%，再次是内蒙古，降幅为 0.23%，其余省份均为正增长，河北增幅最大，其次是甘肃，增幅为 6.39%，位居第二位，年底存栏量为 2 595 万只，再次是新疆，增幅为 5.58%，位居第三位，年底存栏量达到 4 825 万只，山西的增长幅度为 4.03%，年底存栏量达到 1 111 万只，其余省份增长幅度均在 4% 以内。羊价出现持续攀升，河北省规模羊场扩大养殖规模，加之龙头企业利用联贫带贫政策扩大养殖规模，导致养羊数量大幅增加。

表 1-1 2020—2022 年我国羊年底存栏变化情况

单位：万只,%

地区	2020 年	2021 年	增幅	2022 年	增幅
内蒙古	6 074	6 138	1.05	6 124	−0.23
新疆	4 171	4 570	9.57	4 825	5.58
甘肃	2 192	2 440	11.31	2 596	6.39
山东	1 502	1 466	−2.40	1 459	−0.48
河南	1 965	2 012	2.39	2 030	0.89
四川	1 525	1 512	−0.85	1 530	1.19

（续）

地区	2020 年	2021 年	增幅	2022 年	增幅
青海	1 344	1 386	3.13	1 354	−2.31
云南	1 351	1 362	0.81	1 372	0.73
河北	1 270	1 316	3.62	1 419	7.83
山西	970	1 068	10.10	1 111	4.03

数据来源：《中国统计年鉴》（2021—2023 年）。

2. 河北省山羊年末存栏量增幅上升

2022 年河北山羊年末存栏量出现正增长，增幅由 2021 年的 −5.37% 上升至 0.99%（表 1 - 2），存栏量达到 348.8 万只，在全国排名第 15 位，与 2021 年排名相比上升一位，近三年山羊年末存栏量最多的是河南，始终位于第一，2022 年山羊年末存栏量达到 1 680.2 万只，但增幅为负，为 −1.77%。从增幅上看，在全国排名前 16 的省份中，2022 年有 9 个省份均为正增长，其中，增幅最大的是新疆，为 11.65%，有 7 个省份出现了负增长，降幅最大的为甘肃，其次是辽宁，再次是贵州，降幅分别为 18.96%、8.29%、6.97%，其余出现负增长的省份的降幅均在 3% 内。

表 1 - 2 2020—2021 年各省山羊年末存栏量变化情况

单位：万只，%

地区	2020 年山羊年末存栏量	2021 年山羊年末存栏量	增幅	2022 年山羊年末存栏量	增幅	排名变化
内蒙古	1 629.3	1 558.6	−4.34	1 512.1	−2.98	2 - 2 - 2
四川	1 353.9	1 342.9	−0.81	1 358	1.12	3 - 3 - 3
河南	1 672.5	1 710.5	2.27	1 680.2	−1.77	1 - 1 - 1
云南	1 251.7	1 263.2	0.92	1 276.1	1.02	4 - 4 - 4
山东	520.8	486.4	−6.61	518.2	6.54	9 - 9 - 9
陕西	722.5	723.9	0.19	721.7	−0.30	6 - 6 - 6
湖南	761.2	775.1	1.83	801.4	3.39	5 - 5 - 5
新疆	364.1	426.7	17.19	476.4	11.65	14 - 11 - 10
湖北	533.3	536.8	0.66	531.7	−0.95	8 - 8 - 8
安徽	582.8	582.5	−0.05	583.9	0.24	7 - 7 - 7
辽宁	404.2	411.5	1.81	377.4	−8.29	11 - 12 - 12
河北	365	345.39	−5.37	348.8	0.99	13 - 16 - 15
甘肃	464.7	448.4	−3.51	363.4	−18.96	10 - 10 - 13

（续）

地区	2020 年山羊年末存栏量	2021 年山羊年末存栏量	增幅	2022 年山羊年末存栏量	增幅	排名变化
山西	381.9	381	−0.24	393.8	3.36	12 - 13 - 11
贵州	360.5	365.8	1.47	340.3	−6.97	15 - 14 - 16
江苏	330.79	351.8	6.35	352.2	0.11	16 - 15 - 14

数据来源：《中国统计年鉴》（2021—2023 年）。

3. 河北省绵羊存栏量在全国上升至第五位，增幅位于第二位

河北 2021 年的绵羊年底存栏量为 970.7 万只（表 1 - 3），2022 年增幅出现骤增，由 2021 年的 7.22％上升为 10.18％，位于第二位，产量达到 1 069.5 万只，在全国各省份中的位置排名由第六位上升至第五位。在全国绵羊年末存栏量排名前十的省份中，增幅最大的省份为甘肃，为 12.11％，存栏量从 2021 年的 1 991 万只上升至 2022 年的 2 232.2 万只，增加 241.2 万只，在全国排名保持第三位，其次是河北，增幅为 10.18％，绵羊存栏量达到 1 069.5 万只，位置上升至第五位，再次是吉林，增幅为 8.62％，位居第三位，存栏量为 643.6 万只，仅有山东与青海的绵羊存栏量出现了负增长，增幅分别为−3.99％与−2.35％，其余省份的绵羊存栏量均为正增长，增幅均在 5％以内。

表 1 - 3　2020—2021 年各省绵羊年末存栏量变化情况

单位：万只，％

地区	2020 年绵羊年末存栏量	2021 年绵羊年末存栏量	增幅	2022 年绵羊年末存栏量	增幅	排名变化
内蒙古	4 444.9	4 579.6	3.03	4 611.8	0.70	1 - 1 - 1
新疆	3 807.2	4 142.8	8.81	4 348.8	4.97	2 - 2 - 2
甘肃	1 727.1	1 991	15.28	2 232.2	12.11	3 - 3 - 3
青海	1 280	1 341.5	4.80	1 310	−2.35	4 - 4 - 4
山东	980.9	980	−0.09	940.9	−3.99	5 - 5 - 6
河北	905.3	970.7	7.22	1 069.5	10.18	6 - 6 - 5
西藏	659.2	672.3	1.99	680.8	1.26	7 - 9 - 9
黑龙江	694.6	725.2	4.41	728.7	0.48	8 - 7 - 7
山西	588.2	687.1	16.81	717.1	4.37	9 - 8 - 8
宁夏	503.5	581.6	15.51	604.8	3.99	10 - 10 - 11
吉林	397.9	592.5	48.91	643.6	8.62	11 - 11 - 10

数据来源：《中国统计年鉴》（2021—2023 年）。

4. 河北省羊肉产量在全国位列第三位，增幅位于第二位

2022年全国羊肉产量为524.5万吨，河北羊肉产量36.9万吨（表1-4），占比7.04%，增幅为8.85%，在全国排名中与2021年持平，位居第三名。在全国各省份中，羊肉产量排名保持稳定，无明显变化。在排名前五的省份中，甘肃的羊肉产量增幅依然保持第一位，达到8.96%，产量由2021年的33.5万吨增长至36.5万吨，排名与2021年持平，位于第四位。河北的羊肉产量增幅为8.85%，位于第二位。湖南的羊肉产量增长幅度为4%，排名第三。在全国排名前十的省份中，仅有内蒙古的增幅为负，为−3.08%，其余省份均为正增长。

表1-4 2020—2022年河北省羊肉产量变化情况

单位：万吨，%

地区	2020年羊肉产量	2021年羊肉产量	增幅	2022年羊肉产量	增幅	排名变化
内蒙古	113	113.7	0.62	110.2	−3.08	1-1-1
新疆	57	60.4	5.96	60.7	0.50	2-2-2
山东	34	33	−2.94	33.7	2.12	3-5-5
河北	31.3	33.9	8.31	36.9	8.85	4-3-3
河南	28.6	28.9	1.05	29.0	0.35	5-6-6
四川	27.3	27.1	−0.73	27.4	1.11	7-7-7
云南	20.8	21.1	1.44	21.72	2.94	8-9-9
安徽	20.7	21.9	5.80	22.5	2.74	9-8-8
甘肃	27.6	33.5	21.38	36.5	8.96	6-4-4
湖南	16.1	17.5	8.70	18.2	4	10-10-10

数据来源：《中国统计年鉴》（2021—2023年）。

在羊肉产量方面，依然以内蒙古为首，产量达到110.2万吨，其次是新疆，产量达到60.7万吨，再次是河北，产量达到36.9万吨，与2021年羊肉产量在全国排名位置相同，位居第三位，河北省羊肉产量发展稳定的主要原因是河北省保定市有三个较大的羊肉屠宰和食品加工企业——唐发、瑞丽、振宏食品有限公司，每年屠宰羊的数量就达到450余万只，唐县销往北京市场的羊胴体占北京所有羊胴体的50%以上，销往新发地市场的羊胴体占新发地羊胴体总量的90%以上。目前河北省羊定点屠宰企业发展到36家（32厂、4点），牛羊合建屠宰企业44家（41厂、3点），年设计屠宰能力1 877万只，2021年实际屠宰量达到539.09万头，同比上升10.27%，巨大的屠宰量迅速带动了周边养羊业的发展，由此可以看出，河北省在羊肉生产技术方面处于较高水平。

5. 河北省绵羊毛产量在全国位居第四位，半细羊毛产量居于全国第三位

近五年我国羊毛和羊绒产量除半细羊毛外总体均呈现下降趋势。半细羊毛经历了缓慢下降和快速上升的过程，由 2018 年的 12.04 万吨下降到 2019 年的 11.33 万吨，2020 年开始上升，2021—2022 年快速上涨，增幅为 20.81%。其中降幅最多的是细羊毛，2021 年为 9.82 万吨，2022 年下降到 6.88 万吨，下降幅度为 29.94%（图 1-4）。

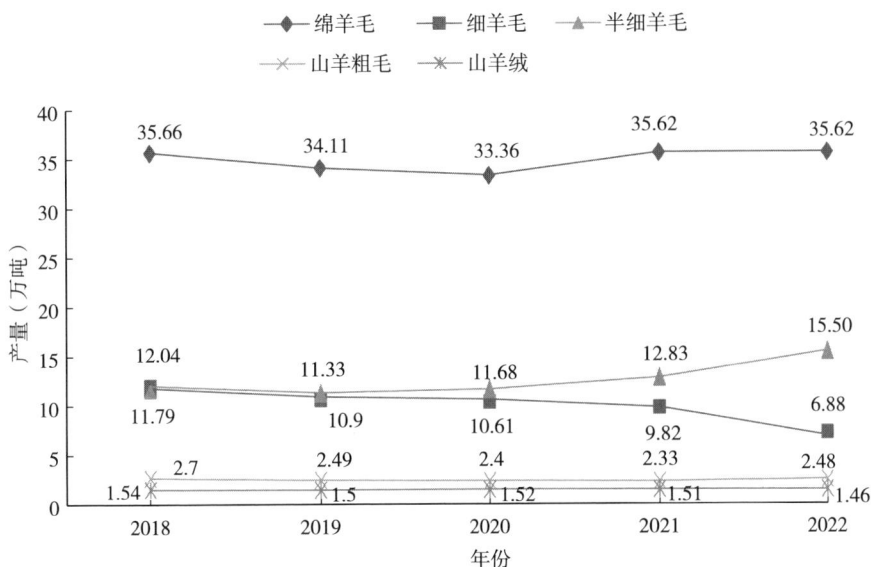

图 1-4　2018—2022 年我国羊毛和羊绒产量

2022 年河北省除山羊粗毛有所下降外，绵羊毛和山羊绒产量均上升。2022 年河北省绵羊毛产量为 2.58 万吨，排名上升了一位，位居全国第四位，与 2021 年比增加了 0.51 万吨，上涨幅度为 19.68%。2022 年排在前三名的省份为内蒙古、新疆和甘肃，分别为 11.69 万吨、7.32 万吨以及 3.44 万吨。在全国排名前五的省份中仅河北与黑龙江为正向增长，且河北增幅最大，其余省份均为负增长，下降幅度最大的是内蒙古，为 3.02%。

在河北绵羊毛产量中，半细羊毛占据主要位置。河北省 2022 年细羊毛和半细羊毛产量分别为 5 844.2 吨和 17 761.9 吨，同 2021 年相比增加了 1 540.7 吨和 3 588.4 吨。在全国细羊毛排名前七的省份中甘肃、河北以及山西三个省份为正增长，河北上涨幅度最大，为 35.80%，且与上年相比排名由第五位上升至第四位。而在全国半细羊毛产量排名前七的省份中，2022 年河北位居第三名，增幅为 25.32%，排在前两位的是新疆和黑龙江，其中新疆增幅最大，达到了 70.64%（表 1-5）。

表 1-5 2021—2022 年各省细羊毛和半细羊毛变化情况

单位：吨，%

地区	细羊毛				地区	半细羊毛			
	2021 年	2022 年	增幅	排名变化		2021 年	2022 年	增幅	排名变化
内蒙古	41 149.4	18 103.9	−56.00	1−1	新疆	20 346.4	34 718.4	70.64	1−1
新疆	16 683.3	13 967.8	−16.28	2−2	黑龙江	19 553.2	21 432.2	9.61	2−2
甘肃	10 109.6	11 213.9	10.92	3−3	内蒙古	16 889.6	15 625.7	−7.48	3−4
吉林	9 031.4	2 963.4	−67.19	4−7	河北	14 173.5	17 761.9	25.32	4−3
河北	4 303.5	5 844.2	35.80	5−4	青海	10 311.2	9 593.5	−6.96	5−6
黑龙江	3 556.4	3 423.6	−3.73	6−5	吉林	7 982.6	11 126.1	39.38	6−5
山西	2 654.3	3 218.3	21.25	7−6	山西	6 998.7	8 133.7	16.22	7−7

数据来源：《中国统计年鉴》（2022—2023 年）。

河北省 2021 年山羊粗毛产量为 2 012.3 吨，在全国排名第三位，2022 年产量下降到 1 957.8 吨，下降幅度为 2.71%，排名下降两位到第五名，主要原因是在全国排名前七的省份中除河北、河南以及辽宁山羊粗毛产量下降外，其余省份山羊粗毛产量都在增加，尤其是陕西上涨幅度最大，达到了 31.91%。河南的下降幅度最大，2021 年产量是 1 764.7 吨，2022 年下降到 1 628.0 吨，下降幅度是 7.75%；其次是辽宁，下降幅度是 3.44%（表 1-6）。

受山羊养殖量影响，2022 年河北省山羊绒产量为 743.3 吨，与 2021 年相比有小幅上涨，增幅为 1.92%。河北省有全国重要的羊绒制品产销基地清河县，清河县拥有 40 多年的羊绒加工史，被誉为"中国羊绒之都"，山羊绒产量占世界的 40%、全国的 65%。内蒙古山羊绒产量有所下降，但排名仍是第一，由于气候适宜，内蒙古山羊绒品质好，是我国最大的羊绒产区。

表 1-6 2021—2022 年各省山羊粗毛和山羊绒变化情况

单位：吨，%

地区	山羊粗毛				地区	山羊绒			
	2021 年	2022 年	增幅	排名变化		2021 年	2022 年	增幅	排名变化
内蒙古	6 418.6	7 677.7	19.62	1−1	内蒙古	6 109.1	6 049.9	−0.97	1−1
新疆	2 683.4	2 881.4	7.38	2−2	新疆	1 937.3	1 132.6	−41.54	2−5
河北	2 012.3	1 957.8	−2.71	3−5	陕西	1 536.9	1 704.0	10.87	3−2
山西	1 909.8	2 046.8	7.17	4−4	山西	1 336.0	1 535.2	14.91	4−3
陕西	1 791.5	2 363.1	31.91	5−3	辽宁	1 268.1	1 330.9	4.95	5−4
河南	1 764.7	1 628.0	−7.75	6−7	西藏	768.5	713.0	−7.22	6−7
辽宁	1 728.7	1 669.3	−3.44	7−6	河北	729.3	743.3	1.92	7−6

数据来源：《中国统计年鉴》（2022—2023 年）。

二、河北省各地区羊生产及分布情况

2022 年河北省羊存栏量为 1 418.68 万只，比 2021 年的 1 316.04 万只增长 7.8%；羊出栏量为 2 664.55 万只，比 2021 年的 2 440.07 万只增长 9.2%；羊肉产量 36.89 万吨，比 2021 年增长 8.9%。

（一）河北省全省羊养殖和生产情况

1. 羊存栏量较多的是保定、张家口、邯郸、沧州和承德

2022 年河北省年末羊存栏量最多的是保定，为 320.15 万只；第二名是张家口，存栏量达 196.49 万只；第三名是邯郸，存栏量为 183.44 万只；第四名和第五名是沧州和承德，存栏量分别为 110.68 万只和 107.51 万只。

在变动幅度方面，存栏量排在前五位的城市中，张家口增幅最大，为 9.97%；其次是保定，同比上涨 9.07%，沧州上涨 8.42%，承德增幅为 7.84%，邯郸上涨幅度最小，为 7.66%（图 1-5）。存栏量上涨的原因主要是张家口、保定、沧州、承德规模养羊场较多，羊肉价格高居不下激励其不断扩大养羊规模，养羊数量急剧增多。邯郸大部分都是小规模家庭养殖，即使羊肉价格较高，扩繁和增加养殖的数量有限，增幅较小。

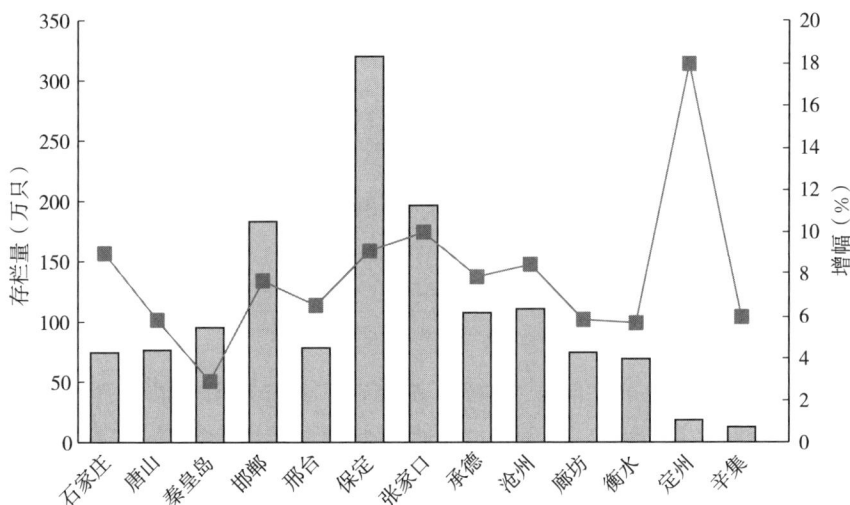

图 1-5　河北省 2022 年各市羊存栏量及增幅

2. 羊出栏量较多的是保定、邯郸、张家口、秦皇岛和沧州

2022 年河北省羊出栏量最多的是保定，为 621.93 万只，尽管在 2021 年和

2022年保定市生态环保政策对唐县养羊规模和数量进行了限制，但养羊的巨大利润仍然导致养羊规模不断增加，2022年比2021年增长10.95％；其次是邯郸，羊出栏量达358.65万只，同比增长10.05％；张家口以312.07万只的羊出栏量，位列第三名，增幅为10.72％；排在第四名和第五名的是秦皇岛和沧州，羊出栏量分别为225.91万只和211.00万只，分别比2021年羊出栏量增长9.19％和9.40％。在出栏量的变动趋势方面，增幅最大的是承德和邢台，增幅分别为11.83％和11.49％，由此可见，在利益驱动下，很多城市也在不断扩大养羊规模。增幅出现负增长的仍然是廊坊，增幅为－1.18％，说明出栏量有小幅下降（表1－7）。

表1－7 2022年河北省各市羊存出栏情况及增幅

单位：万只，万吨，％

地区	羊存栏量	增幅	羊出栏量	增幅	羊肉产量	增幅
石家庄	74.60	8.95	136.72	9.48	1.77	11.51
唐山	76.84	5.80	120.85	8.57	1.75	11.41
秦皇岛	95.46	2.91	225.91	9.19	3.21	12.07
邯郸	183.44	7.66	358.65	10.05	4.75	16.15
邢台	78.43	6.49	153.94	11.49	1.99	9.45
保定	320.15	9.07	621.93	10.95	8.70	4.65
张家口	196.49	9.97	312.07	10.72	4.31	8.05
承德	107.51	7.84	179.21	11.83	2.42	9.90
沧州	110.68	8.42	211.00	9.40	3.09	12.10
廊坊	74.67	5.82	125.88	－1.18	1.85	5.51
衡水	69.22	5.66	159.84	7.38	2.17	5.03
定州	18.56	17.95	36.60	2.44	0.56	14.70
辛集	12.60	5.95	21.45	1.12	0.32	1.74

数据来源：根据河北省畜牧站调查数据整理得出。

3. 羊肉产量较多的是保定、邯郸、张家口、秦皇岛和沧州

2022年河北省羊肉产量最多的仍然是保定，羊肉产量为8.70万吨，比2021年增长4.65％；邯郸以4.75万吨的羊肉产量位居河北省第二名，比2021年增长了16.15％，增长幅度在河北省内是最大的；张家口羊肉产量排在第三名，为4.31万吨，同比增长8.05％；秦皇岛和沧州羊肉产量也出现了较大幅度增长，分别以3.21万吨和3.09万吨分列河北省第四名和第五名，增幅分别为12.07％和12.10％（表1－7、图1－6）。

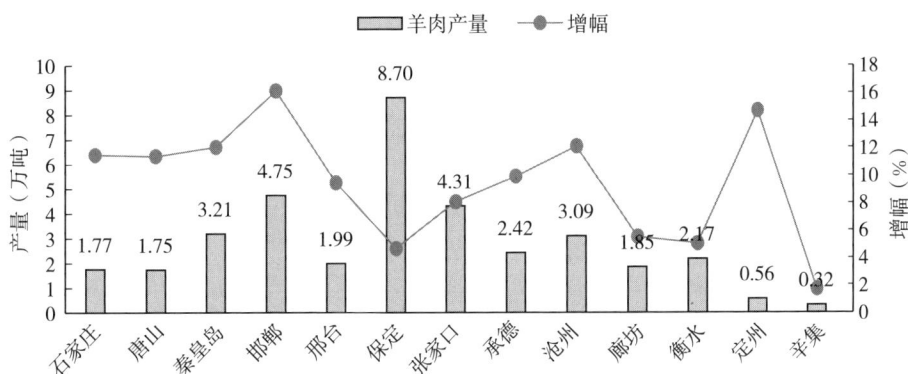

图1-6　河北省2022年各市羊肉产量及增幅

（二）河北省羊主产区养殖情况

1. 河北省羊主产区羊存出栏量情况

在河北省羊主产区存栏量中，保定唐县和曲阳县分别位居第一和第二，唐县2021年存栏量为173.40万只，2022年上涨至189.13万只，增幅达9.07%；其次是曲阳县，增幅为9.04%，2022年存栏量达到30.64万只。张家口有三个县排在前十名，分别是张北县、阳原县和康保县，其中张北县位居第三，上涨幅度9.71%；阳原县2022年羊存栏量与去年相比增加2.19万只，增幅为9.57%；康保县增幅为9.25%，位于第六。秦皇岛的卢龙县和昌黎县羊存栏量分别排在第四和第七名，其中卢龙县2022年羊存栏量与2021年相比为负增长，下降幅度是1.74%；昌黎县2022年羊存栏量与2021年相比是上涨的，增幅为1.93%。廊坊、邯郸、承德均各有一个县羊存栏量进入全省前十，廊坊永清县2021年羊存栏量为24.29万只，2022年增长了0.39万只，增幅为1.61%；邯郸魏县羊存栏量排在第九名，增幅为6.70%；承德围场满族蒙古族自治县2022年羊存栏量同比增长了6.62%。

河北省主产区羊出栏量均呈正向增长，保定唐县和曲阳县仍排名第一和第二，唐县2022年羊出栏量与2021年相比增加了34.82万只；曲阳县2022年羊出栏量为85.02万只，增幅超过唐县，达到了12.88%。秦皇岛羊出栏量居于河北省前十的有卢龙县、昌黎县以及青龙满族自治县，卢龙县羊出栏量排名第三，增幅为9.28%；昌黎县和青龙满族自治县分别排在第五和第六名，且青龙满族自治县是秦皇岛三个主产区增幅最大的县。张家口康保县羊出栏量位于河北省第四名，在全省排名前十的主产区中，增幅是最小的，仅有1.32%。

永清县是廊坊唯一一个羊出栏量位于前十的县，位于第七位，2022年羊出栏量有 50.22 万只，增幅为 1.60%。邯郸成安县、邱县的羊出栏量进入河北省前十，同时增幅较大，其中成安县增幅最大，达到了 19.34%，邱县增幅仅次于成安县，为 14.79%。承德隆化县也是承德进入河北省主产区羊出栏量前十的唯一县，2022 年羊出栏量是 41.92 万只，与上年相比增长了 4.96 万只（表 1-8）。

表 1-8　河北省主产区各县羊存出栏量

单位：万只，%

地区	羊存栏量			地区	羊出栏量		
	2021 年	2022 年	增幅		2021 年	2022 年	增幅
唐县	173.40	189.13	9.07	唐县	343.61	378.43	10.13
曲阳县	28.10	30.64	9.04	曲阳县	75.32	85.02	12.88
张北县	23.79	26.10	9.71	卢龙县	64.43	70.41	9.28
卢龙县	25.86	25.41	−1.74	康保县	62.89	63.72	1.32
阳原县	22.88	25.07	9.57	昌黎县	50.60	54.32	7.35
康保县	22.93	25.05	9.25	青龙县	46.45	52.50	13.02
昌黎县	24.36	24.83	1.93	永清县	49.43	50.22	1.60
永清县	24.29	24.68	1.61	成安县	41.58	49.62	19.34
魏县	22.38	23.88	6.70	邱县	39.83	45.72	14.79
围场县	22.36	23.84	6.62	隆化县	36.96	41.92	13.42

数据来源：根据河北省畜牧站调查数据整理得出。

2. 河北省主产区羊肉产量变化情况

2022 年河北省主产区各县羊肉产量中，保定有两个县进入河北省羊主产区羊肉产量前十名，分别是唐县和曲阳县。虽然受生态环境治理影响，2022 年唐县羊肉产量出现负增长，但仍然位于河北省第一，2022 年与 2021 年相比减少了 0.04 万吨，下降幅度为 0.75%。唐县部分规模养殖场转移到曲阳县，导致曲阳县养羊数量激增，从 2020 年开始曲阳县羊肉产量排名跃居到全省第二位，后持续增加，2022 年增长到 1.21 万吨，增幅为 23.47%（表 1-9）。

表 1-9　河北省羊主产区羊肉产量

单位：万吨

地区	2018 年	2019 年	2020 年	2021 年	2022 年
唐县	3.29	3.28	3.59	5.30	5.26
曲阳县	0.73	0.83	0.89	0.98	1.21

（续）

地区	2018 年	2019 年	2020 年	2021 年	2022 年
卢龙县	0.74	0.84	0.85	0.87	1.01
康保县	0.74	0.79	0.88	0.86	0.90
昌黎县	0.68	0.76	0.73	0.78	0.85
永清县	0.58	0.60	0.64	0.66	0.69
青龙满族自治县	0.49	0.52	0.60	0.56	0.63
邱县	0.39	0.40	0.38	0.50	0.63
成安县	0.47	0.46	0.48	0.45	0.58
隆化县	0.45	0.51	0.49	0.51	0.57

数据来源：根据河北省畜牧站调查数据整理得出。

秦皇岛有三个县的羊肉产量均进入了河北省前十，分别是位于第三名的卢龙县、第五名的昌黎县以及第七名的青龙满族自治县。卢龙县近五年的羊肉产量不断增加，2022 年达到 1.01 万吨，增幅为 16.09%；昌黎县 2018 年、2019 年呈增长趋势，到 2020 年下降到 0.73 万吨，2021 年又开始上升，2022 年羊肉产量为 0.85 万吨，增幅为 8.97%；青龙满族自治县从 2018 年的 0.49 万吨上涨到 2020 年的 0.60 万吨，2021 年开始下降，产量为 0.56 万吨，2022 年开始上升达到近五年的最高点 0.63 万吨，增幅为 12.50%。

邯郸的邱县和成安县位于第八名和第九名，近五年邱县和成安县羊肉产量均呈波动上涨趋势。邱县除在 2020 年下降到 0.38 万吨，其余年份均在上升，2022 年涨至 0.63 万吨，增幅为 26.00%；2022 年成安县羊肉产量为 0.58 万吨，比 2018 年增加 0.11 万吨，成安县 2022 年羊肉产量是各产区增幅最大的县，增幅为 28.89%。

张家口、廊坊以及承德均各有一个县羊肉产量进入前十，张家口康保县羊肉产量位于河北省第四名，2018—2022 年羊肉产量从 0.74 万吨涨到 0.90 万吨，2022 年增幅为 4.65%。廊坊永清县羊肉产量位于河北省第六位，近五年羊肉产量一直在不断增加，2022 年增加到 0.69 万吨。承德隆化县羊肉产量排名第十，2019 年呈增长趋势，2020 年有所下降，2021 年又上升到与 2019 年持平，2022 年开始快速上涨，增幅为 11.76%。

（三）河北省羊产业生产布局情况

从羊的存、出栏量以及羊肉产量来看，河北省的羊产业主要分布于保定、邯郸、张家口、秦皇岛以及沧州等地区。

1. 保定以唐县为主、曲阳县为辅，羊产量大幅上涨

保定唐县无论出栏量、存栏量还是羊肉产量，均居河北省各县（市）第一。唐县肉羊养殖以育肥为主，据调查，至2021年全县范围内有养羊专业村50多个，肉羊养殖场（户）6 000多个，1 000只以上养殖场（区）1 500多个，年销售额160亿元以上。以保定瑞丽肉食品有限公司、唐县振宏肉食品有限公司以及河北国富唐尧肉食品有限公司三个当地的肉羊屠宰企业为支撑，形成规模效应。2021年曲阳县羊存栏量为28.1万只，羊出栏量为75.32万只，羊肉产量为0.98万吨；2022年羊存栏量上涨到30.64万只；羊出栏量上涨到85.02万只，上涨12.88%，羊肉产量上涨到1.21万吨，均位于河北省县域第二名，发展较快。

2. 邯郸羊生产呈现均匀分布，各县区相差不大

邯郸2022年除市区羊养殖数量较少外，其他地区分布相对均匀，羊存栏量较多的县（或区）为魏县（23.88万只）、成安县（20.02万只）、邱县（18.86万只）、永年区（18.68万只）、鸡泽县（17.51万只）；羊出栏量较多的县（或区）为成安县（49.62万只）、邱县（45.72万只）、临漳县（38.95万只）、魏县（32.50万只）、永年区（31.79万只）、大名县（30.50万只）；邯郸羊肉产量较2021年相比上升了3.67%，总产量达到4.75万吨，其中羊肉产量较多的县（或区）为邱县（0.63万吨）、成安县（0.58万吨）、临漳县（0.55万吨）、魏县（0.45万吨）、永年区（0.43万吨）、大名县（0.42万吨）、肥乡区（0.35万吨）（图1-7）。

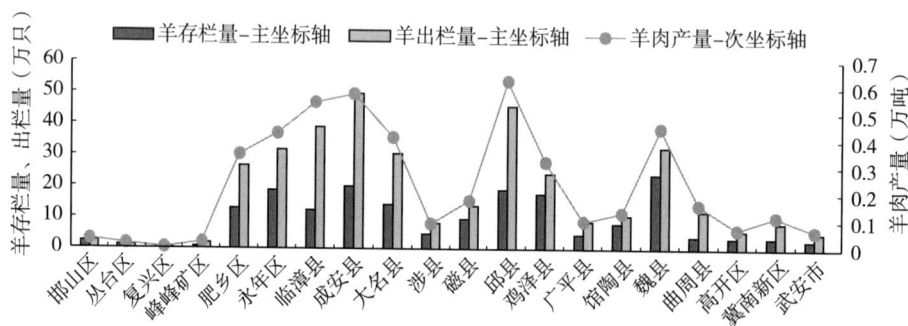

图1-7　2022年邯郸各县（市、区）羊存、出栏量及羊肉产量

3. 张家口羊存栏量以张北县、康保县、阳原县三地为主，出栏量和羊肉产量以康保县、阳原县为主

张家口2022年羊存栏量较多的县是张北县（26.10万只）、阳原县（25.07万只）、康保县（25.05万只），均在河北省排名前十，其中张北县位居第三；羊出栏量较多的县是康保县（63.72万只）、阳原县（40.50万只）、蔚

县（30.41 万只）、尚义县（24.47 万只）、张北县（23.76 万只）；羊肉产量较多的县是康保县（0.90 万吨）、阳原县（0.55 万吨）、蔚县（0.41 万吨）、尚义县（0.34 万吨）、张北县（0.33 万吨）、沽源县（0.32 万吨）、宣化区（0.26 万吨）（图 1-8）。

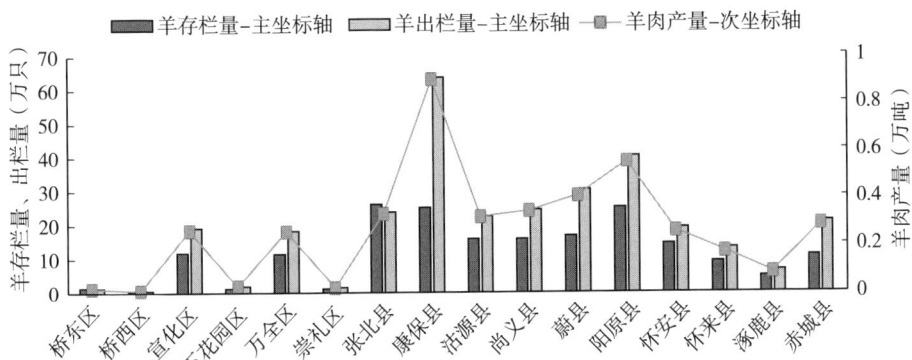

图 1-8　2022 年张家口各县区羊存、出栏量及羊肉产量

4. 秦皇岛羊主产区为卢龙县、昌黎县、青龙满族自治县和抚宁区

秦皇岛羊产业在 2022 年稳步发展，羊存栏量、出栏量和羊肉产量均有提升。2022 年羊存栏量较多的是卢龙县（25.41 万只）、昌黎县（24.83 万只）、青龙满族自治县（20.29 万只）、抚宁区（15.33 万只）；羊出栏量较多的是卢龙县（70.41 万只）、昌黎县（54.32 万只）、青龙满族自治县（52.50 万只）、抚宁区（36.47 万只）；羊肉产量较多的是卢龙县（1.01 万吨）、昌黎县（0.85 万吨）、青龙满族自治县（0.63 万吨）、抚宁区（0.57 万吨）（图 1-9）。

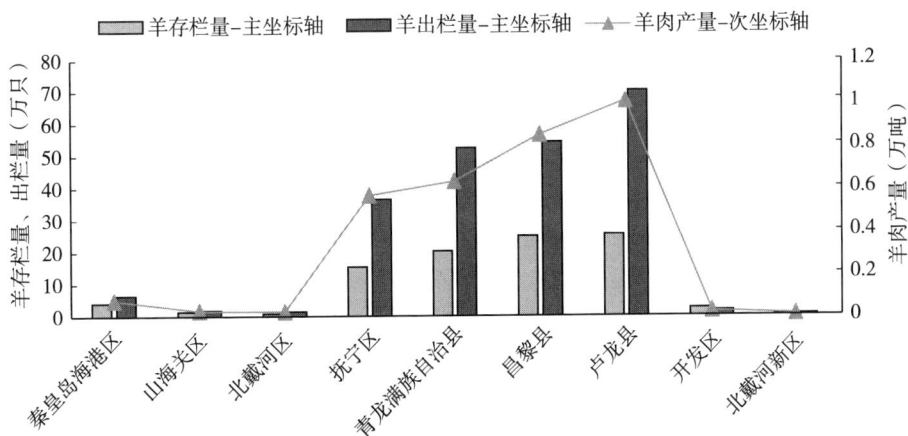

图 1-9　2022 年秦皇岛各县区羊存、出栏量及羊肉产量

5. 沧州各县羊产量增速较大，羊产业发展较好

沧州 2022 年末羊存栏量排在前三位的分别是沧县（15.35 万只）、青县（12.73 万只）、献县（12.70 万只）。沧县羊出栏量居第一位，达到 31.65 万只，青县（31.42 万只）居第二位，黄骅市（20.01 万只）居第三位。羊肉产量前三位分别为青县（0.49 万吨）、沧县（0.46 万吨）、黄骅市（0.28 万吨）。2022 年沧州羊存栏量共计 110.68 万只，较 2021 年上升 8.42%，并且出栏量和羊肉产量分别有 9.40% 和 12.10% 的增幅，出栏量达到 211 万只，羊肉产量达到 3.09 万吨（图 1-10）。

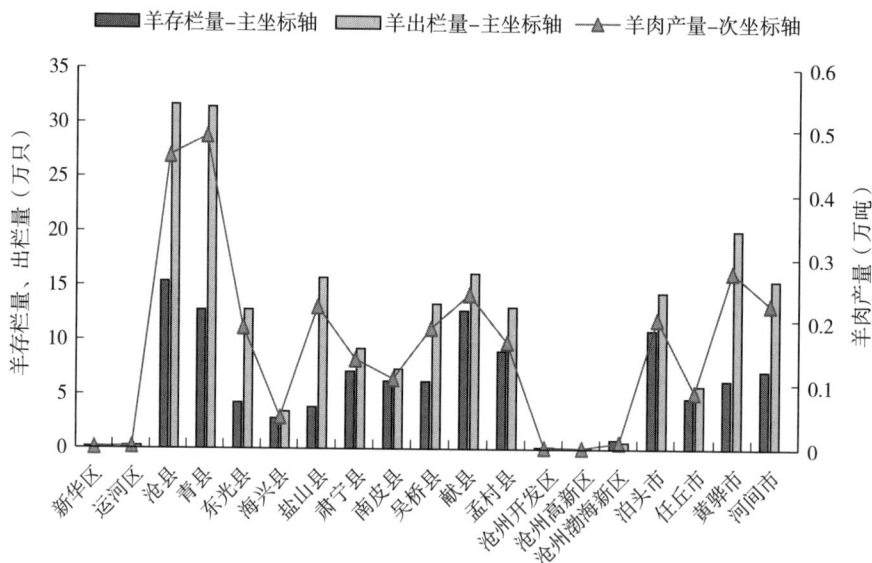

图 1-10 2022 年沧州市各县区羊存、出栏量及羊肉产量

（四）河北省羊产业发展形势分析

1. 活羊价格走势分析

2020 年活羊价格变动幅度较小，基本稳定在 29～32 元/千克；2021 年活羊价格先处于高位，4 月和 5 月均超过 34 元/千克，后半年下降，维持在 30～31 元/千克。2022 年春节后价格开始下跌，4、5、6、7 月跌幅较大，同比分别下降 12.06%、17.14%、17.91%、15.18%（图 1-11、表 1-10）。活羊价格下跌除了受疫情影响外，养羊数量急剧增加也是一个主要因素。受 2020 年和 2021 年羊价高位运行的影响，养殖户和养殖场不断扩大养殖规模，消费群体减少，流通不畅，出现活羊价格下跌的情况。

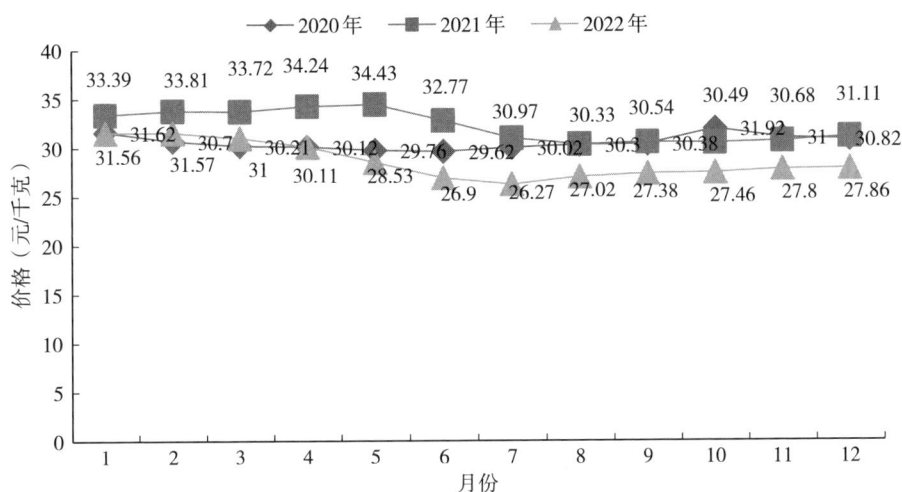

图 1-11　河北省活羊月度价格变化情况趋势图

表 1-10　河北省活羊月度价格变动情况表

单位：元/千克,%

月份	2020 年	2021 年	同比增减	2021 年	2022 年	同比增减
1	31.62	33.39	5.60	33.39	31.56	−5.48
2	30.7	33.81	10.13	33.81	31.57	−6.63
3	30.21	33.72	11.62	33.72	31	−8.07
4	30.12	34.24	10.63	34.24	30.11	−12.06
5	29.76	34.43	15.69	34.43	28.53	−17.14
6	29.62	32.77	13.68	32.77	26.9	−17.91
7	30.02	30.97	3.16	30.97	26.27	−15.18
8	30.30	30.33	0.1	30.33	27.02	−10.91
9	30.38	30.54	0.53	30.54	27.38	−10.35
10	31.92	30.49	−4.48	30.49	27.46	−9.94
11	31.00	30.68	−1.03	30.68	27.8	−9.39
12	30.82	31.11	0.94	31.11	27.86	−10.45

2. 羊肉价格走势分析

2020 年，河北省羊肉价格波动幅度较小，从 1 月份的 75.64 元/千克上涨到 76.41 元/千克后逐步下降，6 月份降低到 74.25 元/千克后逐步上升，到 12 月，涨到 77.8 元/千克的高点。2021 年 1—6 月，河北省羊肉价格高位运行，始终维持在 80 元/千克以上。7 月降低到 77.84 元/千克，后逐步下降，10 月降到 76.58 元/千克后，开始缓慢上涨，12 月羊肉价格为 77.02 元/千克。2022

年羊肉价格由春节期间的78.47元/千克，急剧下降到7月的72.54元/千克，尽管后期价格有所回升，但幅度不大，12月羊肉价格为75.45元/千克，与2020年和2021年同期相比，均为最低点（图1-12）。

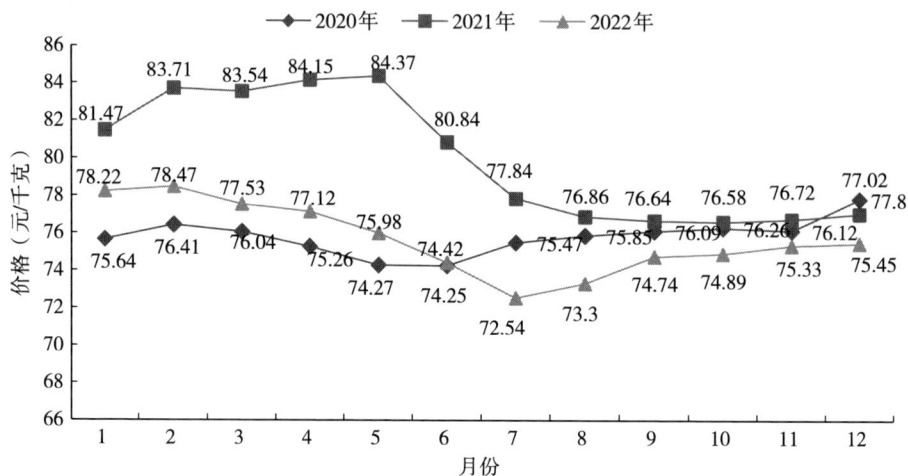

图1-12　河北省羊肉月度价格变化情况

2022年河北省羊肉月度价格同比下降幅度呈U形变化，2月同比下降6.26%，3月同比下降7.19%，4月同比下降8.35%，5月同比下降9.94%，6月同比下降7.94%，7月同比下降6.81%，即2—7月下降幅度在6%～10%（表1-11）。

表1-11　河北省羊肉月度价格变动情况

单位：元/千克，%

月份	2020年	2021年	同比增减	2021年	2022年	同比增减
1	75.64	81.47	7.71	81.47	78.22	−3.99
2	76.41	83.71	9.55	83.71	78.47	−6.26
3	76.04	83.54	9.86	83.54	77.53	−7.19
4	75.26	84.15	11.81	84.15	77.12	−8.35
5	74.27	84.37	13.60	84.37	75.98	−9.94
6	74.25	80.84	8.88	80.84	74.42	−7.94
7	75.47	77.84	3.14	77.84	72.54	−6.81
8	75.85	76.86	1.33	76.86	73.3	−4.63
9	76.09	76.64	0.72	76.64	74.74	−2.48
10	76.26	76.58	0.42	76.58	74.89	−2.21
11	76.12	76.72	0.79	75.33	−1.81	0.59
12	77.80	77.02	−1.00	75.45	−2.04	0.16

通过对比羊肉价格和活羊价格同比增减情况发现，从 2020—2021 年，价格上涨的时候，活羊和羊肉价格变动幅度相差不大；而在 2021—2022 年，价格下跌的时候，活羊价格下降的幅度比羊肉价格下降的幅度大很多。也就是说，在疫情防控期间，羊肉价格和活羊价格同时下降时，羊肉加工或终端销售环节的产业链，比养殖环节产业链损失小，养殖户损失较大。

3. 影响羊肉价格波动的主要因素

（1）受疫情影响，羊肉餐饮消费需求降低。一是受疫情影响，餐厅关门、停业或倒闭的较多。如一些地区限制聚集性消费，涮羊肉、烤羊腿、烤全羊等餐厅开张较少。二是进入秋冬季后，发热隔离和居家人员较多，大家避之不及，更减少了聚集性消费。三是俄乌战争的持续，导致居民的实质性消费能力降低，影响羊肉消费。

（2）羊肉市场供给较多。一是非洲猪瘟推高羊价，众多的养殖户涌入肉羊养殖行业，肉羊存栏量和出栏量逐年增加，肉羊存栏量处于饱和状态。二是在饲料涨价和活羊收购价下降的双重挤压下，养羊户亏损，想通过卖羊迅速回收成本退出肉羊养殖圈，增加了市场的活羊供给量。三是疫情导致饲料和饲草短缺，部分养殖场存料不足，处于断粮状态，为应对饲草短缺，想通过淘汰一些羊的方式，控制肉羊养殖成本，也导致羊价进一步下跌。

（3）受疫情影响，活羊流通困难。疫情防控期间，很多地方实施封控管理和交通管制，活羊交易和流通受阻，不能正常调运，活羊无法及时出栏，只能降价销售，导致产品价格下降。

（4）屠宰加工企业停工停产或减产，收购活羊减少。受新冠疫情影响，部分屠宰加工企业不得不选择停工或者减产，活羊的采购量降低，导致养殖户的活羊没有按时出栏，或选择降价出栏，导致整体羊肉市场价格降低。

三、肉羊产业饲料成本及市场环境变化对收益的影响情况

（一）河北省肉羊产业饲料成本收益分析

1. 河北省玉米饲料成本变动分析及全国对比

（1）2022 年河北省玉米价格变化趋势分析。玉米是河北省肉羊养殖主要的粗饲料来源，第一季度玉米价格波动较大（图 1-13），2 月末，小麦饲用替代已基本消失，玉米价格快速上涨。第二季度玉米价格波动受季节性因素影响，同时小麦饲用替代已基本消失，短期玉米价格上升。第三季度玉米进入新陈粮交替阶段，玉米价格先降后升。第四季度玉米价格居高运行，随着气温逐步降低，利于新季度脱粒上量，年底新玉米上量增加，同时运费下调，外运成本降低，东北玉米外运逐步增加，供应趋于充裕，12 月中下旬玉米价格总体

以偏弱下调走势为主。

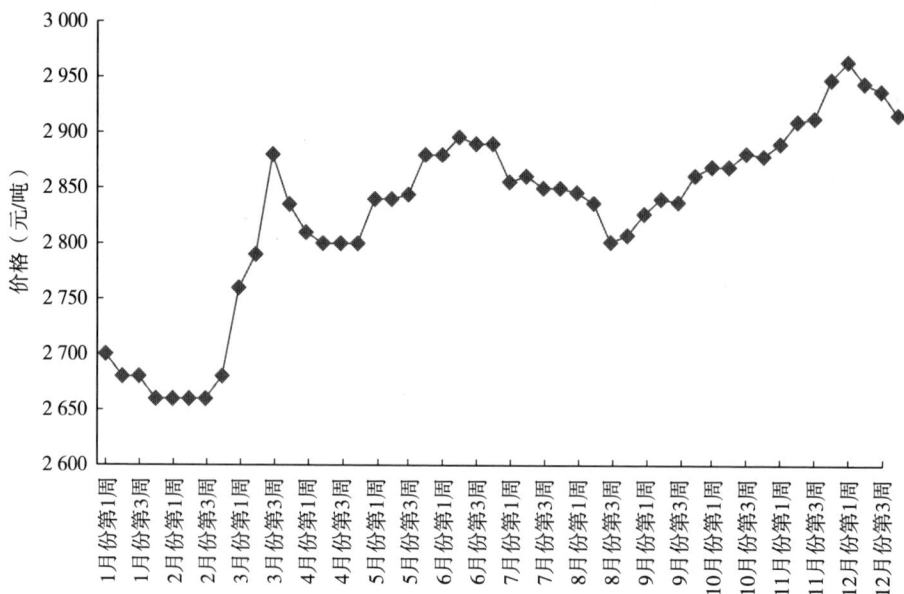

图 1-13　2022 年河北省玉米价格变化趋势

（2）2022 年河北省玉米价格变化与全国水平比较分析。与全国相比，上半年河北省玉米价格呈波动上涨趋势，下半年玉米价格波动下降后呈平稳上升趋势（表 1-12）。全国玉米价格最低的省份主要集中于西藏地区，其次为黑龙江，而宁夏和贵州地区，玉米价格相对较高。在实地调研中发现，河北省很多肉羊养殖户会从东北地区购入玉米作为饲料，既能够弥补自给饲料的不足，又降低了养殖的成本。

表 1-12　2022 年河北省玉米价格变化及全国比较

单位：元/吨,%

月份	周数	河北省玉米价格	环比	全国最高	全国最低
1	第 1 周	2 700	—	3 120（云南）	2 460（黑龙江）
	第 2 周	2 680	−0.01	3 100（云南）	2 460（黑龙江）
	第 3 周	2 680	0.00	3 100（云南）	2 480（黑龙江）
	第 4 周	2 660	−0.01	3 060（云南）	2 480（黑龙江）
2	第 1 周	2 660	0.00	3 060（云南）	2 480（黑龙江）
	第 2 周	2 660	0.00	3 020（云南）	2 500（黑龙江）
	第 3 周	2 660	0.02	3 020（云南）	2 500（新疆）
	第 4 周	2 680	0.01	3 020（云南）	2 520（新疆）

（续）

月份	周数	河北省玉米价格	环比	全国最高	全国最低
3	第 1 周	2 760	0.03	3 090（云南）	2 520（新疆）
	第 2 周	2 790	0.01	3 090（云南）	2 520（新疆）
	第 3 周	2 800	0.00	3 090（云南）	2 560（新疆）
	第 4 周	2 835	0.01	3 070（云南）	2 560（新疆）
4	第 1 周	2 810	−0.88	3 077（云南）	2 560（新疆）
	第 2 周	2 800	−0.35	3 090（云南）	2 560（新疆）
	第 3 周	2 800	0.00	3 102（云南）	2 560（新疆）
	第 4 周	2 800	0.00	3 110（云南）	2 600（新疆）
5	第 1 周	2 840	1.42	3 150（上海）	2 620（新疆）
	第 2 周	2 840	0.00	3 150（上海）	2 620（新疆）
	第 3 周	2 844	0.14	3 140（上海）	2 620（新疆）
	第 4 周	2 880	1.25	3 140（云南）	2 620（新疆）
6	第 1 周	2 880	0.00	3 160（云南）	2 620（新疆）
	第 2 周	2 896	0.56	3 150（云南）	2 643（新疆）
	第 3 周	2 890	−0.21	3 140（云南）	2 650（新疆）
	第 4 周	2 890	0.00	3 140（云南）	2 650（新疆）
7	第 1 周	2 855	−1.21	3 283（宁夏）	2 075（西藏）
	第 2 周	2 861	0.21	3 254（宁夏）	2 049（西藏）
	第 3 周	2 850	−0.38	3 200（贵州）	2 060（西藏）
	第 4 周	2 849	−0.35	3 228（宁夏）	2 007（西藏）
8	第 1 周	2 846	−0.11	3 285（宁夏）	2 025（西藏）
	第 2 周	2 836	−0.35	3 117（云南）	2 021（西藏）
	第 3 周	2 801	−1.23	3 113（云南）	2 016（西藏）
	第 4 周	2 807	0.21	3 134（贵州）	2 104（西藏）
9	第 1 周	2 827	0.71	3 105（云南）	2 117（西藏）
	第 2 周	2 840	0.50	3 122（云南）	2 193（西藏）
	第 3 周	2 837	−0.11	3 141（贵州）	2 158（西藏）
	第 4 周	2 861	0.85	3 192（贵州）	2 151（西藏）
10	第 1 周	2 869	0.28	3 200（贵州）	2 071（西藏）
	第 2 周	2 869	−0.01	3 200（贵州）	2 058（西藏）
	第 3 周	2 881	0.43	3 138（云南）	2 002（西藏）
	第 4 周	2 879	−0.09	3 120（云南）	1 930（西藏）

（续）

月份	周数	河北省玉米价格	环比	全国最高	全国最低
11	第 1 周	2 890	0.40	3 148（浙江）	1 903（西藏）
	第 2 周	2 910	0.68	3 193（海南）	1 958（西藏）
	第 3 周	2 913	0.10	3 259（海南）	1 982（西藏）
	第 4 周	2 948	1.19	3 200（贵州）	1 905（西藏）
12	第 1 周	2 964	0.55	3 179（重庆）	1 868（西藏）
	第 2 周	2 944	−0.66	3 181（海南）	1 840（西藏）
	第 3 周	2 937	−0.24	3 138（安徽）	1 723（西藏）
	第 4 周	2 916	−0.73	3 143（海南）	1 665（西藏）

数据来源：布瑞克数据库。

注：玉米价格按照含水量 14% 标准统计。

2. 河北省豆粕饲料成本变动分析

（1）2022 年河北省豆粕饲料成本变化趋势分析。豆粕是肉羊养殖过程中最主要的蛋白饲料，其价格的变动直接影响肉羊养殖成本。第一季度，受春节前终端饲料厂备货行情提振，河北省豆粕价格开启了连涨模式。3 月末，随着南美大豆丰收，河北省豆粕价格偏低运行。第三季度，在美豆价格大幅上涨带动下，大豆和豆粕库存持续下滑，河北省豆粕价格持续上升。第四季度初河北省豆粕价格出现小幅上涨，从 11 月初开始至 12 月下旬，整体呈持续下降趋势，但是进口大豆因 CBOT 大豆回调后成本传导主要体现在豆油上，在后期生猪及肉鸡对饲料的需求旺季，同时伴随养殖利润逐渐好转，豆粕价格继续下跌的空间有限（图 1 - 14）。

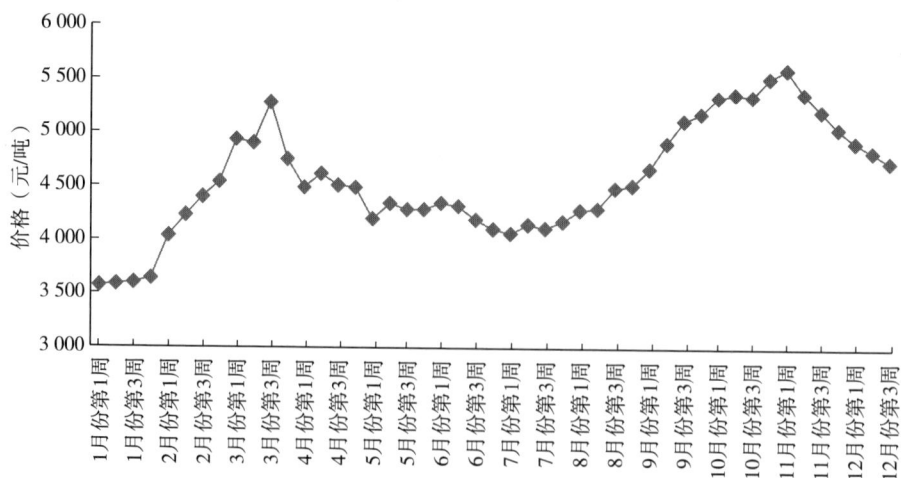

图 1 - 14　2022 年河北省豆粕价格变化趋势

（2）2022 年河北省豆粕价格与全国比较分析。河北省豆粕价格具有一定的比较优势（表 1 - 13），主要原因是河北省大豆种植面积恢复性增加，大豆供应充足。豆粕价格最低的省份集中于浙江、广东地区，主要原因是豆粕的需求少，因此价格较低。四川地区豆粕价格偏高。

表 1 - 13　2022 年河北省豆粕价格变化及全国比较

单位：元/吨，%

月份	周数	豆粕价格	环比变化	全国最高	全国最低
1	第 1 周	3 570	—	3 780（四川）	3 535（江苏）
	第 2 周	3 585	0.00	3 850（四川）	3 580（山东）
	第 3 周	3 600	0.00	3 810（陕西）	3 500（江苏）
	第 4 周	3 640	0.01	3 900（广东）	3 575（江苏）
2	第 1 周	4 040	0.10	4 280（陕西）	3 990（山东）
	第 2 周	4 230	0.05	4 335（广东）	4 100（北京）
	第 3 周	4 460	0.05	4 570（北京）	4 450（辽宁）
	第 4 周	4 540	0.02	4 640（辽宁）	4 510（山东）
3	第 1 周	4 935	0.09	4 980（广西）	4 780（江苏）
	第 2 周	4 900	−0.01	5 000（河南）	4 900（河北）
	第 3 周	5 280	0.08	5 280（河北）	5 080（辽宁）
	第 4 周	4 750	−0.10	4 980（河南）	4 400（北京）
4	第 1 周	4 490	−5.47	4 687（河南）	4 300（广东）
	第 2 周	4 617	2.75	4 682（陕西）	4 286（广东）
	第 3 周	4 510	−2.37	4 668（辽宁）	4 290（广东）
	第 4 周	4 490	−0.45	4 564（辽宁）	4 191（广东）
5	第 1 周	4 200	−0.69	4 336（四川）	4 070（广东）
	第 2 周	4 344	3.42	4 448（黑龙江）	4 227（山东）
	第 3 周	4 286	−1.35	4 410（黑龙江）	4 210（山东）
	第 4 周	4 290	0.09	4 430（四川）	4 210（浙江）
6	第 1 周	4 348	1.33	4 454（四川）	4 250（浙江）
	第 2 周	4 320	−0.64	4 428（四川）	4 210（浙江）
	第 3 周	4 196	−2.87	4 300（四川）	4 096（浙江）
	第 4 周	4 108	−2.10	4 236（四川）	4 028（陕西）

（续）

月份	周数	豆粕价格	环比变化	全国最高	全国最低
7	第 1 周	4 068	−0.97	4 230（四川）	3 992（浙江）
	第 2 周	4 148	1.97	4 340（四川）	4 060（浙江）
	第 3 周	4 116	−0.77	4 268（四川）	4 000（广西）
	第 4 周	4 180	1.55	4 312（四川）	4 080（广西）
8	第 1 周	4 284	2.49	4 424（四川）	4 176（广西）
	第 2 周	4 300	0.37	4 438（四川）	4 184（广西）
	第 3 周	4 488	4.37	4 602（四川）	4 330（广西）
	第 4 周	4 251	0.58	4 628（吉林）	4 384（广西）
9	第 1 周	4 670	3.46	4 766（黑龙江）	4 542（浙江）
	第 2 周	4 908	5.09	4 995（四川）	4 798（浙江）
	第 3 周	5 118	4.29	5 252（四川）	4 021（山东）
	第 4 周	5 186	1.33	5 418（陕西）	4 116（浙江）
10	第 1 周	5 338	2.93	5 580（四川）	5 293（浙江）
	第 2 周	5 368	0.56	5 608（四川）	5 324（辽宁）
	第 3 周	5 346	−0.41	5 612（四川）	5 246（辽宁）
	第 4 周	5 518	3.22	5 750（四川）	5 370（黑龙江）
11	第 1 周	5 600	1.49	5 820（四川）	5 452（黑龙江）
	第 2 周	5 372	−4.07	5 592（四川）	5 324（浙江）
	第 3 周	5 208	−3.05	5 428（四川）	5 116（浙江）
	第 4 周	5 046	−3.11	5 248（四川）	4 964（广西）
12	第 1 周	4 902	−2.50	5 122（四川）	4 778（广东）
	第 2 周	4 832	−1.79	5 014（四川）	4 711（江苏）
	第 3 周	4 736	−1.99	4 840（四川）	4 611（江苏）
	第 4 周	—		—	—

数据来源：布瑞克数据库。

注：豆粕价格按照蛋白质含量 43% 标准统计。

（二）肉羊养殖场成本收益水平变化分析

1. 玉米价格上涨、豆粕价格大幅下降

2021 年 12 月以来，国内市场购销有所升温，饲料企业也逐步开启节前囤货，玉米供应端受多方有利因素支撑，玉米价格小幅下降；豆粕价格受进口大豆影响，价格下降，养殖利润好转。二者的行情变动对肉羊养殖成本有所影响。

2. 肉羊市场需求短期减少，肉羊价格小幅下降

新冠疫情管控放开后，患者患病在家饮食清淡，餐饮消费不升反降，肉类市场需求减少，随着新冠病毒感染率下降，元旦和春节前羊肉价格出现反弹的空间，2023 年初羊肉市场迎来看涨趋势。

（三）未来河北省肉羊养殖成本收益预测

1. 羊肉市场需求提升，肉羊价格稳中看涨

疫情管控放开后，餐饮业经营状况有所改善，对羊肉消费的提振作用明显，消费者对羊肉的需求逐渐提升，肉羊市场的形势稳步向好。羊肉消费量仍将增加，市场价格有上涨空间，肉羊养殖收益将增加。

2. 肉羊出栏量增加，市场供给充足

随着出栏旺季到来，市场供给充足，肉羊消费进入旺季。2023 年初，羊肉产量释放，供给逐步增加，并在消费的带动下，羊肉价格有望提升，但价格大幅上涨的可能性不大。

四、河北省羊产业发展存在的主要问题分析

（一）羊饲料价格持续上涨推高养殖成本，降低养殖利润

2020 年豆粕、玉米等饲料价格比 2019 年上涨 30％～40％，青贮、花生秧、干草等价格上涨 30％～40％，2021 年全株青贮和干草的市场价格比 2020 年上涨 30％以上。2022 年虽然我国加大了大豆的种植面积，但是同时减少了玉米种植，导致玉米价格迅速上升，推高了养殖户的养殖成本，降低了养殖利润，甚至部分对饲料依赖性强的舍饲圈养养羊户损失比较严重。

（二）羊肉价格下降，养殖户收益受损

受疫情和羊肉市场的双重影响，2022 年羊肉价格与 2021 年相比一直处于低位，全年最高价格未能追平 2021 年最低价；活羊价格与 2021 年同期相比也较低，且下降幅度较大。此外，养殖户与企业利益联结机制尚不完善，抗风险能力弱，养殖户作为肉羊产业链前端，受羊肉价格影响冲击更大，其养殖积极性受到较大影响。

（三）养羊场现代化、智能化水平不高

目前河北省一些养殖场或养殖小区虽然已经实现了规模养殖，但是机械化、自动化利用程度不够，喂水、喂料、清粪仍然依靠人工，增加了人工养殖成本。养殖场的现代化、智能化水平较低，无法实时监控每只羊的饮食、饮水

情况，遇到健康问题不能及时发现，增加了羊的病死率。粪污不能及时清理，加大了养殖场的环境污染，加重了臭味的散发，影响了当地经济发展。

（四）肉羊良种繁育体系不完善，缺乏本地特色羊

河北省肉羊产业发展主要通过异地购买羊苗，以育肥为主，尚未形成因地制宜的良种繁育体系。现阶段河北省主推的地方羊品种有小尾寒羊、湖羊、太行山羊和燕山绒山羊，但多以杂交品种居多，据调查，大部分小、散养殖户不清楚自己养的羊是什么品种。同时，受草原资源和环保政策的限制，河北省依靠自己探索种羊，但种羊场的建立不仅需要巨大资金投入，前期利润空间小，而且时间线拉得长，在政府提供的帮助有限的情况下，良种羊场的建立重心依靠企业并能维持下去的可能性较小。

五、河北省羊产业高质量发展对策建议

（一）优化品种结构，确保母羊供应

在品种选择上，要充分利用河北省当地的优质小尾寒羊和湖羊为母本，并引进肉用羊杜泊、无角陶塞特等作为父本，通过杂交培育出产肉率高、肉质好的肉羊品种。提高饲养繁殖技术，加强良种繁育体系建设，增加单产量，提升养殖生产效率。在技术上，加强技术推广，提高人工授精、同期发情、胚胎移植等技术水平，提高繁殖率。加大种公羊或能繁母羊的专项补贴，既要增加规模化养殖场专项繁殖补贴，又要增加散养农户能繁母羊补贴，从根本上解决制约羊肉品牌建设的母羊繁殖问题。加大繁育技术人员的培训，减少母羊繁殖过程中的死亡率。

（二）提高标准化饲养技术，为创羊肉品牌提供保障

肉羊养殖要向标准化、规模化、产业化、机械化方向发展，引导肉羊散养向适度规模养殖转变，加快规模养殖场建设，提升肉羊标准化规模养殖水平。在饲喂技术上，加强对肉羊不同育肥期的精细化管理，加强肉羊的保健管理及改善羊场环境，加强疫病前的免疫工作。大力扶植规模化和标准化的肉羊养殖小区、养殖基地建设，制定适用的、简化高效的标准化养殖技术规范。鼓励规模羊场引进适用的机械化、自动化设施，发展自动拌料、自动喂料、自动喂水、自动清粪、自动调温和实时监控等设施，降低人工成本，实现科学养羊。加大养殖机械补贴力度，提高养羊场的现代化、智能化水平，利用配套设施装备与微生物技术相结合降低畜禽粪污面，提高畜禽粪污资源化利用率，实现河北省羊产业高质量发展。

（三）加强羊肉产品精深加工，提高产品附加值

鼓励屠宰企业加强内外联动，引进先进的羊肉食品深加工技术和经验，完善预冷集配中心、低温分割加工车间、冷库等设施。同时大力抓好企业监测认证工作，严格把控食品安全线。增加中高端羊肉品牌产品的生产比重，提高品牌产品的生产水平，创新高端的冰温羊肉和发酵羊肉等产品，加大调理制品、预制家庭菜肴、休闲、即食等高附加值产品的生产比重，满足消费者对于高端羊肉产品需求的同时，增强企业品牌影响力。做好副产品的开发，积极开展羊肉低值部位高值化加工、羊副产品综合利用，实现羊肉梯次化加工。

（四）创新营销方式，提高河北省羊肉品牌的知名度

引导加工企业开展"互联网＋"畜产品出乡进城工程，帮助省内羊肉品牌产品在电子商务平台上建立特色馆，以新业态组织对各类羊肉产品开展线上线下营销。推动企业利用二维码技术进行"互联网＋生产全过程展示"的推广，进一步拓展品牌羊肉物联网技术示范运用，推动品牌羊肉销售平台大数据分析建设，以提高企业收益，提升品牌羊肉的可追溯性。

加强农产品地理标志认证和企业品牌建设，推动地理标志产品的申请工作。积极引导区域公用品牌的建立，规范区域内各企业对于公用品牌的使用。充分挖掘地域羊文化，围绕羊的起源、吉祥物、羊美食，讲好羊故事。深度开发旅游项目，建设羊文化博物馆，开展美食节，通过媒体宣传、参加产品交易会、举办产品推介会等方式，加强品牌宣传，叫响特色和地域品牌，增强品牌的影响力，提升知名度。

（五）利用金融保险工具，打造河北省优质羊肉品牌

加大金融保险等对河北省肉羊产业的支撑力度。支持畜牧龙头企业成立担保公司，创新信贷担保抵押模式。撬动社会融资，帮助龙头企业、专业合作社建立会员农户信用档案，加强会员信用考核评估管理。利用国家和省级扶持政策，积极引入国债资金，加大对羊产业的支持力度，确保资金落实到位，提高使用效率。金融单位要用足用好信贷资源，创新金融产品，优化金融服务，拓宽羊产业贷款抵（质）押范围，根据畜牧业生产和发展规律调整贷款条件，积极支持畜牧生产经营主体开展抵押贷款服务，支持其他符合条件的融资担保机构为畜牧生产经营主体开展融资担保服务。各级政府要支持金融机构开展相关服务，加大宣传力度，引导符合条件的畜牧生产经营主体融资扩产、提档升级。

专题二 河北省肉羊产业竞争力评价研究

一、研究背景和概念界定

（一）研究背景及意义

2021年4月，农业农村部颁布并出台了《推进肉牛肉羊生产发展五年行动方案》，以贯彻落实2021年中央1号文件有关积极发展牛羊生产、促进牛羊产业高效高质发展、提升牛羊肉供给保障能力的相关要求，肉羊产业发展前景广阔。伴随肉羊产业的蓬勃发展，与之相关的饲料行业、屠宰加工业、各种服务行业等也逐渐兴起，吸纳了大量农村剩余劳动力，对于推动地方经济起到了重要作用。近年来河北省肉羊产业快速发展，肉羊出栏量、羊肉产量位居全国第三位，在我国肉羊生产中占有重要地位，但产业发展与发达省份相比还有较大差距，急需找到差距和短板迎头赶上。本研究通过对河北省与其他省份的肉羊产业竞争力进行比较研究，挖掘其优势与短板，准确判断河北省肉羊产业在我国整体肉羊产业中的地位，有利于促进河北肉羊产业发展，为政府主管部门制定肉羊产业发展战略和政策提供决策参考和科学依据。本研究将竞争力理论应用于对河北省肉羊产业的分析，丰富了产业竞争力理论的应用领域，在一定程度上提升了肉羊产业研究的理论水平。

（二）概念界定

1. 肉羊产业

肉羊产业是一个涉及肉羊养殖、繁殖、加工、销售等一系列活动的产业。这个产业的核心是肉羊的养殖，但同时也包括肉羊的加工和销售，形成一个完整的产业链。肉羊产业链的上游主要是肉羊养殖、养殖用饲料和其他养殖用具；中游为肉羊屠宰和肉羊加工，其中肉羊加工分为粗加工和精细加工；下游为销售终端，销售渠道主要是线下商超、菜市场、批发市场和餐饮等，部分通过线上电商销售。

2. 竞争力

竞争力是指两方或多方在竞争比较过程中，为争取实现同一目标而展现的综合能力。竞争力包含几个含义：①竞争力具有比较性，是竞争主体在竞争过程中表现出来的能力；②竞争力是动态发展的，不是一成不变的，会随着市场结构及竞争对手的行为不断地发生变化；③竞争力具有利益性，是竞争主体之间为占据更大的市场份额所追求的利益。竞争力是一个长期发展的过程，以市场发展为导向，紧跟时代步伐满足不同层次消费群体的需求，力争在消费市场中获取更大的份额。

3. 肉羊产业竞争力

产业竞争力实质上是一个比较的概念，在比较内容和比较范围上有所区分。比较内容上即一国内同类产品与可替代产品之间的竞争；比较范围上是区域之间的竞争，即不同国家相同产业为争夺同一市场而产生的竞争关系。肉羊产业竞争力是指省域间肉羊产业在比较优势的基础上，为在市场上占取更大份额表现出的博弈策略。

（三）理论基础

竞争优势理论指出，在国际贸易中，一个产业仅仅有比较优势是存在欠缺的，还需要有竞争优势，比如创新能力、企业的战略管理及市场营销策略。迈克尔·波特在《国家竞争优势》一书中提出了竞争优势理论，该理论的核心是钻石模型，它由四个关键要素（生产要素、需求条件要素、相关支持产业、产业战略、结构及竞争对手）和两个辅助要素（政府和机会）组成（图2-1）。

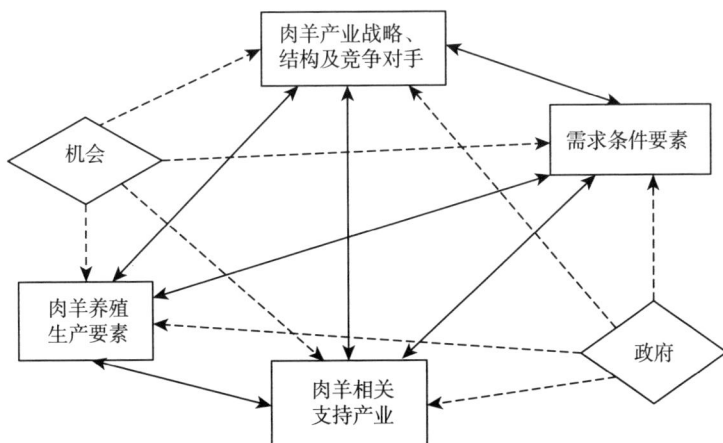

图2-1　基于"钻石模型"的河北省肉羊产业竞争力分析框架图

（1）生产要素。生产要素分为初级生产要素和高级生产要素，初级生产要素是指天然形成或通过简单投资即可获得的资源；高级生产要素是人力资源、资本资源、技术等方面的投入。

（2）需求条件要素。即国内市场需求，如在数量、质量、产品差异等方面满足顾客的多样化需求。

（3）相关支持产业。一个产业的发展壮大，离不开上中下游相关产业的有效衔接和支持，产业链上每一个环节的提升和改进都会影响产业的整体发展，相关支持产业竞争力强，有利于在市场中占据有利地位。

（4）产业战略、结构及竞争对手。一个企业战略获得持续竞争的优势在很大程度上取决于国内强大的市场竞争对手，竞争对手越强越有利于竞争力的提升。

（5）政府和机会。政府对产业政策的扶持对整个产业发展的作用是明显的。在产业发展的过程中，可以营造良好的发展环境和竞争氛围。机会对于产业发展是双向的，有动力也有挑战。

波特钻石模型理论提供了一个全面的框架用于分析国家或产业的竞争优势，并通过识别和强化上述四个关键要素来提升竞争力，该理论为河北省肉羊产业发展竞争力提供了主要的理论支撑。

二、基于"钻石模型"的河北省肉羊产业发展现状分析

（一）河北省肉羊产业生产要素分析

1. 生态资源分析

河北省属于温带大陆性季风气候，气候条件优越，对粮食作物、牧草等其他农作物的生长非常有利。河北省的地形地貌极为多样，拥有坝上高原、燕山和太行山山地、河北平原以及沿海地区等多种地形。根据 2020 年中国统计年鉴，河北省粮食作物播种面积为 6 388.8 千公顷，其中玉米播种面积为 3 417.1 千公顷，秸秆多，饲料资源充足；从资源禀赋角度分析，为河北省养羊业发展提供了良好条件。

2. 生产资源分析

（1）品种情况。目前河北省绵羊品种主要为杜泊绵羊、小尾寒羊和湖羊，山羊品种包括承德无角山羊、武安山羊、河北奶山羊。从国外引进波尔山羊、杜泊、萨福克等品种，品种资源相对丰富。河北省拥有自主知识产权的肉羊品种主要是小尾寒羊，小尾寒羊有耐粗饲、繁殖力强的特点，作为当地的杂交母本，通过与国外引进肉用品种羊进行杂交来改良，取得了显著成效，提高了小尾寒羊的生产性能，具有早熟、多胎、多羔、生长快、体格大、产肉多、裘皮

好、遗传性稳定和适应性强等优点,小尾寒羊集中分布在沧州、衡水、保定和邢台临近黑龙港流域的县区。

(2) 存栏及出栏情况。2020 年,河北省肉羊存栏量、出栏量分别为1 270.31万只、2 265.84 万只,在全国排名分别为第九和第四,占全国肉羊存栏、出栏比重分别为 4.14％、7.1％(图 2-2)。

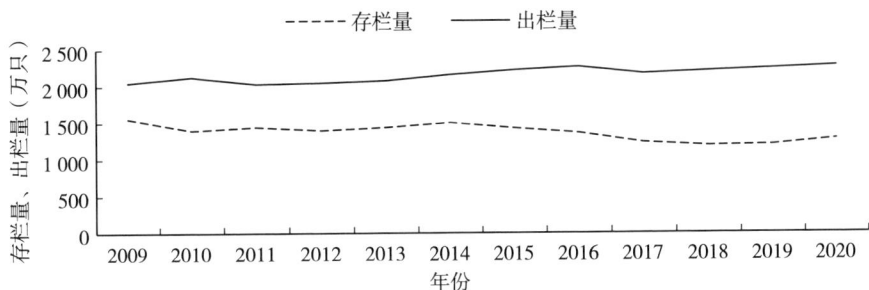

图 2-2　2009—2020 年河北省肉羊存栏量和出栏量情况

数据来源:《中国农村统计年鉴》(2009—2020 年)。

羊出栏率是衡量河北省肉羊生产水平的重要指标,它反映了畜群周转速度的快慢和生产的经济效果。羊出栏率的计算公式为:年内出栏数占上年底或本年初存栏数的百分比。2010—2020 年,出栏率均保持在 100％以上,2020 年出栏率达到 189.63％(图 2-3),整体呈上升趋势,说明河北省畜群周转速度快。

图 2-3　2010—2020 年河北省肉羊出栏率情况

数据来源:《中国统计年鉴》(2010—2021 年)。

(3) 河北省羊肉产量情况。2011 年,羊肉产量减少到 28.41 万吨,之后逐年增加;2016 年达到 32.37 万吨的峰值;2017 年出栏量下降导致羊肉产量减少,之后又出现上升趋势,2020 年羊肉产量为 31.32 万吨,排名全国第四位(图 2-4)。

河北省羊肉产量占全国羊肉产量的比重较低,并且变化趋势明显。2010—2015 年占全国羊肉比重约为 7.2％;2015 年开始下降,2020 年占比为 6.36％。

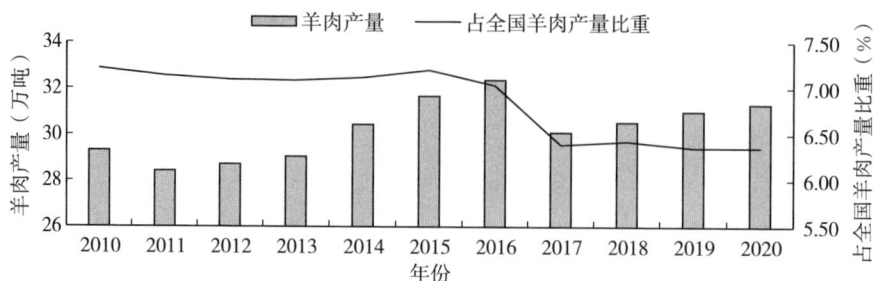

图 2-4 2010—2020 年河北羊肉产量及占全国羊肉比重

数据来源：《中国农村统计年鉴》（2010—2021 年）。

由表 2-1 可知，在 2010—2020 年，河北省羊肉产量在肉类总产量中所占的份额比较小。猪肉产量所占比重为 54％～62％，牛肉产量占比为 11％～14％，而羊肉产量所占比重为 6％～7.5％，变动的幅度仅为 1.5％。

表 2-1 河北省羊、猪、牛产量占肉类总产量比重（2010—2021 年）

单位：％

指标	2010年	2011年	2012年	2013年	2014年	2015年	2016年	2017年	2018年	2019年	2020年
羊肉产量占比	7.03	6.79	6.48	6.47	6.50	6.85	7.07	6.35	6.54	7.15	7.47
猪肉产量占比	58.84	58.97	58.48	59.11	60.07	59.47	57.99	61.46	61.33	55.81	54.13
牛肉产量占比	13.94	13.02	12.49	11.65	11.19	11.50	11.85	11.72	12.10	13.20	13.26

数据来源：根据国家统计局数据计算所得。

（4）肉羊养殖规模及收益情况。表 2-2 显示河北省肉羊养殖规模仍以中小规模为主。从增长率看，河北省肉羊养殖规模在 100 只以下的大多呈现负增长，说明逐渐向大规模趋势发展。

表 2-2 2008—2019 年河北省肉羊养殖规模情况

单位：个，％

年份	1～29 只		30～99 只		100～499 只		500～999 只		1 000 只以上	
	数量	增长率	数量	增长率	数量	增长率	数量	增长率	数量	增长率
2008	791 730	—	113 325	—	8 645	—	677	—	130	—
2009	778 290	−1.70	120 155	6.03	9 232	6.79	780	15.21	523	302.31
2010	748 517	−3.83	114 439	−4.76	10 501	13.75	932	19.49	588	12.43
2011	702 096	−6.20	113 711	−0.64	11 069	5.41	952	2.15	646	9.86

（续）

年份	1～29 只		30～99 只		100～499 只		500～999 只		1 000 只以上	
	数量	增长率	数量	增长率	数量	增长率	数量	增长率	数量	增长率
2012	573 419	−18.33	137 477	20.90	12 689	14.64	1 265	32.88	837	29.57
2013	503 093	−12.26	131 884	−4.07	14 133	11.38	1 935	52.96	1 015	21.27
2014	525 774	4.51	127 976	−2.96	15 365	8.72	2 182	12.76	1 148	13.10
2015	513 639	−2.31	118 652	−7.29	20 809	35.43	2 368	8.52	1 122	−2.26
2016	525 255	2.26	117 942	−0.60	20 266	−2.61	2 149	−9.25	1 128	0.53
2017	454 560	−13.46	109 079	−7.51	15 095	−25.52	1 638	−23.78	1 495	32.54
2018	—	—								
2019	306 812	−32.5	93 903	−13.9	12 149	−19.5	1 341	−18.1	889	−40.5

数据来源：《中国畜牧兽医统计年鉴》。

注：2019 年的增长率通过与 2017 年比较计算得出。

在养殖收益方面，2009—2018 年，净利润波动幅度较大。2009—2011 年呈上升趋势，三年上涨了 87.36 元/只，年增长率为 28.9%，但从 2011 年开始下降，2014 年、2015 年和 2016 年甚至出现了负增长，分别为 −9.26 元/只、−158.17 元/只和 −170.35 元/只；2011—2016 年净利润下降；2016—2018 年出现上升趋势，增长为 192.62 元/只，与 2016 年相比，两年内上涨362.97 元/只（图 2-5）。

从成本利润率角度考虑，2009—2016 年成本利润率总体呈下降趋势，由34.76% 下降到 −21.01%，唯独在 2010—2011 年有所上升。其中 2015 年、2016 年利润率均为负值，达到谷底后 2017 年回归正常，2018 年成本利润率为18.06%，与 2016 年相比，增长了 39.07%（图 2-5）。

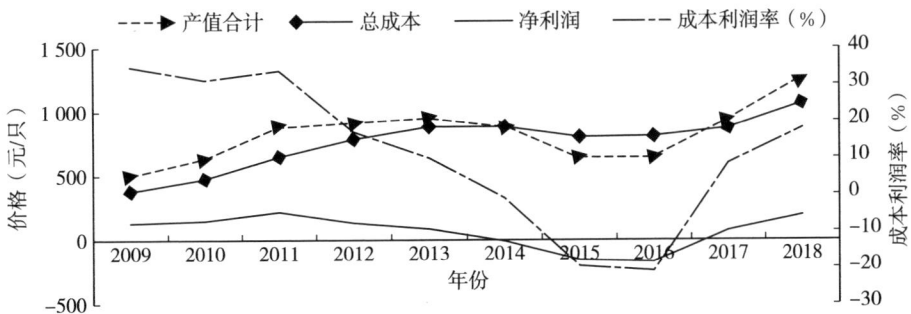

图 2-5 2009—2018 年河北省散养肉羊收益情况

数据来源：《全国农产品成本收益资料汇编》。

3. 人力资源分析

根据 2019 年河北经济年鉴可知，2018 年第一产业就业人员有 1 360.05 万人，为肉羊产业发展提供了充足的劳动力。但肉羊养殖规模在 100 只以下的占绝大多数，养殖者大多是老弱病残群体，缺乏懂技术、高素质、专业化的劳动力资源。在科学研究方面，河北畜牧良种工作总站、河北省畜牧兽医研究所及涉农高校等提供技术上的支持和指导。

（二）河北省肉羊产业市场需求分析

自 2010 年以来，河北省城镇、农村居民人均牛羊肉消费量整体呈增加趋势。2020 年，河北省城镇、农村居民家庭人均肉类消费量分别为 25.2 千克、15.8 千克，其中羊肉消费量分别为 2.3 千克、0.8 千克，人均羊肉消费量占人均肉类总消费量的比重分别为 9.13%、5.06%（表 2-3）。可见，农村居民人均羊肉消费量低于城镇居民人均羊肉消费量。

表 2-3　河北省 2010—2020 年农村、城镇居民人均牛羊肉消费量

单位：千克

年份	农村居民人均羊肉消费量	农村居民人均牛肉消费量	城镇居民人均羊肉消费量	城镇居民人均牛肉消费量
2010	0.38	0.34	1.94	2.63
2011	0.48	0.46	1.74	2.11
2012	0.51	0.4	1.69	2.19
2013	0.51	0.29	1.16	1.79
2014	0.55	0.32	1.3	1.91
2015	0.83	0.44	1.9	2.15
2016	0.9	0.44	2.14	2.36
2017	0.9	0.5	0.9	2.4
2018	0.7	0.5	2.2	2.4
2019	0.8	0.5	1.9	2.4
2020	0.8	0.7	2.3	2.6

数据来源：《中国统计年鉴》。

（三）河北省肉羊产业相关支持产业分析

河北省肉羊相关支持产业主要包括养殖、加工、销售环节。

在养殖环节方面，饲草饲料的供应是肉羊养殖发展的基础。河北省非常重视"粮改饲"工作，主要种植青贮玉米、甜高粱、苜蓿、豆类等优质饲草，全

株青贮玉米种植面积有 719.38 万亩*，生产全株玉米及优质牧草青贮 1 896.34 万吨，饲料总产量达到 1 342 多万吨，饲料生产企业有 900 余家，生产企业数量和饲料产量都在逐步增长。保定唐县成为全国最大的肉羊育肥养殖基地。

在羊肉及羊副产品加工方面，河北省清河县是全国最大的羊绒产业集聚地，有"世界羊绒之都"的美誉；辛集是最大的羊皮革产销基地，生产的羊皮革占国内的一半以上。唐县是肉羊屠宰加工的主要地区，实现了全年屠宰加工，羊肉产品主要以胴体的形式进入市场，从事羊肉深加工产业的企业较少，羊副产品加工率低，产品附加值低。

在羊肉消费方面，河北省羊肉自主品牌形成了"唐尧""青坡上""好彼福""冠杨"等地方知名品牌。河北羊肉消费模式主要是以"农贸市场、批发市场、龙头企业"为核心的流通模式。冷鲜羊肉 70% 供应北京市场。销售以线下为主。河北冠扬食品有限公司采取"互联网＋加盟店＋代理商＋微商平台"模式进行销售，在衡水开设羊肉直营店、超市、加盟店，在天津市设立冠扬羊肉代理商的同时，又建立了微商平台，较好地实行线上与线下相结合的营销模式。

（四）河北省肉羊产业战略结构与竞争对手分析

从养殖模式角度分析，河北省羊产业发展模式在一定程度上反映了肉羊产业结构特征。养殖模式主要从产业组织主体和产业链延伸两个角度进行分析。首先从产业主体角度考虑，主要有 4 种养殖模式：散户养殖模式、合作社带动模式、龙头企业带动模式（公司＋合作社＋农户）、农业产业化联合体模式（公司＋合作社＋家庭农场）；其次从产业链延伸角度考虑，有 3 种模式：一是产加模式，即养殖企业有自己的屠宰加工线，或者企业委托定点的屠宰场屠宰，在加工车间自行加工产品；二是产销模式，即实现产销对接；三是产加销模式，即实现生产、加工、销售一体化经营。

从竞争对手看，羊肉有其独特的风味与价值，是牛肉和猪肉等无法替代的。2020 年河北猪肉、牛肉、羊肉产量占肉类总产量比重分别为 54.13%、13.26%、7.47%，可见，牛肉和猪肉产量均高于羊肉产量。

（五）河北省肉羊产业机会与政府分析

河北省政府非常重视羊产业的发展，制定了一系列相关产业支持政策：肉羊标准化养殖场补贴政策、畜牧良种补贴项目、免费疫苗补助和动物疾病防控

---

* 亩为非法定计量单位，1 亩≈667 平方米。

政策、职业技能培训项目、"粮改饲"政策和河北省肉羊产业集群 2022 年推进方案。

三、基于"钻石模型"的河北省肉羊产业竞争力评价及实证分析

（一）河北省肉羊产业竞争力评价指标体系的构建

1. 河北省肉羊产业竞争力评价指标设立原则

（1）科学性与标准性相结合原则。评价指标的选取是根据一定的理论和方法做出的科学决策，指标选取是有原则性的，符合产业评价的科学性和合理性。

（2）全面性与系统性相结合原则。产业竞争力是一个整体概念，选取的指标要尽可能全面、系统地反映肉羊产业竞争力的相关特征，同时，尽可能描述各个区域关于肉羊产业的现状与差异。

（3）定性分析与定量分析相结合原则。产业竞争力的有些影响因素是不可量化的，比如政策、机遇等，但却是评价肉羊产业竞争力不可或缺的因素，因此应进行定性分析。对具有数据可得性的指标则采取定量分析。

2. 河北省肉羊产业竞争力评价指标的选择

以"钻石模型"框架下的四要素作为一级指标，根据各要素变量的影响因素相应地选取二级指标。

（1）生产要素竞争力方面。生产要素是在社会生产过程中投入所需的各种资源，主要包括人力、物力、财力资源，是进行生产所必需的一切基本要素和环境条件。由于环境承载量较难评估，本文不考虑环境要素对产业竞争力的影响。表 2-4 为生产要素变量名称及释义。

表 2-4　生产要素变量名称及释义

变量名称	释义
牧业总产值（X_{i1}）	是衡量一个地区牧业的资本资源情况。牧业总产值的高低反映出该地区在牧业生产方面的投资力度以及未来牧业发展所需的资金运行状况。
一般公共预算支出（X_{i2}）	是指国家在农业、教育、科技、医疗、社会保障、文化卫生、就业及环境保护等方面的支出；在一定程度上也可以反映出该地区的民生状况和综合发展环境，对当地的区域产业发展提供一定的支持，是牧业发展的资本来源。
农林牧渔全社会固定资产投资（X_{i3}）	是指在一定时期内，全社会投入农林牧渔业领域的用于建造和购置固定资产的资金总量，反映出该领域产业的固定资产情况。

（续）

变量名称	释义
青饲料播种面积（X_{i4}）	青饲料是肉羊养殖不可或缺的饲料，青饲料播种面积在一定程度上衡量着青饲料的产量，是肉羊养殖生产环节的重要组成部分，是肉羊品质提升的关键。
农作物播种面积（X_{i5}）	粮食作物是饲料生产的主要来源，农作物播种面积反映出粮食的产出水平，肉羊养殖的规模化及饲料近距离运输一定程度上受制于农作物播种面积。
草原面积（X_{i6}）	可以反映出草量的供给情况，肉羊属于典型的食草性牲畜，草量的多少对肉羊产业持续发展有非常重要的意义。
年末供水管长度（X_{i7}）	是指该区域用水的便捷程度，水是肉羊养殖、生产、加工等环节必不可少的资源，是生产的重要前提。
年末公路里程（X_{i8}）	反映该地区的交通便捷程度。肉羊的采购、销售都需要便捷的交通来保障，年末公路里程越大，反映出该地区的交通越便捷，所以是肉羊产业生产要素必要的运输条件。
省级饲料监察所职工总人数（X_{i9}）	反映该区域在饲料监察方面的管理能力，比如饲料的安全以及质量是否符合国家标准，对于饲料配比在营养价值方面是否有新的创新，这是饲料监察所工作的主要任务，也是衡量饲料监察所工作水平的重要指标。饲料监察所技术人才越多，研发潜力越大，对于提高该地区饲料质量及饲料竞争力有很大的影响力。
乡镇畜牧兽医站职工人数（X_{i10}）	可以很好地反映该地区对畜牧卫生服务的支持力度，可以衡量畜牧兽医检测及防治的工作质量。畜牧兽医站职工人数越多，在羊疾病、周期性疫苗预防、疫情防控等方面可以越快捷地提供技术方面的服务与指导，尽可能地减少疫病的发生保障羊的健康状况。
第一产业从业人员（X_{i11}）	衡量肉羊第一产业劳动力的供给状况，肉羊第一产业主要包括养殖、饲料加工等多个环节，该产业所需劳动力人数较多，从业人员较多，说明肉羊第一产业在劳动力供给量上比较充足。
种羊场个数（X_{i12}）	衡量下一年肉羊产业中种羊生产规模的大小。
种羊场年末存栏（X_{i13}）	反映该区域下一年种羊的数量及繁育水平。
种羊场能繁殖母羊数量（X_{i14}）	反映该区域下一年能够繁殖种羊的母羊数量。

（2）需求要素竞争力方面。市场的需求量不仅受该地区的生产总值及综合发展水平影响，而且与消费者的消费习惯及偏好有关。肉羊产业需求要素主要

选取 13 个指标（表 2 - 5）。

表 2 - 5 需求要素变量名称及释义

变量名称	释义
年末常住总人数（Y_{i1}）	反映该地区人口规模的大小，在一定程度上决定了该区域潜在的消费群体数量对羊肉的供需状况。
人均生产总值（Y_{i2}）	衡量该地区经济发展的综合水平和居民消费水平，对羊肉的需求有潜在的影响。
城镇居民消费水平（Y_{i3}）	是指城镇居民在一定时期内用于满足自身物质文化生活需要的各种消费资料和服务的数量与质量的综合反映，可以体现城镇居民对羊肉的需求量和购买能力。
农村居民消费水平（Y_{i4}）	是指农村居民在产品和劳务的过程中，对生活所需的满足程度，可以体现农村居民对羊肉的需求量和购买能力。
居民人均食品烟酒消费支出（Y_{i5}）	居民在食品烟酒方面的消费，在一定程度上可以体现对羊肉的需求量。
居民家庭人均主要羊肉消费量（Y_{i6}）	是指该地区居民根据自身的饮食及消费习惯对羊肉的需求量。
人均可支配收入（Y_{i7}）	是指居民家庭的全部收入用于家庭的日常生活开销，是衡量消费开支的最重要的决定性因素。
城镇居民最终消费支出（Y_{i8}）	是指城镇居民用于生活消费及个人消费的全部支出，例如购买商品支出及享受文化服务等非商品支出。
农村居民最终消费支出（Y_{i9}）	是指农村居民用于生活消费及个人消费的全部支出，其中生活消费支出包括自给产品支出、购买商品支出及文化服务等方面支出。
羊肉市场占有率（Y_{i10}）	衡量一个区域羊肉产量占全国羊肉总产量的比重，反映羊肉市场占有率情况。
羊绒市场占有率（Y_{i11}）	衡量一个区域羊绒产量占全国羊绒总产量的比重，反映羊绒市场占有率情况。
羊毛市场占有率（Y_{i12}）	衡量一个区域羊毛产量占全国羊毛总产量的比重，反映羊毛市场占有率情况。
羊肉价格（Y_{i13}）	价格是影响消费者的重要因素，价格的高低影响羊肉市场的需求量。

（3）相关支持产业竞争力方面。通过查阅资料，发现全国肉羊屠宰加工企业数量没有一个整体概况，搜集数据较难。考虑肉羊相关支持产业数据的可得性，选取以下相关指标（表 2 - 6）。

表 2-6 相关支持产业要素变量名称及释义

变量名称	释义
羊存栏量（U_{i1}）	反映该区域肉羊下一年度的繁育水平。
羊出栏量（U_{i2}）	反映该区域肉羊产业的商品化程度。
羊肉产量（U_{i3}）	反映该区域肉羊产业的实际生产水平，决定羊肉对市场的供给数量。
粮食产量（U_{i4}）	是肉羊产业饲料发展的基础，饲料的源头是粮食产量的供应，粮食产量越多，对饲料产业发展的影响就越大。
饲料总产量（U_{i5}）	反映该区域的饲料发展水平，作为肉羊产业的上游产业，对肉羊产业的养殖环节有着非常重要的影响。
羊绒产量（U_{i6}）	反映该区域的羊绒产量对社会所做的贡献。
羊毛产量（U_{i7}）	反映该区域的羊毛产量对社会所做的贡献。

（4）产业战略、结构及竞争对手竞争力方面。消费群体生活多样化的需求，相应的产业战略、结构及竞争对手也在做出适当的调整和改变。表 2-7 为产业战略、结构及竞争对手要素变量名称及释义。

表 2-7 产业战略、结构及竞争对手要素变量名称及释义

变量名称	释义
羊肉产量占肉类总产量的比重（V_{i1}）	衡量该区域羊肉的产量状况，在一定程度上决定了该区域的市场占有份额，间接地表现出消费者的消费习惯及市场前景。
牛肉产量（V_{i2}）	衡量该区域肉牛产业的产出水平和竞争力状况对肉羊产业造成的影响。
猪肉产量（V_{i3}）	衡量该区域生猪产业的产出水平和竞争力状况对肉羊产业造成的影响。
牛存栏量（V_{i4}）	衡量该区域肉牛产业下一年的生产水平对下一年肉羊产业发展的影响。
猪存栏量（V_{i5}）	衡量该区域生猪产业下一年的生产水平对下一年肉羊产业发展的影响。
牛出栏量（V_{i6}）	衡量该区域肉牛产业的商品化程度。
猪出栏量（V_{i7}）	衡量该区域生猪产业的商品化程度。

将以上 4 个主要相关因素合并，考虑数据来源的可得性，共得出 42 个二级评价指标（表 2-8）。

表 2-8 省域间肉羊产业竞争力评价指标

一级指标	指标代码	二级指标	二级指标单位
生产要素竞争力（X_{ij}）	X_{i1}	牧业总产值	亿元
	X_{i2}	一般公共预算支出	亿元
	X_{i3}	农林牧渔全社会固定资产投资	亿元

（续）

一级指标	指标代码	二级指标	二级指标单位
	X_{i4}	青饲料播种面积	千公顷
	X_{i5}	农作物播种面积	千公顷
	X_{i6}	草原面积	千公顷
	X_{i7}	年末供水管长度	万千米
	X_{i8}	年末公路里程	万千米
生产要素	X_{i9}	省级饲料监察所职工总人数	人
竞争力（X_{ij}）	X_{i10}	乡镇畜牧兽医站职工人数	人
	X_{i11}	第一产业从业人员	万人
	X_{i12}	种羊场个数	个
	X_{i13}	种羊场年末存栏	只
	X_{i14}	种羊场能繁殖母羊数量	只
	X_{i15}	种羊场当年出栏种羊数量	只
	Y_{i1}	年末常住总人数	万人
	Y_{i2}	人均生产总值	元
	Y_{i3}	城镇居民消费水平	元
	Y_{i4}	农村居民消费水平	元
	Y_{i5}	居民人均食品烟酒消费支出	元
	Y_{i6}	居民家庭人均主要羊肉消费量	千克
需求条件要素	Y_{i7}	人均可支配收入	元
竞争力（Y_{ij}）	Y_{i8}	城镇居民最终消费支出	亿元
	Y_{i9}	农村居民最终消费支出	亿元
	Y_{i10}	羊肉市场占有率	%
	Y_{i11}	羊毛市场占有率	%
	Y_{i12}	羊绒市场占有率	%
	Y_{i13}	羊肉价格	元/千克
	U_{i1}	羊存栏量	万只
	U_{i2}	羊出栏量	万只
	U_{i3}	羊肉产量	万吨
相关支持产业	U_{i4}	粮食产量	万吨
竞争力（U_{ij}）	U_{i5}	饲料总产量	万吨
	U_{i6}	羊绒产量	吨
	U_{i7}	羊毛产量	吨

（续）

一级指标	指标代码	二级指标	二级指标单位
	V_{i1}	羊肉产量占肉类总产量的比重	%
	V_{i2}	牛肉产量	万吨
产业战略、	V_{i3}	猪肉产量	万吨
结构与竞争	V_{i4}	牛存栏量	万头
对手的竞争力	V_{i5}	猪存栏量	万头
（V_{ij}）	V_{i6}	牛出栏量	万头
	V_{i7}	猪出栏量	万头

3. 河北省肉羊产业竞争力评价方法

本文采取因子分析法，原因一是本文选取指标较多，该方法的核心思想是降维，可以将多个变量凝练为少数几个互不相关、能反映原始变量的公因子，概括性强；二是选取公因子的原则是尽可能多地包含原始变量中的信息。

因子分析法是通过降维，将原始变量信息凝练为少数几个公因子的一种统计分析方法。公因子和原始变量间的关系是紧密联系的，公因子可以较好地反映原始变量的大部分信息，而所有原始变量又都可以表示成公因子的线性组合，用少数几个公因子代替原始变量分析研究对象。针对变量作因子分析，即R型因子分析，该模型的一般表达式为：

$$\begin{cases} x_1 = a_{11}f_1 + a_{12}f_2 + \cdots + a_{1k}f_k + \varepsilon_1 \\ x_2 = a_{21}f_1 + a_{22}f_2 + \cdots + a_{2k}f_k + \varepsilon_2 \\ \vdots \\ x_p = a_{p1}f_1 + a_{p2}f_2 + \cdots + a_{pk}f_k + \varepsilon_p \end{cases}$$

式中，x_1，x_2，x_p表示各评价指标的变量；f_1，f_2，f_k为公共因子，ε_1，ε_2，ε_p为特殊因子，a_{11}，a_{21}，a_{p1}表示第一个原始变量在各因子上的载荷，a_{1k}，a_{2k}，a_{pk}为第k个原始变量在各因子上的载荷，a_{pk}为因子载荷，a_{pk}的值越大，说明公因子f_k对x_p的相关度越高，评价结果越有说服力。因子分析的一般步骤为：

①将原始数据标准化后，进行因子分析的相关性检验，一要看KMO值是否大于0.5；二要看巴特利特球形度检验P值是否小于0.01，如果两者数值符合，方可进行因子分析。

②构造因子。根据相关矩阵的特征值和特征向量计算得出的累计方差贡献率，确定公因子提取的个数。在因子提取的过程中主要采用主成分分析法，也可用碎石图，它可以更直观地表达提取公因子的个数。

③因子变量的命名解释，用提取的公因子解释原始变量中的信息，但有时

因子载荷大小的差异比较小，对公因子的命名和解释比较难，所以采用最大公差法进行因子旋转来增加因子载荷的差异，提高因子的解释度。

④计算因子得分。采用回归方法得出因子得分系数矩阵，再用各因子的方差贡献率作为权重计算各省份产业竞争力评价的综合得分。

4. 肉羊产业评价的数据来源

由于评价体系选取指标较多，部分数据在最新年鉴上未更新，考虑近两年数据相差不大，选取 2018 年鉴的数据来源主要有：《中国农业年鉴》《中国统计年鉴》《中国农村统计年鉴》《中国畜牧兽医统计年鉴》《全国农产品成本收益资料汇编》《中国食品工业年鉴》《中国饲料工业年鉴》。部分数据来源于国家统计局及中国畜牧业信息网 4.0。

（二）河北省肉羊产业竞争力评价的实证研究

借助 SPSS24.0 软件，采用因子分析法，分别对河北省肉羊产业生产要素、需求要素、相关支持产业、产业战略结构及竞争对手、综合竞争力 5 个方面进行实证分析，对河北省肉羊产业各要素发展状况做一个定量评价。

1. 生产要素竞争力研究

在生产要素竞争力研究中，KMO 检验的度量值为 0.677，巴特利特球形度检验显著性为 0.000，所选指标适合做因子分析。公因子方差输出结果表明，公因子在原始变量中所占的比值越大说明提取的公因子代表能力越强（表 2-9）。

表 2-9　公因子方差输出结果

	X_{i1}	X_{i2}	X_{i3}	X_{i4}	X_{i5}	X_{i6}	X_{i7}	X_{i8}	X_{i9}	X_{i10}	X_{i11}	X_{i12}	X_{i13}	X_{i14}	X_{i15}
初始	1.000	1.000	1.000	1.000	1.000	1.000	1.000	1.000	1.000	1.000	1.000	1.000	1.000	1.000	1.000
提取	0.932	0.912	0.858	0.780	0.876	0.663	0.977	0.897	0.883	0.599	0.883	0.846	0.939	0.905	0.826

用最大方差法对因子载荷矩阵进行旋转转换，5 次迭代后提取了 4 个公因子，这 4 个公因子的初始特征值都大于 1，分别为 4.269、4.185、2.821、1.502，对应的方差贡献率为 28.462%、27.902%、18.81%、10.012%，累积方差贡献率达到 85.186%（表 2-10），较好地解释了原始变量的大部分信息。

表 2-10　4 个公因子的方差贡献率

成分	初始特征值			提取载荷平方和			旋转载荷平方和		
	合计	方差（%）	累积（%）	合计	方差（%）	累积（%）	合计	方差（%）	累积（%）
1	5.242	34.944	34.944	5.242	34.944	34.944	4.269	28.462	28.462

（续）

成分	初始特征值			提取载荷平方和			旋转载荷平方和		
	合计	方差（%）	累积（%）	合计	方差（%）	累积（%）	合计	方差（%）	累积（%）
2	4.566	30.443	65.387	4.566	30.443	65.387	4.185	27.902	56.364
3	1.771	11.809	77.195	1.771	11.809	77.195	2.821	18.81	75.174
4	1.198	7.990	85.185	1.198	7.990	85.185	1.502	10.012	85.186

在因子分析的选项中，为更直观地反映出主成分对原始变量的信息值，系数绝对值设为大于0.3。根据表2-11，在第1主成分中，主要受种羊场个数、种羊场当年出栏种羊数量影响，系数分别为0.898和0.858；在第2主成分中，农林牧渔全社会固定资产投资、牧业总产值、第一产业从业人员是其主要提取变量，系数值分别为0.924、0.917和0.909；第3主成分中，主要是公共预算支出对交通及饮水方面所做的贡献；第4主成分是省级饲料监察所职工总人数在生产环节对饲料监察所做的贡献，系数值达到了0.915，是生产要素选取的重要指标。

表2-11 旋转后的因子载荷矩阵

变量	成分			
	1	2	3	4
牧业总产值		0.917		
一般公共预算支出		0.348	0.883	
农林牧渔全社会固定资产投资		0.924		
青饲料播种面积	0.814			
农作物播种面积		0.898		
草原面积	0.772			
年末供水管长度			0.971	
年末公路里程			0.904	
省级饲料监察所职工总人数				0.915
乡镇畜牧兽医站职工人数		0.681		
第一产业从业人员		0.909		
种羊场个数	0.898			
种羊场年末存栏	0.822			0.513
种羊场能繁母羊数量	0.791			0.527
种羊场当年出栏种羊数量	0.858			

以各因子的累积方差贡献率作为权重计算各省份肉羊产业生产要素竞争力的综合得分，公式为：$F = (28.462F_1 + 27.902F_2 + 18.81F_3 + 10.012F_4)/85.185$。通过计算得出31个省份综合得分及排名情况，如表2-12所示。

表2-12 省域间肉羊产业生产要素竞争力综合得分

排名	省份	得分	排名	省份	得分
1	内蒙古	1.36	17	广西	−0.11
2	新疆	0.94	18	辽宁	−0.12
3	四川	0.76	19	江西	−0.21
4	山东	0.7	20	陕西	−0.25
5	河南	0.64	21	吉林	−0.26
6	广东	0.46	22	山西	−0.28
7	江苏	0.39	23	重庆	−0.34
8	湖北	0.35	24	福建	−0.46
9	河北	0.30	25	北京	−0.57
10	湖南	0.27	26	青海	−0.59
11	甘肃	0.20	27	上海	−0.61
12	安徽	0.16	28	西藏	−0.65
13	云南	0.14	29	天津	−0.65
14	黑龙江	0.05	30	宁夏	−0.67
15	浙江	−0.1	31	海南	−0.73
16	贵州	−0.1			

由表2-12可知，肉羊产业生产要素竞争力排在前十名的是：内蒙古、新疆、四川、山东、河南、广东、江苏、湖北、河北和湖南，河北排在第九位。在选取的15个指标中对肉羊产业生产要素影响较大的是年末供水管长度、牧业总产值、农林牧渔全社会固定资产投资、第一产业从业人员、年末公路里程、省级饲料监察所职工总人数；影响次之的是青饲料面积、草原面积、种羊场个数及当年种羊场出栏数量。

2. 需求条件竞争力研究

在需求要素竞争力研究中，KMO检验的度量值为0.594，巴特利特球形度检验显著性为0.000，所选指标适合做因子分析。根据公因子方差输出结果，提取值总体都在0.9左右，选取的公因子可以较好地反映原始变量信息（表2-13）。

表 2-13　公因子方差输出结果

	Y_{i1}	Y_{i2}	Y_{i3}	Y_{i4}	Y_{i5}	Y_{i6}	Y_{i7}	Y_{i8}	Y_{i9}	Y_{i10}	Y_{i11}	Y_{i12}	Y_{i13}
初始	1.000	1.000	1.000	1.000	1.000	1.000	1.000	1.000	1.000	1.000	1.000	1.000	1.000
提取	0.968	0.956	0.947	0.924	0.841	0.760	0.938	0.934	0.954	0.926	0.921	0.777	0.760

因子初始特征值为 5.519、3.117 和 2.464，对应的方差贡献率为 42.457%、23.980% 和 18.956%。由于特征值不能明显地解释变量，经过因子旋转后，特征值和方差贡献率进行了重新分配，解释变量显著，累积方差贡献率达到 85.393%（表 2-14）。

表 2-14　4 个公因子的方差贡献率

成分	初始特征值			提取载荷平方和			旋转载荷平方和		
	合计	方差(%)	累积(%)	合计	方差(%)	累积(%)	合计	方差(%)	累积(%)
1	5.519	42.457	42.457	5.519	42.457	42.457	4.795	36.886	36.886
2	3.117	23.980	66.437	3.117	23.980	66.437	3.404	26.185	63.071
3	2.464	18.956	85.393	2.464	18.956	85.393	2.902	22.322	85.393

为了更直观地看出提取的公因子对原始变量所占的比值，将系数绝对值设为大于 0.3。在成分 1 中，人均生产总值、城镇居民消费水平、城镇居民最终消费支出的系数值比较好，分别为 0.973、0.968、0.962；在成分 2 中，羊毛、羊绒市场占有率的系数值比较高，分别为 0.943、0.944；在成分 3 中，年末常住总人数与羊肉市场占有率的相关程度较高，系数值达到了 0.980（表 2-15）。

表 2-15　旋转后的因子载荷矩阵

变量	成分		
	1	2	3
年末常住总人数			0.980
人均生产总值	0.973		
城镇居民消费水平	0.968		
农村居民消费水平	0.940		
居民人均食品烟酒消费支出	0.898		
居民家庭人均主要羊肉消费量		0.747	−0.449
人均可支配收入		−0.465	
城镇居民最终消费支出	0.962		

（续）

变量	成分		
	1	2	3
农村居民最终消费支出	0.479		0.835
羊肉市场占有率			0.975
羊毛市场占有率		0.943	
羊绒市场占有率		0.944	
羊肉价格		0.878	

以各因子的累积方差贡献率作为权重计算各省份肉羊产业需求要素竞争力的综合得分，公式为：$F = (36.886F_1 + 26.185F_2 + 22.322F_3)/85.393$。通过计算得出 31 个省份综合得分及排名情况（表 2 - 16）。

表 2 - 16　省域间肉羊产业需求要素竞争力综合得分

排名	省份	得分	排名	省份	得分
1	内蒙古	1.51	17	安徽	−0.26
2	江苏	1.09	18	重庆	−0.28
3	山东	0.83	19	陕西	−0.3
4	广东	0.82	20	黑龙江	−0.31
5	上海	0.82	21	山西	−0.39
6	北京	0.78	22	宁夏	−0.43
7	浙江	0.59	23	青海	−0.43
8	新疆	0.38	24	江西	−0.48
9	天津	0.34	25	甘肃	−0.48
10	河南	0.11	26	云南	−0.52
11	四川	0.09	27	广西	−0.55
12	福建	0.01	28	吉林	−0.57
13	河北	0.00	29	贵州	−0.66
14	辽宁	−0.03	30	西藏	−0.67
15	湖北	−0.10	31	海南	−0.78
16	湖南	−0.12			

在肉羊产业需求要素竞争力研究中，基于消费群体的消费习惯及受风俗因素影响的数据没有定量化的标准，本文着重于从定量角度选取指标，人均生产总值、年末常住总人数、城镇居民消费水平与支出、羊绒市场占有率、羊毛市

场占有率对市场需求量影响比较显著。

在肉羊产业需求要素竞争力方面排在前十名的是：内蒙古、江苏、山东、广东、上海、北京、浙江、新疆、天津和河南，河北排在第十三位。

3. 相关支持产业竞争力研究

在相关支持产业竞争力研究中，KMO 检验的度量值为 0.803，巴特利特球形度检验显著性为 0.000，所选指标适合进一步做因子分析，得出表 2-17，提取公因子的值能反映原始变量信息。

表 2-17　公因子方差输出结果

	U_{i1}	U_{i2}	U_{i3}	U_{i4}	U_{i5}	U_{i6}	U_{i7}
初始	1.000	1.000	1.000	1.000	1.000	1.000	1.000
提取	0.962	0.973	0.979	0.715	0.746	0.806	0.913

对提取的 2 个公因子进行旋转后，对初始特征值与方差贡献率进行了重新分配，方差贡献率分别为 65.911%、21.150%，累积贡献率为 87.061%（表 2-18），较清晰地解释了原始变量所反映的信息。

表 2-18　公因子的方差贡献率

成分	初始特征值			提取载荷平方和			旋转载荷平方和		
	合计	方差(%)	累积(%)	合计	方差(%)	累积(%)	合计	方差(%)	累积(%)
1	4.653	66.474	66.474	4.653	66.474	66.474	4.614	65.911	65.911
2	1.441	20.587	87.061	1.441	20.587	87.061	1.481	21.150	87.061

根据旋转后的因子载荷矩阵表得出，肉羊相关产业竞争力主要受两个因素影响。在主成分 1 中，主要受羊存栏量、羊肉产量影响，随着羊存栏量、羊肉产量的增加，相应地羊出栏量、羊毛产量、羊绒产量也会增加，主成分的系数值在 0.895 以上，变量间相关程度比较高；在主成分 2 中，粮食产量、饲料总产量是主要影响因素，系数值分别为 0.812、0.852（表 2-19）。

表 2-19　旋转后的因子载荷矩阵

变量	成分	
	1	2
羊存栏量	0.980	
羊出栏量	0.958	
羊肉产量	0.976	

（续）

变量	成分	
	1	2
粮食产量		0.812
饲料总产量		0.852
羊毛产量	0.952	
羊绒产量	0.895	

以各因子累积方差贡献率作为权重计算 31 个省相关产业竞争力的综合得分，公式为：$F = (65.911F_1 + 221.150F_2)/87.061$，得出表 2 - 20。

表 2 - 20 省域间肉羊相关产业竞争力综合得分

排名	省份	得分	排名	省份	得分
1	内蒙古	3.32	17	陕西	−0.19
2	新疆	1.48	18	青海	−0.23
3	山东	0.97	19	广东	−0.26
4	河南	0.66	20	西藏	−0.29
5	河北	0.58	21	宁夏	−0.38
6	四川	0.35	22	广西	−0.40
7	黑龙江	0.34	23	江西	−0.41
8	甘肃	0.13	24	重庆	−0.47
9	安徽	−0.02	25	贵州	−0.50
10	湖南	−0.04	26	福建	−0.55
11	辽宁	−0.05	27	浙江	−0.58
12	云南	−0.11	28	海南	−0.67
13	江苏	−0.12	29	天津	−0.67
14	吉林	−0.16	30	北京	−0.68
15	湖北	−0.18	31	上海	−0.70
16	山西	−0.19			

根据表 2 - 20 可知，我国肉羊相关产业竞争力排在前十名的是：内蒙古、新疆、山东、河南、河北、四川、黑龙江、甘肃、安徽和湖南，河北排在第五位。

4. 产业战略、结构及竞争对手竞争力研究

在产业战略、结构及竞争对手竞争力研究中，*KMO* 检验的度量值为

0.607，巴特利特球形度检验显著性为 0.000，所选指标适合做因子分析。根据公因子方差输出结果的提取值看，猪肉产量和猪出栏量提取的值较高，系数值为 0.981 和 0.974。其次是猪存栏量、牛出栏量、牛肉产量、羊肉占肉类比重、牛存栏量，系数值分别为 0.956、0.953、0.838、0.766、0.72，提取的数值均大于 0.70（表 2 - 21），所选变量指标合理。

表 2 - 21　公因子方差输出结果

	V_{i1}	V_{i2}	V_{i3}	V_{i4}	V_{i5}	V_{i6}	V_{i7}
初始	1.000	1.000	1.000	1.000	1.000	1.000	1.000
提取	0.766	0.838	0.981	0.72	0.956	0.953	0.974

在产业战略、结构及竞争对手选取的 7 个变量指标中，共提取了 2 个主要成分，如表 2 - 22 所示。

表 2 - 22　公因子的方差贡献率

成分	初始特征值			提取载荷平方和			旋转载荷平方和		
	合计	方差(%)	累积(%)	合计	方差(%)	累积(%)	合计	方差(%)	累积(%)
1	3.836	54.800	54.800	3.836	54.8	54.800	3.326	47.520	47.520
2	2.353	33.610	88.410	2.353	33.610	88.410	2.862	40.890	88.410

在成分 1 中，生猪产业影响明显，猪存栏量、出栏量及猪肉产量系数值均大于 0.95（表 2 - 23）；在成分 2 中，主要受牛出栏量影响。初始特征值分别为 3.836、2.353，相对应的方差贡献率为 54.800%、33.610%；因子旋转后的方差贡献率分别调整为 47.520% 和 40.890%，累积方差贡献率达到 88.410%。

表 2 - 23　旋转后的因子载荷矩阵

变量	成分	
	1	2
羊肉产量占肉类总产量的比重	-0.659	0.576
牛肉产量		0.887
猪肉产量	0.969	
牛存栏量		0.847
猪存栏量	0.951	
牛出栏量		0.945
猪出栏量	0.968	

以各因子的累积方差贡献率作为权重计算各省份肉羊产业战略、结构及竞争对手竞争力的综合得分，公式为：$F = (47.520F_1 + 40.890F_2)/88.410$。通过计算得出31个省份综合得分及排名情况（表2-24）。

表2-24 省域间肉羊产业战略、结构及竞争对手综合得分

排名	省份	得分	排名	省份	得分
1	四川	1.45	17	安徽	−0.13
2	山东	1.44	18	甘肃	−0.18
3	河南	1.23	19	江苏	−0.19
4	云南	1.13	20	西藏	−0.29
5	湖南	0.95	21	重庆	−0.35
6	河北	0.83	22	青海	−0.40
7	黑龙江	0.42	23	陕西	−0.43
8	内蒙古	0.41	24	福建	−0.51
9	湖北	0.36	25	山西	−0.68
10	吉林	0.18	26	浙江	−0.73
11	广西	0.12	27	宁夏	−0.78
12	辽宁	0.12	28	海南	−0.79
13	江西	0.09	29	天津	−0.87
14	贵州	0.09	30	北京	−0.92
15	广东	0.08	31	上海	−0.95
16	新疆	−0.02			

在产业战略、结构及竞争对手方面排在全国前十位的是：四川、山东、河南、云南、湖南、河北、黑龙江、内蒙古、湖北和吉林，河北处于第六位。但受竞争对手影响比较明显，影响的重要程度依次为猪肉、牛肉。

5. 综合竞争力评价结果及分析

由于检验变量的数量大于样本数量，相关矩阵出现非正定矩阵，没有KMO和巴特利特球形度检验值。基于上文各要素变量指标提取值和因子旋转后的载荷矩阵值分析，选取26个指标进行肉羊产业竞争力的整体分析。KMO的值为0.646，巴特利特球形度检验的显著性为0.000，适合进行因子分析。

表 2-25 公因子的方差贡献率

成分	初始特征值			提取载荷平方和			旋转载荷平方和		
	合计	方差(%)	累积(%)	合计	方差(%)	累积(%)	合计	方差(%)	累积(%)
1	9.904	38.092	38.092	9.904	38.092	38.092	8.614	33.132	33.132
2	9.369	36.033	74.126	9.369	36.033	74.126	6.957	26.758	59.890
3	2.624	10.092	84.217	2.624	10.092	84.217	6.136	23.599	83.488
4	1.012	3.891	88.109	1.012	3.891	88.109	1.201	4.620	88.109

在 26 个指标中，提取了 4 个公因子，初始特征值分别为 9.904、9.369、2.624、1.012，相对应的方差贡献率分别为 38.092%、36.033%、10.092%、3.891%。公因子经过旋转后，方差贡献率变为 33.132%、26.758%、23.599%、4.620%，累积方差贡献率为 88.109%（表 2-25）。

如表 2-26 所示，共提取了 4 个主成分。在成分 1 中，原始变量信息数值较大的主要有年末常住总人数、农村居民最终消费支出、牧业总产值、猪肉产量、猪出栏量，系数值分别为 0.967、0.926、0.898、0.898、0.889；在成分 2 中，羊肉市场占有率、羊存栏量、羊肉产量系数值均大于 0.95，影响比较明显，其次是种羊场年末存栏量、种羊场能繁母羊数量；在成分 3 中，主要是年末供水管长度、城镇居民最终消费支出、年末公路里程生产性基础设施的影响比较明显，系数值均大于 0.5；在成分 4 中，仅受省级饲料监察所职工总人数的影响，系数值为 0.835。

表 2-26 旋转后的因子载荷矩阵

变量	成分			
	1	2	3	4
牧业总产值	0.898			
一般公共预算支出	0.811			
农作物播种面积	0.756			
草原面积		0.731		
年末供水管长度	0.645		0.652	
年末公路里程	0.784		0.504	
省级饲料监察所职工总人数				0.835
第一产业从业人员	0.855			
种羊场年末存栏量		0.875		
种羊场能繁母羊数量		0.850		

（续）

变量	成分			
	1	2	3	4
种羊场当年出栏种羊数量		0.845		
年末常住总人数	0.967			
居民家庭人均主要羊肉消费量		0.712		
城镇居民最终消费支出	0.740		0.588	
农村居民最终消费支出	0.926			
羊肉市场占有率		0.953		
羊存栏量		0.978		
羊出栏量		0.946		
羊肉产量		0.954		
粮食产量	0.716			
饲料总产量	0.815			
羊肉产量占肉类总产量的比重		0.740		
牛肉产量		0.733		
猪肉产量	0.898			
牛出栏量		0.744		
猪出栏量	0.889			

以各因子的累积方差贡献率作为权重计算各省份肉羊产业战略、结构及竞争对手竞争力的综合得分，公式为：$F = (33.132F_1 + 26.758F_2 + 23.599F_3 + 4.620F_4)/88.109$。通过计算得出 31 个省份综合得分及排名情况，如表 2 - 27 所示。

表 2 - 27　肉羊产业综合竞争力得分情况

排名	省份	得分	排名	省份	得分
1	内蒙古	1.40	8	江苏	0.43
2	山东	1.20	9	湖南	0.18
3	新疆	0.91	10	湖北	0.12
4	河南	0.76	11	安徽	0.11
5	四川	0.62	12	黑龙江	0.06
6	广东	0.52	13	云南	0.04
7	河北	0.48	14	甘肃	0.01

（续）

排名	省份	得分	排名	省份	得分
15	辽宁	0.00	24	福建	−0.43
16	浙江	−0.05	25	重庆	−0.44
17	广西	−0.13	26	西藏	−0.48
18	吉林	−0.18	27	北京	−0.55
19	江西	−0.27	28	上海	−0.58
20	贵州	−0.27	29	宁夏	−0.59
21	陕西	−0.33	30	天津	−0.64
22	山西	−0.34	31	海南	−0.75
23	青海	−0.35			

　　根据肉羊产业综合竞争力得分情况，排名前十位的是内蒙古、山东、新疆、河南、四川、广东、河北、江苏、湖南、湖北，河北排在第七位。影响肉羊产业综合竞争力高低的主要因素有年末常住总人数、羊存栏量、羊出栏量、羊肉产量、羊肉市场占有率、牧业总产值、第一产业从业人员、省级饲料监察所职工人数、猪肉产量等。即生产要素、需求要素、相关产业要素、竞争对手因素对肉羊产业综合竞争力的影响都较大，所以要综合提高肉羊产业各个要素的发展水平。

四、研究结论

　　根据以上研究得出以下评价结果：

　　在生产要素竞争力方面，排在全国前十位的是内蒙古、新疆、四川、山东、河南、广东、江苏、湖北、河北、湖南，河北排在第九位。主要影响因素是年末供水管长度、牧业总产值、农林牧渔全社会固定资产投资、第一产业从业人员、年末公路里程、省级饲料监察所职工总人数；其次是青饲料面积、草原面积、种羊场个数及当年种羊场出栏数量。与排在前两位的内蒙古、新疆相比，前两者地广人稀，有广阔的草场资源优势，而河北环抱京津和雄安新区，不仅受生态环境红线限制，而且草场资源用地也紧张。唐县作为全国肉羊集散地，建议发挥加工屠宰优势，缓解养殖对生态环境造成的影响，在基础设施、高技术人才投入、财政支持等方面给予支持。

　　在需求要素竞争力方面，排在全国前十位的是内蒙古、江苏、山东、广东、上海、北京、浙江、新疆、天津、河南，河北排在第十三位。研究发现人均生产总值、年末常住总人数、城镇居民消费水平及支出是肉羊产业需求的主要影响因素。与内蒙古、江苏等排在前十名的地区相比，河北省需求差距仍然比较大。

在相关支持产业竞争力方面，排在全国前十位的是内蒙古、新疆、山东、河南、河北、四川、黑龙江、甘肃、安徽、湖南，河北排在第五位。相关产业主要的影响因素为羊存栏量、出栏量、羊肉产量、饲料产量等。与内蒙古、新疆等地区相比，河北省发展肉羊产业具有一定的优势。当前河北省没有形成独特的地理标志产品，羊肉品牌知名度比较低，产业链仍比较短。建议申请属于河北特色的地理标志品牌，加强精深加工，提高产品附加值。

在产业战略、结构及竞争对手竞争力方面，四川、山东、河南、云南、湖南、河北、黑龙江、内蒙古、湖北、吉林位居全国前十名，河北排在第六位。主要影响因素是生猪存栏量、出栏量及猪肉产量；其次是肉牛出栏量、牛肉产量；而羊肉产量占肉类总产量比重低于猪肉、牛肉产量。与排在前五位的地区相比，河北省肉羊产业战略结构仍需优化完善。

在综合竞争力方面，全国排名前十名的是内蒙古、山东、新疆、河南、四川、广东、河北、江苏、湖南、湖北，河北排在第七位，整体竞争力较好，但与前几名省份相比还有一些差距，在生产要素方面，固定资产投资有差距，种羊场数量少，畜牧人才素质偏差；在市场需求方面，地理位置优势发挥不充分；在相关产业方面，羊肉市场占有率偏低，没有全国知名品牌；在产业竞争对手方面，受猪肉产量影响最为明显。

参 考 文 献

丁存振，赵瑞莹，2015. 基于钻石模型的山东省肉羊产业国际竞争力实证分析 [J]. 中国农业信息（4）：58 - 63.

樊宏霞，2012. 内蒙古肉羊产业竞争力研究 [D]. 呼和浩特：内蒙古农业大学.

樊宏霞，薛强，2014. 竞争力视角下的内蒙古自治区肉羊产业发展研究 [J]. 黑龙江畜牧兽医（12）：19 - 21.

韩振兴，朱涛，常向阳，2019. 北方农牧交错带肉羊产业集群集中度和竞争力分析——以朔州肉羊产业集群为例 [J]. 中国畜牧杂志，55（8）：164 - 169.

河北省农业农村厅，2021. 河北省推进肉牛肉羊生产发展五年行动方案 [J]. 北方牧业（19）：11 - 13.

刘玉凤，王明利，2015. 基于因子分析法的中国肉羊产业优势省区研究 [J]. 中国农学通报，31（5）：12 - 19.

迈克尔波特，2002. 国家竞争优势 [M]. 李明轩，邱如美，译，北京：华夏出版社.

秦少华，董谦，2020. 河北省肉羊产业高质量发展的问题及对策建议——基于唐县养殖户的调研 [J]. 农业与技术，40（21）：144 - 146.

唐莉，王明利，2018. 中国肉羊产业竞争力及影响因素分析——基于成本效益视角［J］.
　　价格理论与实践（12）：107－110.

王天骄，2016. 内蒙古肉羊国内市场竞争力研究［D］. 呼和浩特：内蒙古农业大学.

薛选登，尹敬茹，2015. 基于主成分分析的中国畜产品主产区国际竞争力研究［J］. 世界
　　农业（11）：223－227.

余洁，等，2013. 基于产业安全的我国畜产品国际竞争力研究［J］. 中国畜牧杂志，49
　　（16）：27－30，34.

赵慧峰，等，2019. 2018 年河北省羊产业发展报告［M］. 北京：中国农业出版社.

专题三　河北省肉羊养殖产业竞争力影响因素分析

一、研究背景和概念界定

（一）研究背景和意义

羊肉所占居民日常消费肉量的比重在不断提升，目前已超过 6％。农村居民与城镇居民羊肉消费量间的差距在逐渐缩小，为肉羊产业的发展提供了强劲的内在动力。河北省作为我国羊肉的主产区，肉羊产业规模及产品总量位居国内前列，河北省肉羊养殖不断向产业化、规模化、标准化方向发展，但仍存在良种率低、规模化程度低、养殖技术效率低、肉羊养殖成本上升等问题。本文从成本收益视角，与国内肉羊养殖大省对比分析河北省肉羊养殖的比较优势与竞争劣势，深入分析影响河北省肉羊养殖产业竞争力的因素，对明确河北省肉羊产业在全国的地位、找准发展方向、推动河北省肉羊养殖高质量发展具有重要的现实意义。

（二）概念界定

1. 肉羊的养殖成本

肉羊的养殖成本是指在肉羊养殖过程中养殖主体所需承担并实际支付的各项成本费用总额。肉羊养殖的成本通常包括在养殖过程中所产生的物质资料服务成本、人工成本及养殖过程中所支付的土地成本。其中，物质资料服务成本是指在养殖过程中所直接耗费的各种物质性原料成本，使用相关服务所产生的服务成本以及养殖肉羊所产生的其他实物或现金支出；人工成本是指在肉羊生产过程中雇佣劳动力所支付的劳动报酬；土地成本则是指养殖主体为养殖肉羊而进行土地租用所产生的租金或合同费用。由于河北省肉羊养殖仍以传统散户饲养为主，所占土地多为自家院落，无须支付土地租金或其他费用，同时结合现有年鉴数据的可获得性，本文在研究肉羊养殖成本时不考虑土地成本。

2. 养殖收益

养殖收益通常指在某一时期内，从单个养殖个体上取得的总收入减去所耗费的成本费用所获得的净利润。即：

净利润＝收入－成本＝总产值－总成本

成本利润率是指利润总额与相应成本费用总额的比率。其计算公式为：

成本利润率＝净利润/总成本×100％

此处的收入是指生产者通过销售有关肉羊产品所获得的销售收入，通常以产值表示。产值分为主产值和副产值，其中主产值是指销售主产品的收入，通常以羊肉产品销售收入为主，而副产值是指除羊肉产品销售收入外的其他收入，如销售羊乳、羊毛、羊绒以及其他副产品的收入。

二、河北省肉羊养殖成本收益情况

（一）养殖成本情况

1. 养殖总成本

肉羊的养殖成本分为生产成本与土地成本，河北省肉羊养殖主要以散养为主且养殖地多为农户自家土地，无须支付租地费用，同时，相关年鉴的统计数据也为散养数据，因此本文所分析的养殖成本是除土地成本外的生产成本，即物质资料服务费与人工成本两部分。河北省肉羊养殖成本主要构成项目及变化情况见表 3-1。

表 3-1　2010—2019 年河北省肉羊养殖成本构成及所占比重

单位：元/只，%

项目	2010 年	2011 年	2012 年	2013 年	2014 年	2015 年	2016 年	2017 年	2018 年	2019 年
物质与服务费用	304.96	429.86	481.80	505.21	464.01	391.02	388.62	442.10	647.35	729.35
所占比重	63.87	66.25	61.20	57.14	52.52	48.66	47.92	50.60	60.69	62.60
人工成本	172.53	219.00	305.48	378.90	419.47	412.62	422.30	431.70	419.27	435.70
所占比重	36.13	33.75	38.80	42.86	47.48	51.34	52.08	49.40	39.31	37.40
养殖成本	477.49	648.86	787.28	884.11	883.48	803.64	810.92	873.80	1 066.62	1 165.05

数据来源：《全国农产品成本收益资料汇编》。

由表 3-1 可知，河北省 2010—2019 年生产成本虽有小幅波动，但总体呈增长趋势。肉羊养殖成本 2010—2013 年保持稳步上升趋势，2014—2015 年小幅下降后，2016—2019 年开始逐步回升，且 2019 年成本最高，养殖成本达到1 165.05 元/只，较 2018 年增长 9.23%，是 2010 年养殖成本的 2.44 倍。具体变动上，物质与服务费用 2010—2013 年连续三年稳步增长。由 2010 年的 304.96 元/只增长至 2013 年的 505.21 元/只，平均年增长额 66.75 元/只，年均增长率约为 18.4%；2014 年开始，连续三年下降，2016 年为 388.62 元/只；2017—2019 年逐步回升，上升至 729.35 元/只，较 2016 年增长 340.73 元/只。人工成本 2010—2019 年除 2015 年和 2018 年有小幅度的下降之外，整体处于稳定增长趋势。尤其是 2010—2014 年一直保持小幅递增趋势，平均年增长额为 61.74 元/只；2015 年下降，2016—2017 年又回升；2018 年有所下降，较 2017 年下降了 2.88%；2019 年上涨至 435.70 元/只。

在物质与服务费用与人工成本所占比重方面，2010—2019 年，前者比重大多高于后者比重。主要表现在：2010—2014 年，物质与服务费用所占比重都在 50%以上，且最高可达 66.25%，说明生产成本主要受物质与服务费用的影响；2015 年与 2016 年人工成本所占比重最高达到 52.08%，对生产成本的影响在逐渐加深。2017—2019 年，物质与服务费用所占比重逐步回升，2019 年占比 62.60%，人工成本占比 37.40%（图 3-1）。

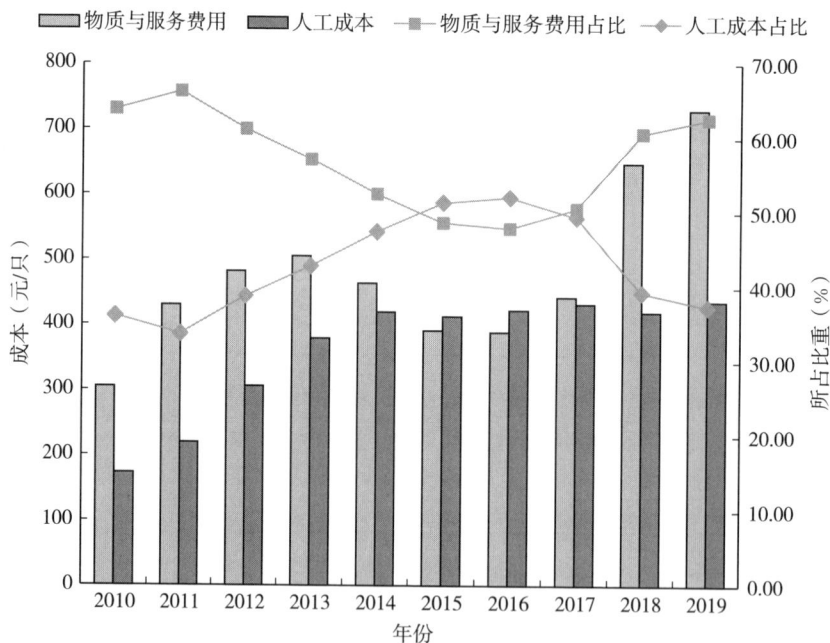

图 3-1　2010—2019 年河北省肉羊生产成本构成及所占比重

数据来源：《全国农产品成本收益资料汇编》。

2. 物质与服务费用

肉羊的物质与服务费用可分为直接费用与间接费用两部分，直接费用

2010—2013 年连续增长，由 302.08 元/只上涨至 501.63 元/只，增量为 199.55 元/只，年均增长率约为 18.2%；2014—2016 年有所下降，2017—2019 年持续上涨，2019 年最高，为 12 796.64 元/只。间接费用 2010—2019 年变动趋势与直接费用基本一致，除 2019 年，整体波动范围不大，基本稳定在 3.58 元/只左右（表 3-2）。直接费用年平均占比超 99%，而间接费用年平均所占比重不足 1%，所以本文着重对直接费用进行具体分析。

表 3-2 物质服务费用构成及占比

单位：元/只，%

年份	直接费用	占比	间接费用	占比	物质与服务费用
2010	302.08	99.06	2.88	0.94	304.96
2011	426.49	99.22	3.37	0.78	429.86
2012	478.28	99.27	3.52	0.73	481.8
2013	501.63	99.29	3.58	0.71	505.21
2014	460.34	99.21	3.67	0.79	464.01
2015	386.80	98.92	4.22	1.08	391.02
2016	384.61	98.97	4.01	1.03	388.62
2017	438.11	99.10	3.99	0.90	442.1
2018	643.39	99.39	3.96	0.61	647.35
2019	12 796.64	99.69	39.66	0.31	12 836.30

数据来源：《全国农产品成本收益资料汇编》。

直接费用包括 12 个项目（表 3-3），其中，仔畜费平均年占比最高，为 71.25%，对直接费用的影响最大，2010—2013 年仔畜费由 192.15 元/只上升至 340.26 元/只，增量为 148.11 元/只，平均年增长额为 49.37 元/只，年均增长率约为 20.8%；2014—2016 年，连续下降 3 年，下降幅度最大为 2015 年，较上一年减少 76.61 元/只，下降了 25.9%；2017 年开始有所好转，2018 年上涨至 447.20 元/只，增长 179.74 元/只；2019 年则较 2018 年增长 9 039.92元/只，增长迅猛。接下来，占比较高的有关饲料费的三个项目，包括精饲料费、青粗饲料费和饲料加工费，三者相加平均年占比为 26.90%，十年间，整体处于稳步增长趋势，2019 年三者合计为 3 224.83 元/只，是 2010 年的 31.90 倍，较上一年上涨 3 051.59 元/只，只有 2017 年出现负增长。其余 8 个项目平均年占比不足 2%，总体处于稳步递增趋势，但各项所需金额较小，整体对直接费用的影响也相对较弱。

表 3 - 3　直接费用构成及变动

单位：元/只

项目	2010 年	2011 年	2012 年	2013 年	2014 年	2015 年	2016 年	2017 年	2018 年	2019 年
仔畜费	192.15	285.80	320.51	340.26	295.83	219.22	210.85	267.46	447.20	9 487.12
精饲料费	68.22	93.12	96.69	99.71	102.65	101.90	102.58	102.49	126.50	2 609.98
青粗饲料费	32.87	35.03	44.58	45.94	45.12	46.42	49.56	48.46	45.66	614.85
饲料加工费						1.12	1.21		1.08	
水费	0.17	0.26	0.16			0.48	0.53	0.42	0.72	0.95
燃料动力费	0.11	0.51	0.77	1.02	1.08	1.12	1.40	1.44	1.55	11.67
医疗防疫费	4.63	5.46	6.74	6.83	7.60	7.85	8.19	8.41	7.10	19.16
死亡损失费	1.63	3.20	3.99	3.96	3.78	4.37	6.18	5.25	9.83	39.91
技术服务费										
工具材料费	1.74	2.21	2.44	2.54	2.75	2.79	2.66	2.64	2.52	8.05
修理维修费	0.56	0.90	1.00	1.37	1.53	1.53	1.45	1.54	1.23	4.95
其他直接费用			1.4							
直接费用合计	302.08	426.49	478.28	501.63	460.34	386.8	384.61	438.11	643.39	12 796.64

数据来源：《全国农产品成本收益资料汇编》。

3. 人工成本

人工成本指在养殖肉羊过程中所耗用的劳动力成本，包括家庭用工折价与雇工费用两部分。由于河北省肉羊养殖多以农户家庭为主，人工成本主要来自家庭用工折价，雇用费用较少且统计年鉴近十年没有此部分的数据，因此人工成本只考虑家庭用工折价，家庭用工折价＝家庭用工天数×劳动日工价。

如图 3 - 2 所示，劳动日工价与家庭用工折价变动趋势基本一致，劳动日工价 2010—2019 年长期保持稳定增长态势，2010—2014 年处于快速上升期，由 31.30 元/日提升至 74.40 元/日，年均增长额为 10.78 元/日，年均增长率约为 24.3%；2014 年以后，增长速度有所下降。家庭用工折价除 2015 年与 2018 年有小幅下降，其余年份均有不同程度的增长，尤其是 2019 年，出现大幅增长，由 419.27 元上升至 801.17 元，增长 381.90 元，增幅为 91.09%；十年间，2019 年金额最高为 801.17 元，约是 2010 年的 4.6 倍。家庭用工天数整体波动较小，这期间平均数值为 5.76 日，除 2019 年，上下浮动不超过 0.47 日。

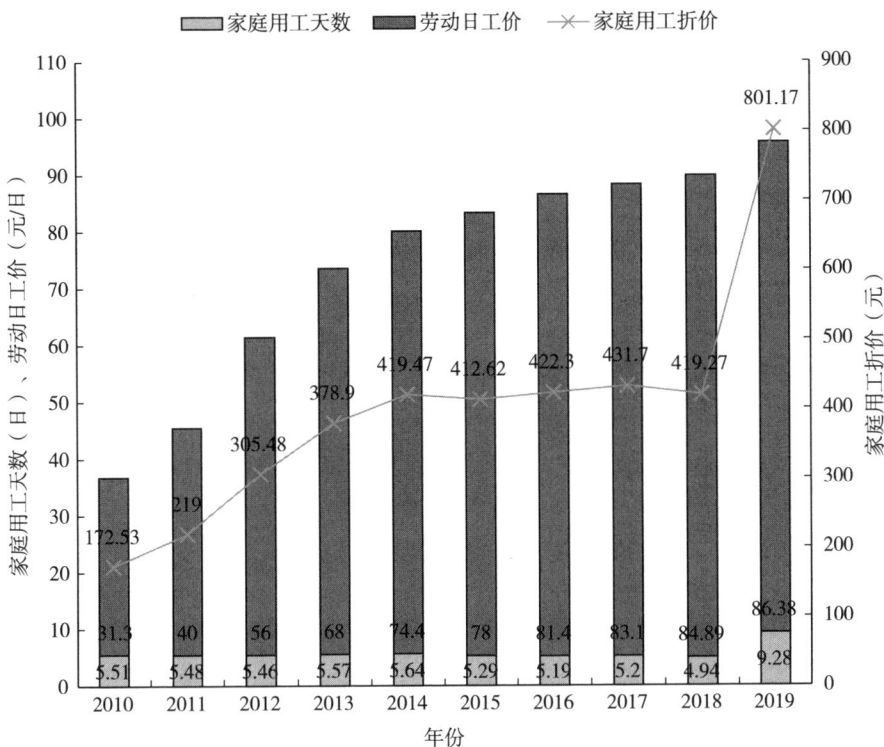

图 3-2 2010—2019 年河北省肉羊养殖家庭用工折价

数据来源：《全国农产品成本收益资料汇编》。

(二) 养殖收益情况

肉羊的养殖收益体现在养殖收入与养殖利润两方面，养殖收入包括销售羊肉产品的收入以及羊毛、羊绒、羊奶等其他副产品的收入；养殖利润是指在取得收入的基础上扣除各项成本费用所取得的净利润。

1. 肉羊总产值

河北省肉羊收入主要来源于销售主产品，2010—2019 年，主产品的平均占比超过 98%，副产品所得收入平均占比不足 2%。2010—2013 年，主产品产值一直呈递增趋势，平均年增长额为 113.79 元/只，2011 年增长最多，为 241.89 元/只，是上一年的 1.39 倍；2014—2016 年产值连续下降，由 2013 年的 957.35 元/只下降至 2016 年的 629.31 元/只，平均年减少额 109.35 元/只，年均增长率约为 −13.0%；2017—2019 年逐步好转，2019 年主产值已达到 1 429.48元/只。副产品产值 2010—2019 年变动幅度较小，整体维持在 11.73 元/只左右，上下浮动不超过 1.91 元/只（表 3-4）。

表 3-4 肉羊产值构成及占比情况

单位：元/只,%

年份	主产品		副产品	
	产值	占比	产值	占比
2010	615.98	98.33	10.49	1.67
2011	857.87	98.80	10.40	1.20
2012	911.06	98.86	10.55	1.14
2013	957.35	98.60	13.64	1.40
2014	862.06	98.61	12.16	1.39
2015	632.02	97.92	13.45	2.08
2016	629.31	98.24	11.26	1.76
2017	933.47	98.56	13.66	1.44
2018	1 248.44	99.14	10.80	0.86
2019	1 429.48	99.25	10.85	0.75

数据来源：《全国农产品成本收益资料汇编》。

由主产品和副产品产值所占比重可以看出，主产品产值对肉羊总产值起决定性作用（表 3-5）。

表 3-5 主产品产值构成及变动情况

单位：千克/只，元/50 千克

项目	2010 年	2011 年	2012 年	2013 年	2014 年	2015 年	2016 年	2017 年	2018 年	2019 年
主产品产量	37.23	38.62	39.24	40.72	41.36	42.84	42.64	42.47	44.78	44.86
平均出售价格	827.26	1 110.66	1 160.88	1 175.53	1 042.14	737.65	737.93	1 098.98	1 393.97	1 593.27

数据来源：《全国农产品成本收益资料汇编》。

主产品产值主要受主产品产量与平均出售价格的影响，因平均出售价格的单位代表每 50 千克的肉羊价格，与主产品产量单位所代表的不一致，因此，主产品产值＝主产品产量×平均出售价格/50。

由表 3-5 可知，主产品产量除 2016 年、2017 年有所下降，其余年份基本保持递增趋势，2018 年增长最多，增长量为 2.31 千克/只，较 2017 年提升了 5.44％；2010—2015 年一直保持稳定增长，年平均增长额为 1.12 千克/只。平均出售价格与主产品产量变动趋势大致相同，整体呈波浪式变动，先上升后下降再回升，由 2010 年的 827.26 元/50 千克提升至 2013 年的 1 175.53 元/50

千克，增量为 348.27 元/50 千克，平均年增长 116.09 元/50 千克；2014 年、2015 年连续下降，两年间共下降了 437.88 元/50 千克，平均年减少 218.94 元/50 千克；2016—2019 年逐步回升，2019 年已增长至 1 593.27 元/50 千克，是 2010 年的 1.93 倍，三年间，平均年增长 285.11 元/50 千克。

2. 利润分析

肉羊养殖净利润＝肉羊总产值－养殖总成本。由表 3－6 和图 3－3 可知，河北省 2010—2019 年肉羊养殖利润呈 V 形变动，整体波动较大，主要表现在 2011—2016 年，养殖净利润"滑坡"式大幅下降，由 219.41 元/50 千克降低至－170.35 元/50 千克，下降了 389.76 元/50 千克；2015 年降低最多，直接较上一年减少 148.91 元/50 千克，下降态势显著；2017 年开始快速反弹，2019 年达到 275.28 元/50 千克，实现由负增长向正增长的转变，与 2016 年相比增加了 445.63 元/50 千克，回升速度迅速且利润大幅增加。

表 3－6　河北省肉羊养殖利润变动情况

单位：元/50 千克，%

项目	2010 年	2011 年	2012 年	2013 年	2014 年	2015 年	2016 年	2017 年	2018 年	2019 年
净利润	148.98	219.41	134.33	86.88	−9.26	−158.17	−170.35	73.33	192.62	275.28
成本利润率	31.20	33.81	17.06	9.83	−1.05	−19.68	−21.01	8.39	18.06	23.63

数据来源：《全国农产品成本收益资料汇编》。

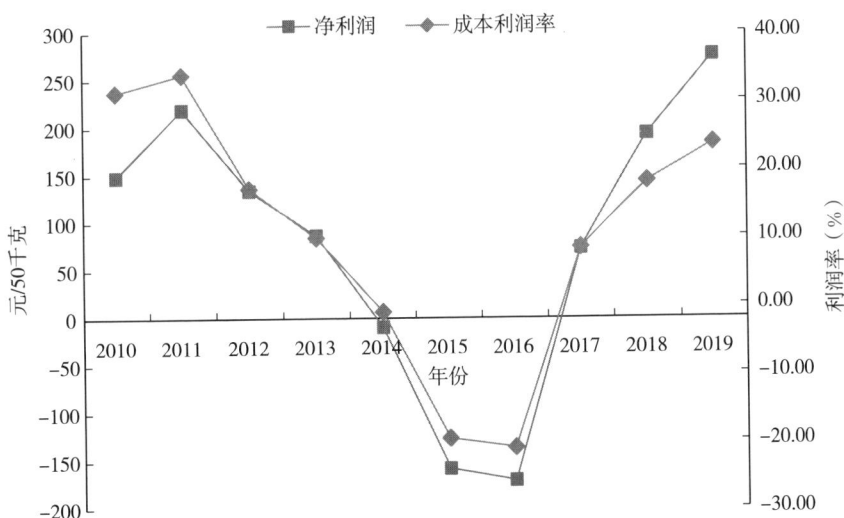

图 3－3　2010—2019 年河北省肉羊养殖利润情况

数据来源：《全国农产品成本收益资料汇编》。

成本利润率是肉羊养殖利润与所消耗成本费用的比值，即单位成本所获利润情况，能够反映出肉羊养殖的盈利水平。受净利润影响，2010—2019年河北省肉羊养殖成本利润率与净利润变动趋势基本一致，成本利润率最高为2011年的33.81%，最低为2016年的−21.01%，波动范围接近55%，从下跌再到快速回升，变动极不稳定，说明河北省2010—2019年肉羊养殖收益存在较大波动。

三、河北省肉羊养殖产业竞争力比较优势分析

（一）显示性指标优势分析

1. 市场占有率

畜产品国内市场占有率是指某一地区某种畜产品的产量占全国同类畜产品销售总产量的比重。某一地区特定畜产品所占全国市场同类产品的份额越多，所占比重越大，则说明该地区此类畜产品越具有市场竞争力。本文针对肉羊产品的市场占有率，以区域的羊肉产量作为市场份额，计算区域羊肉产量所占全国羊肉产量的比重。计算公式为：

区域肉羊产品市场占有率=区域羊肉产量/全国羊肉总产量×100%

内蒙古羊肉所占全国市场份额最高，其次为新疆和山东，河北省羊肉市场占有率平均在7%，在国内排名第四（表3-7）。2019年全国前十名依次为内蒙古、新疆、山东、河北、河南、四川、甘肃、云南、安徽和湖南，总占比约76%，占据全国超3/4的市场份额。且近五年，内蒙古、安徽、河南、湖南、云南、甘肃所占比率有所上升，河北省市场占有率比较稳定，上下浮动不超过1%，且处于较高水平，说明河北省肉羊产业基础实力很强。

表3-7 2015—2019年各省份羊肉市场占有率

单位：%

省份	2015年	2016年	2017年	2018年	2019年
北京	0.27	0.26	0.23	0.13	0.08
天津	0.36	0.35	0.30	0.25	0.16
河北	7.19	7.05	6.39	6.42	6.36
山西	1.57	1.61	1.83	1.70	1.64
内蒙古	21.01	21.55	22.10	22.37	22.52
辽宁	1.93	1.89	1.49	1.39	1.39
吉林	1.09	1.04	1.04	0.97	0.96
黑龙江	2.79	2.79	2.74	2.63	2.61

（续）

省份	2015 年	2016 年	2017 年	2018 年	2019 年
上海	0.14	0.11	0.06	0.06	0.04
江苏	1.84	1.81	1.70	1.64	1.33
浙江	0.41	0.41	0.51	0.48	0.47
安徽	3.77	3.77	3.50	3.60	3.86
福建	0.54	0.54	0.40	0.42	0.45
江西	0.27	0.28	0.42	0.44	0.47
山东	8.42	8.36	7.64	7.75	7.57
河南	5.88	5.75	5.54	5.66	5.76
湖北	2.00	1.94	2.06	2.04	2.03
湖南	2.63	2.61	3.16	3.14	3.26
广东	0.20	0.20	0.42	0.42	0.41
广西	0.73	0.72	0.70	0.72	0.72
海南	0.23	0.24	0.23	0.23	0.25
重庆	0.86	0.89	1.44	1.43	1.39
四川	5.97	5.86	5.77	5.54	5.56
贵州	0.95	0.98	1.02	1.05	1.03
云南	3.40	3.29	3.84	3.91	4.10
西藏	1.86	1.78	1.36	1.24	1.19
陕西	1.77	1.74	2.08	2.02	1.91
甘肃	4.45	4.59	4.84	4.97	5.13
青海	2.63	2.61	2.70	2.76	2.85
宁夏	2.29	2.29	2.10	2.08	2.13
新疆	12.57	12.69	12.35	12.50	12.37

数据来源：《中国农村统计年鉴》。

2. 资源禀赋系数

资源禀赋系数（EI）是指一国拥有各种生产要素，包括自然资源、地理环境以及技术、资本、劳动力等方面的优势。EI 可用以解释一个国家内部不同区域之间产品或服务的比较优势差异，其计算公式如下：

$$EI = \frac{Q_{ij}/Q_i}{Y_{ij}/Y_i}$$

式中，Q_{ij} 代表第 i 年 j 省（区、市）的羊肉产量，Q_i 代表第 i 年全国的羊肉总产量，Y_{ij} 代表第 i 年 j 省（区、市）的 GDP，Y_i 代表第 i 年全国的 GDP

总值。当 $EI>0$ 时，则说明该省（区、市）肉羊生产在区域上具有生产要素方面的比较优势；EI 的值越大，则说明肉羊生产所具有的要素优势越强。计算得出全国各省份肉羊产业资源禀赋系数见表 3-8。

表 3-8　2015—2019 年全国各省份肉羊产业资源禀赋系数

省份	2015 年	2016 年	2017 年	2018 年	2019 年
北京	0.082	0.076	0.069	0.038	0.023
天津	0.151	0.145	0.133	0.123	0.115
河北	1.665	1.638	1.563	1.639	1.795
山西	0.846	0.920	0.978	0.932	0.955
内蒙古	8.131	8.856	11.423	11.897	12.965
辽宁	0.464	0.634	0.528	0.504	0.555
吉林	0.534	0.527	0.579	0.590	0.815
黑龙江	1.277	1.349	1.433	1.478	1.896
上海	0.037	0.029	0.017	0.018	0.011
江苏	0.181	0.174	0.165	0.163	0.133
浙江	0.066	0.065	0.082	0.079	0.075
安徽	1.181	1.149	1.079	1.103	1.030
福建	0.145	0.141	0.104	0.108	0.105
江西	0.112	0.114	0.177	0.185	0.189
山东	0.922	0.915	0.875	0.931	1.055
河南	1.096	1.058	1.035	1.083	1.053
湖北	0.466	0.442	0.483	0.477	0.439
湖南	0.628	0.617	0.776	0.792	0.813
广东	0.019	0.018	0.039	0.040	0.038
广西	0.298	0.292	0.315	0.323	0.335
海南	0.423	0.440	0.435	0.441	0.459
重庆	0.379	0.375	0.618	0.646	0.585
四川	1.370	1.325	1.299	1.251	1.182
贵州	0.626	0.620	0.626	0.653	0.606
云南	1.725	1.656	1.952	2.013	1.750
西藏	12.510	11.549	8.623	7.726	6.943
陕西	0.678	0.669	0.790	0.760	0.733
甘肃	4.520	4.752	5.398	5.538	5.828
青海	7.515	7.565	8.546	8.847	9.525
宁夏	5.431	5.374	5.078	5.170	5.639
新疆	9.303	9.798	9.447	9.422	9.013

数据来源：《中国统计年鉴》。

内蒙古、新疆、西藏资源禀赋系数居全国前列，其中内蒙古 2015—2019 年的资源禀赋系数不断上升，最高为 2019 年的 12.965；西藏 2015—2019 年资源禀赋系数不断下降，5 年间由 12.510 下降至 6.943，资源禀赋优势逐年减弱；新疆则较为稳定，基本保持在 9.4 左右。河北省肉羊产业资源禀赋系数 2015—2019 年均大于 1，且基本稳定在 1.66 左右，说明河北省肉羊生产在资源禀赋上具有一定的比较优势，虽然中间系数有所下降，但在 2019 年系数有所回升，区域优势有所增强（表 3 - 8）。

（二）分析性指标优势分析

1. 成本比较分析

统计资料显示，河北省肉羊养殖总成本同全国平均水平相比具有明显优势（表 3 - 9）。2010—2017 年河北省肉羊养殖总成本均居于全国最低水平，与全国平均值相差间距最小的为 2010 年，相差 162.18 元/只，最大为 2016 年，比全国平均水平减少 206.11 元/只，平均相差 183.92 元/只，成本优势显著。新疆常年处于全国肉羊养殖总成本最高水平，其次是山东。与全国最高水平相比，河北省总成本优势更为明显。十年间，与最高水平平均相差 372.50 元/只，其中，差距最大为 2012 年，相差 596.66 元/只；差距最小为 2019 年，相差 230.80 元/只。从优势差距的走势看，呈先增后减趋势，后期优势间距逐渐缩小。

表 3 - 9　2010—2019 年河北省肉羊养殖总成本与全国水平比较

单位：元/只

年份	河北省	全国最低	全国最高	全国平均
2010	477.49	477.49（河北）	825.98（新疆）	639.67
2011	648.86	648.86（河北）	1 065.90（新疆）	814.52
2012	787.28	787.28（河北）	1 383.94（新疆）	980.46
2013	884.11	884.11（河北）	1 420.68（新疆）	1 078.06
2014	883.48	883.48（河北）	1 259.74（新疆）	1 084.81
2015	803.64	803.64（河北）	1 109.33（山东）	1 002.11
2016	810.92	810.92（河北）	1 154.78（新疆）	1 017.03
2017	873.80	873.80（河北）	1 211.98（山东）	1 067.85
2018	1 066.62	1 015.52（黑龙江）	1 298.05（山东）	1 156.96
2019	1 165.05	1 115.92（黑龙江）	1 395.85（新疆）	1 239.99

数据来源：《全国农产品成本收益资料汇编》。

在不计土地成本的情况下，总成本等于生产成本。在构成生产成本的各项目中，人工成本、仔畜费和饲料费占据主要部分，下面采用相对成本变动幅度这一指标将这三项与全国平均水平进行比较，进行更为详细地分析。

相对成本变动指标即为肉羊养殖生产成本中某项成本与其对应的全国平均水平之间的差额所占该项目对应的全国平均水平的百分比。若该指标大于 0，说明该项成本高于该项目对应的全国平均水平；反之，若该指标小于 0，则说明该项成本低于该项目对应的全国平均水平（表 3-10）。

表 3-10　2010—2019 年河北省肉羊养殖生产成本主要构成项目与全国的比较

单位：%

年份	2010	2011	2012	2013	2014	2015	2016	2017	2018	2019
人工成本	−12.10	−6.56	−6.28	−1.18	3.29	−2.30	−4.12	−3.75	−9.69	−14.38
仔畜费	−23.11	−20.19	−20.18	−22.98	−29.76	−36.06	−38.96	−30.68	0.40	25.21
饲料费	−39.58	−34.12	−36.20	−34.28	−34.89	−27.57	−23.40	−25.41	−18.90	43.13

数据来源：《全国农产品成本收益资料汇编》。

河北省肉羊养殖生产成本中，人工成本、仔畜费与饲料费的相对成本变动指标基本小于 0（表 3-10），说明低于全国平均水平；其中仔畜费与饲料费的比值相对较低，人工成本较之相比具有一定优势，但优势相对较弱。

首先，仔畜费除 2018 年与 2019 年外，连续 8 年低于全国平均水平，平均相对成本变动率为−27.74%，其中，优势最明显的为 2016 年，相对成本变动率为−38.96%，但从 2018 年开始，该项指标大于 0，且在 2019 年达到 25.21%，远高于全国平均水平。

其次，饲料费连续九年指标值均小于 0，低于全国平均水平，平均相对成本变动率为−30.48%，其中，指标差距率绝对值最大为 2010 年的−39.58%，最小为 2018 年的−18.90%，仍具有一定优势，但在 2019 年，指标差距率达到 43.13%，成本优势大幅下降。

最后，人工成本相对成本变动率的绝对值相对较低，优势程度不如仔畜费与饲料费显著，2014 年人工成本相对变动指标大于 0，高于全国平均水平，但在 2015—2019 年又恢复优势地位。

总之，河北省肉羊养殖生产成本具有相对优势，但受引种成本增高、饲料成本上升、人工成本增高等因素影响，生产成本优势已急剧下降。

2. 收益比较分析

总产值是分析肉羊养殖收益的重要指标，选取 2010—2019 年全国肉羊养殖各主产省份总产值数据，将河北省与全国水平进一步比较分析得出表 3-11。

表 3-11　2010—2019 年河北省肉羊养殖总产值与全国水平比较

单位：元/只

年份	河北省	全国最低	全国最高	全国平均
2010	626.47	626.47（河北）	937.91（新疆）	775.41
2011	868.27	866.57（山东）	1 155.25（新疆）	994.70
2012	921.61	915.18（山东）	1 464.36（宁夏）	1 178.30
2013	970.99	970.99（河北）	1 466.34（陕西）	1 245.57
2014	874.22	874.22（河北）	1 414.33（陕西）	1 123.72
2015	645.47	645.47（河北）	1 215.36（新疆）	936.08
2016	640.57	640.57（河北）	1 234.67（陕西）	949.07
2017	947.13	947.13（河北）	1 265.81（新疆）	1 102.20
2018	1 259.24	1 162.00（黑龙江）	1 408.97（新疆）	1 246.43
2019	1 440.33	1 309.65（山东）	1 553.85（新疆）	1 391.61

数据来源：《全国农产品成本收益资料汇编》。

通过比较发现，2010—2019 年全国肉羊总产值最低的省份主要集中于河北、山东、黑龙江。与全国平均水平相比，河北 2018 年与 2019 年略高于全国平均水平，其余年份均明显低于平均水平，2016 年相差最大，为 308.50 元/只，说明河北省肉羊养殖收益在国内并不具有明显优势。并且，与全国最高水平新疆、陕西地区相比，肉羊总产值差距最大为 2016 年，相差 594.10 元/只，差距最小为 2019 年，相差 113.52 元/只，平均年差距 392.26 元/只，在总产值方面较最高水平相比，具有相对劣势。

虽然 2018 年后河北省肉羊产值较全国平均水平与最高水平有明显缩减的趋势，但仍有较大差距，还需进一步分析总产值的主要构成项目，从平均出售价格和主产品产量两方面入手，找出影响肉羊总产值的主要因素。

表 3-12　2010—2019 年河北省肉羊养殖主产品产量与平均出售价格全国水平比较

单位：元/50 千克，千克/只

年份	平均出售价格		主产品产量	
	河北省	全国平均	河北省	全国平均
2010	827.26	903.71	37.23	41.39
2011	1 110.66	1 159.72	38.62	41.72
2012	1 160.88	1 340.01	39.24	42.88
2013	1 175.53	1 413.56	40.72	42.96
2014	1 042.14	1 287.17	41.36	42.43

（续）

年份	平均出售价格		主产品产量	
	河北省	全国平均	河北省	全国平均
2015	737.65	1 047.70	42.84	43.24
2016	737.93	1 069.06	42.64	43.05
2017	1 098.98	1 232.61	42.47	43.55
2018	1 393.97	1 363.24	44.78	44.66
2019	1 593.27	1 517.40	44.86	44.89

数据来源：《全国农产品成本收益资料汇编》。

如表 3-12 所示，在平均出售价格方面，2010—2017 年河北省一直低于全国平均水平，年平均相差 195.31 元/50 千克，其中，差距最大为 2016 年，相差 331.13 元/50 千克，且 2010—2016 年差距不断拉大，由最初的 76.45 元/50 千克上升至 331.13 元/50 千克，单位差距显著；2017 年有所好转，平均出售价格差距水平有所下降；2018 年开始平均出售价格略高于全国平均水平。在主产品产量方面，河北省与全国平均水平相比，平均年差距 1.60 千克/只，其中，差距最大为 2010 年，相差 4.16 千克/只，2019 年差距最小并略低于全国平均水平，相差 0.03 千克/只。这期间，河北省年差距值也在不断缩小，由 2010 年的 4.16 千克/只减少至 2019 年 0.03 千克/只，平均年缩小 0.46 千克/只。可见，主产品产量虽有差距，但差距较小。

综上所述，平均出售价格是影响河北省肉羊总产值与全国平均水平差距的主要因素。主产品产量与全国平均水平差距不明显，影响较低。

3. 成本收益优势分析

肉羊养殖生产成本包括物质资料服务费与人工成本，养殖收益主要来源于销售羊肉产品所得的养殖收入，一般用产值来表示。成本优势系数与效益优势系数可用以分析某一地区畜牧业养殖成本收益情况的比较优势水平，通过将其计算结果与全国平均水平相比较，能够看出差距。

其中，成本优势系数＝河北肉羊单位产量生产成本/全国肉羊单位产量生产成本（肉羊单位产量生产成本为散养情况下每只肉羊单位生产成本与单位主产品产量之比，即每生产一千克羊肉产品所付出的成本）

效益优势系数＝河北肉羊单位产值生产成本/全国肉羊单位产值生产成本（肉羊单位产值生产成本为散养情况下每只肉羊单位生产成本与单位总产值之比，即每获得一元收益所付出的成本）

评判成本优势系数与效益优势系数以"1"为标准，若二者计算值均大于1，说明河北省肉羊养殖与全国水平相比不具备成本收益的比较优势；反之，若成本优势系数与效益优势系数小于1，则说明河北省肉羊养殖的成本收益具有比较优势；等于1则处于临界状态。并且，成本优势系数与效益优势系数的值越小，表明肉羊的养殖成本与收益所具备的优势越明显。

表3-13 河北省肉羊养殖成本优势系数与效益优势系数

单位：千克/元，元

年份	河北肉羊单位产量生产成本	河北肉羊单位产值生产成本	全国肉羊单位产量生产成本	全国肉羊单位产值生产成本	成本优势系数	效益优势系数
2012	20.06	0.85	22.87	0.83	0.88	1.03
2013	21.71	0.91	25.09	0.87	0.87	1.05
2014	21.36	1.01	25.57	0.97	0.84	1.05
2015	18.76	1.25	23.18	1.07	0.81	1.16
2016	19.02	1.27	23.62	1.07	0.81	1.18
2017	20.57	0.92	24.52	0.97	0.84	0.95
2018	23.82	0.85	25.91	0.93	0.92	0.91
2019	25.97	0.81	27.62	0.89	0.94	0.91

数据来源：《全国农产品成本收益资料汇编》。

由表3-13可知，2012—2019年河北省肉羊生产成本优势系数均小于1，且基本稳定在0.85左右，说明河北省肉羊单位产量所付出的生产成本较低，肉羊生产效能良好，具备养殖优势；效益优势系数2012—2019年均值大于1，说明河北省肉羊单位产值所付出的成本较高，肉羊在价格上处于劣势地位。

（三）综合比较优势分析

综合比较优势分析的方法用于分析肉羊养殖产业竞争力的比较优势，通过计算规模优势指数 SAI、效率优势指数 EAI，从生产规模及效率这两方面分析肉羊养殖业的生产专业化程度及生产效率水平。计算两者几何平均的结果用以综合反映肉羊养殖的生产竞争力水平。

1. 规模优势指数

规模优势指数（SAI）主要从河北省肉羊养殖规模的角度来分析肉羊的规模比较优势，用河北省肉羊年末存栏量与河北省主要牲畜年末存栏量相对水平以及与全国该比率平均水平的对比关系来比较，从而反映出河北省肉羊养殖业的生产专业化程度。计算公式如下：

$$SAI_{ij} = \frac{GS_{ij}/GS_j}{GS_{IJ}/GS_J}$$

式中，SAI_{ij}指各省肉羊养殖规模优势指数；GS_{ij}指各省羊的年末存栏量

（万只）；GS_j 指各省主要牲畜的年末存栏量（万只）；GS_{IJ} 指全国羊年末存栏量（万只）；GS_J 指全国主要牲畜的年末存栏量（万只）。以 1 作为评判优势的标准，若规模优势指数大于 1，说明该省肉羊养殖规模与国内平均水平相比具有相对优势；反之若小于 1，则说明该省肉羊养殖规模与国内平均水平相比不具备相对优势。

表 3 - 14   2012—2019 年七大肉羊养殖省份规模优势指数

年份	河北	黑龙江	山东	河南	陕西	宁夏	新疆
2012	1.16	0.98	1.20	0.77	1.16	2.30	2.49
2013	1.14	0.92	1.17	0.77	1.14	2.31	2.47
2014	1.14	0.91	1.14	0.76	1.18	2.25	2.39
2015	1.08	0.92	1.13	0.75	1.17	2.18	2.33
2016	1.07	0.92	1.14	0.75	1.15	2.15	2.32
2017	0.96	0.84	0.94	0.73	1.29	1.98	2.31
2018	0.97	0.82	0.96	0.74	1.29	2.00	2.28
2019	0.94	0.74	0.99	0.82	1.09	1.71	1.93
平均	1.06	0.88	1.08	0.76	1.18	2.11	2.32

数据来源：《中国农村统计年鉴》。

如表 3 - 14 所示，新疆 2012—2019 年肉羊养殖规模优势指数平均为 2.32，在七个肉羊养殖省份中排名第一；河北省肉羊养殖规模优势指数平均在 1.06，位列第五，规模优势不明显。但总体 SAI 指数大于 1，说明与全国平均水平相比，河北省肉羊养殖规模具有相对优势。

2. 效率优势指数

效率优势指数（EAI）也称单产比较优势，通过对河北省羊肉产量与河北省主要牲畜肉类产量的比值与全国羊肉产量占全国主要牲畜肉类产量的比值做比较分析得到。羊肉单产受自然资源、技术投入、养殖模式等一系列因素影响，反映肉羊生产效率水平。计算公式如下：

$$EAI_{ij} = \frac{AP_{ij}/AP_j}{AP_{IJ}/AP_J}$$

式中，EAI_{ij} 指各省肉羊生产效率优势指数；AP_{ij} 指各省羊肉单位产量（万吨）；AP_j 指各省主要牲畜的肉类单位产量（万吨）；AP_{IJ} 指全国羊肉单位产量（万吨）；AP_J 指全国主要牲畜的肉类单位产量（万吨）。评定标准与上述规模优势指数的评定标准相同，以 1 为基准，大于 1，则说明该省肉羊生产效率与国内平均水平相比具有相对优势；小于 1 则说明该省肉羊生产效率与国内平均水平相比处于相对劣势。

表 3-15 2012—2019 年七大肉羊养殖省份效率优势指数

年份	河北	黑龙江	山东	河南	陕西	宁夏	新疆
2012	1.34	1.07	1.11	0.74	1.13	5.66	6.71
2013	1.35	1.03	1.10	0.71	1.10	5.85	6.73
2014	1.32	0.97	1.12	0.69	1.11	5.79	6.71
2015	1.33	0.96	1.11	0.68	1.11	5.66	6.47
2016	1.29	0.93	1.11	0.66	1.10	5.20	6.09
2017	1.11	0.83	0.93	0.69	1.31	4.64	5.91
2018	1.12	0.84	0.95	0.68	1.26	4.49	5.85
2019	1.04	0.73	1.12	0.76	1.05	3.89	4.70
平均	1.24	0.92	1.07	0.70	1.15	5.15	6.15

数据来源:《中国农村统计年鉴》。

表 3-15 显示,新疆 2012—2019 年肉羊养殖效率优势指数平均为 6.15,最高达到 6.73,在七个肉羊养殖省份中排名第一;河北省 2012—2019 年肉羊养殖效率优势指数分别为 1.34、1.35、1.32、1.33、1.29、1.11、1.12、1.04,效率优势指数 EAI 均大于 1,高于全国平均水平,且平均效率优势指数为 1.24,在七个养殖省份中位列第三,说明肉羊生产效率较高,具有相对优势。

3. 综合比较优势指数

综合比较优势指数(AAI)是效率优势指数(EAI)与规模优势指数(SAI)的乘积算数平方下的综合结果,能够全面客观地反映河北省肉羊养殖的相对地位与生产能力的综合比较优势。计算公式如下:

$$AAI_{ij} = \sqrt{SAI_{ij} \times EAI_{ij}}$$

AAI 包含了生产规模与效率因素,能够全面客观地反映各省肉羊生产的综合比较优势水平。如果 AAI>1,则表明该省(区、市)肉羊生产具有效率与规模上的优势;反之,AAI<1,则表明该省(区、市)肉羊生产不具备效率或规模上的比较优势;AAI=1,则处于临界状态。

表 3-16 2012—2019 年七大肉羊养殖省份综合比较优势指数

年份	河北	黑龙江	山东	河南	陕西	宁夏	新疆
2012	1.25	1.02	1.15	0.75	1.15	3.61	4.09
2013	1.24	0.97	1.13	0.74	1.12	3.67	4.08
2014	1.23	0.94	1.13	0.72	1.14	3.61	4.01
2015	1.20	0.94	1.12	0.71	1.14	3.51	3.88

（续）

年份	河北	黑龙江	山东	河南	陕西	宁夏	新疆
2016	1.18	0.93	1.12	0.71	1.13	3.34	3.76
2017	1.03	0.83	0.93	0.71	1.30	3.03	3.70
2018	1.04	0.83	0.95	0.71	1.28	3.00	3.65
2019	0.99	0.74	1.05	0.79	1.07	2.58	3.01
平均	1.14	0.90	1.08	0.73	1.16	3.29	3.77

数据来源：《中国农村统计年鉴》。

表 3-16 显示，河北省除 2019 年综合比较优势指数小于 1，其余年份均大于 1，高于全国平均水平，说明河北省肉羊生产具有综合比较优势。但平均指数排名第四，与新疆、宁夏相比，差距较大，主要受规模优势指数影响，说明肉羊养殖在规模化、专业化方面还需进一步提升。

四、河北省肉羊养殖产业竞争力评价

为了能够更准确评价河北省肉羊养殖的竞争优势与不足，本文依据数据指标的可比性与连贯性，选取河北、黑龙江、山东、河南、陕西、宁夏、新疆七大肉羊养殖主产省份 2015—2019 年相关数据，以波特"钻石模型"为理论依据建立竞争力评价指标体系，运用主成分分析法对指标体系进行定量评价。

（一）基于"钻石模型"的竞争力评价指标的选取

1. 生产要素

在生产要素方面，选取能够反映各省份肉羊养殖业生产现状及生产能力的指标，以此体现各省份肉羊养殖业的生产要素水平。

羊出栏量（X_1）：反映肉羊养殖业当年的生产能力与养殖能力。

羊年底存栏量（X_2）：指每年年末羊的实际存栏数量，反映下一年年初肉羊养殖业的羊初数，用以衡量各省肉羊的繁育基础。

羊肉产量（X_3）：体现肉羊养殖业的生产力水平，反映各省羊肉的供给能力。

规模优势指数（SAI）（X_4）：用以衡量肉羊养殖业的生产专业化程度。

效率优势指数（EAI）（X_5）：用以衡量肉羊养殖业的生产效率水平。

肉羊出栏率（X_6）：羊年初出栏量与上一年年末存栏量的比值，用以衡量一个地区羊生产水平。

2. 需求要素

在需求要素方面，选取的指标用以反映各省份羊肉产品的市场需求情况。

市场占有率（X_7）：用以衡量各省肉羊产品相对于其他同类畜产品的市场竞争力。

居民家庭人均羊肉消费量（X_8）：用于衡量消费者对羊肉的需求量和消费习惯。

3. 产业结构及竞争对手

在产业结构及竞争对手方面，从成本收益的角度出发，选取衡量肉羊产品市场绩效的指标，能够体现各省份肉羊养殖产业自身状况及竞争状态。

成本优势系数（X_9）：反映肉羊单位产量所付出的成本，即每生产一千克羊肉所付出的成本。

效益优势系数（X_{10}）：反映肉羊单位收益所付出的成本，即每获得一元收益所付出的成本。

成本利润率（X_{11}）：肉羊养殖单位成本所获利润情况，能够反映出肉羊养殖的盈利水平。

4. 相关及支持性产业

在相关及支持性产业方面，有关产业基础方面的指标本身可以看成是相关及支持性产业方面（农业）综合实力的某种体现，因而，选取地方财政农林水事务支出这一指标，用以体现地方财政支出对肉羊养殖的保障能力。

地方财政农林水事务支出（X_{12}）：指地方财政将筹集起来的资金用于补助农业、林业、水产、水利等事务支出的费用，用以满足地方第一产业发展的需要。

（二）竞争力评价指标体系的构建

基于以上指标选取的层级分析，本文构建的肉羊养殖产业竞争力评价指标体系包括四个一级指标、五个二级指标和十二个三级指标（表3-17）。

表3-17　肉羊养殖产业竞争力评价指标体系

一级指标	二级指标	三级指标	编码
产业基础	生产现状	羊出栏量（万只）	X_1
		羊年底存栏量（万只）	X_2
		羊肉产量（万吨）	X_3
	生产能力	规模优势指数（SAI）（%）	X_4
产业规模		效率优势指数（EAI）（%）	X_5
		肉羊出栏率（%）	X_6

（续）

一级指标	二级指标	三级指标	编码
	需求水平	市场占有率（%）	X_7
		居民家庭人均羊肉消费量（千克）	X_8
产业效益	市场绩效	成本优势系数	X_9
		效益优势系数	X_{10}
		成本利润率（%）	X_{11}
产业环境	相关保障	地方财政农林水事务支出（亿元）	X_{12}

（三）竞争力评价方法的选择

竞争力受多指标因素的影响，选取指标不可避免地存在一定的相关性，由于主成分分析法可以将原始多维数据降维成少量具有代表性的综合指标，能够消除评价指标间的相关影响，避免主观人为因素的干扰，保证确定权数的客观性。因而，本文选用主成分分析法作为分析肉羊养殖产业竞争力的评价方法。

1. 基本原理

主成分分析（PCA）是一种常用的统计降维方法，其核心思想是把一组可能相关的原始变量，通过正交线性变换得到一组新的互不相关的综合变量——主成分。这些主成分按方差递减排序，前几个即可保留原始变量中的绝大部分信息，且各主成分之间信息互不重叠。

具体计算各个主成分的公式如下：

设 F_i 表示第 i 个主成分，$i = 1，2，3，\cdots，p$；$X_1，X_2，\cdots，X_p$ 为原始变量；$a_{11}，a_{12}，\cdots，a_{pp}$ 为其标准化正交的特征向量，则有：

$$\begin{cases} F_1 = a_{11}X_1 + a_{12}X_2 + a_{13}X_3 + \cdots + a_{1p}X_p \\ F_2 = a_{21}X_1 + a_{22}X_2 + a_{23}X_3 + \cdots + a_{2p}X_p \\ F_3 = a_{31}X_1 + a_{32}X_2 + a_{33}X_3 + \cdots + a_{3p}X_p \\ F_p = a_{p1}X_1 + a_{p2}X_2 + a_{p3}X_3 + \cdots + a_{pp}X_p \end{cases} \quad (3-1)$$

F 综是以各个主成分所对应的方差贡献率为权重所建，假设有 k 个主成分，则 F 综 $= \sum_{i=1}^{k} C_i F_i$，C_i 代表第 i 个主成分所占的方差贡献率。

2. 主要统计量

（1）特征值：衡量主成分影响力的重要指标，它代表引入该主成分能够解释原始变量总方差的多少。求出特征值后要按大小予以排序：$\lambda_1 \geqslant \lambda_2 \geqslant \lambda_3 \geqslant \cdots \lambda_p \geqslant 0$。如果特征值小于 1，则说明该主成分的解释力非常低，一般以特征值大于 1 作为筛选主成分的标准。

（2）方差贡献率：指的是一个主成分所能够解释的方差占全部方差的比

例，这个值越大，说明该主成分携带有关原始变量信息的能力越强。

计算公式为：

$$\frac{\lambda_i}{\sum_{k=1}^{p} \lambda_k}(i=1,2,3,\cdots,p) \qquad (3-2)$$

相应地，主成分筛选中所确定的前 m 个主成分所能解释的全部方差占总方差的比例称为累计方差贡献率，一般要求其大于 85%，其公式为：

$$\frac{\sum_{k=1}^{i} \lambda_i}{\sum_{k=1}^{p} \lambda_k}(i=1,2,3,\cdots,p) \qquad (3-3)$$

第一主成分的方差贡献率最大，它能解释综合原始变量的能力最强，第2，第3，乃至第 p 个主成分的解释能力依次递减。

(四) 河北省肉羊养殖竞争力评价实证研究

1. 样本选取

查阅《全国农产品成本收益资料汇编》《中国农村统计年鉴》以及国家统计局网页有关数据，选取河北、黑龙江、山东、河南、陕西、宁夏、新疆七大肉羊养殖省份作为研究对象。

2. 评价过程

（1）数据标准化。由于选取指标的度量单位不同或取值范围彼此差异非常大，不能直接对其进行主成分分析，因而需要先对数据进行标准化处理，这一步，在 SPSS 软件"因子分析：抽取"中，勾选"相关性矩阵"即可对所选数据自动进行标准化处理。

（2）适用性检验。对原始变量进行分析时采用巴特利特球形度检验和 KMO 检验，检验结果如表 3-18 所示。

表 3-18　KMO 和 Bartlett's 检验

	KMO 取样适切性量数	0.637
巴特利特球形度检验	近似卡方	802.273
	自由度	66
	显著性	0.000

根据 Kaiser 给出的因子分析适用条件，KMO 检验值越趋于 1，说明变量之间的相关性，即相互影响作用越强，越适合于因子分析。本文的 KMO 值为 0.637，大于 0.5，说明变量之间存在相关性，且巴特利特球形度检验 P 值为 0.000，小于 0.05，均满足因子分析的适用条件。根据表 3-19 相关性矩阵显示结果，各变量相关系数值均较高，大部分相关系数的绝对值大于 0.3，存在明显的线性关系，可提取公共因子，因此适用于主成分分析。

表 3 - 19　相关性矩阵

	Zscore: (X_1)	Zscore: (X_2)	Zscore: (X_3)	Zscore: (X_4)	Zscore: (X_5)	Zscore: (X_6)	Zscore: (X_7)	Zscore: (X_8)	Zscore: (X_9)	Zscore: (X_{10})	Zscore: (X_{11})	Zscore: (X_{12})
Zscore: (X_1)	1.000	0.893	0.972	0.187	0.235	0.405	0.972	0.451	0.239	0.197	-0.130	0.570
Zscore: (X_2)	0.893	1.000	0.948	0.446	0.492	-0.014	0.949	0.709	0.018	-0.055	0.055	0.345
Zscore: (X_3)	0.972	0.948	1.000	0.345	0.396	0.268	0.998	0.611	0.084	0.096	-0.044	0.460
Zscore: (X_4)	0.187	0.446	0.345	1.000	0.981	-0.362	0.351	0.836	-0.264	-0.095	-0.005	-0.624
Zscore: (X_5)	0.235	0.492	0.396	0.981	1.000	-0.331	0.401	0.861	-0.315	-0.142	0.042	-0.575
Zscore: (X_6)	0.405	-0.014	0.268	-0.362	-0.331	1.000	0.263	-0.324	0.270	0.388	-0.222	0.470
Zscore: (X_7)	0.972	0.949	0.998	0.351	0.401	0.263	1.000	0.600	0.086	0.100	-0.071	0.445
Zscore: (X_8)	0.451	0.709	0.611	0.836	0.861	-0.324	0.600	1.000	-0.315	-0.173	0.137	-0.244
Zscore: (X_9)	0.239	0.018	0.084	-0.264	-0.315	0.270	0.086	-0.315	1.000	0.562	-0.432	0.306
Zscore: (X_{10})	0.197	-0.055	0.096	-0.095	-0.142	0.388	0.100	-0.173	0.562	1.000	-0.870	0.170
Zscore: (X_{11})	-0.130	0.055	-0.044	-0.005	0.042	-0.222	-0.071	0.137	-0.432	-0.870	1.000	0.032
Zscore: (X_{12})	0.570	0.345	0.460	-0.624	-0.575	0.470	0.445	-0.244	0.306	0.170	0.032	1.000

（3）提取主成分。选取了 12 个指标，其中前 3 个成分的特征值均大于 1，且贡献率分别为 41.484%、29.857% 和 16.205%，累计贡献率为 87.546%＞85%，满足主成分分析特征值条件和累计方差贡献率条件，能够反映大多数数据信息，因而提取 3 个主成分（表 3-20）。同时如碎石图（图 3-4）所示，曲线先陡后缓，陡势在第四个特征值点处开始变化，后面的特征值点逐渐趋于平缓，说明第四个特征值点为拐点处，但因第四个成分特征值小于 1，不满足主成分分析特征值条件，所以抽取三个主成分为佳。

表 3-20　总方差解释

成分	提取载荷平方和			旋转载荷平方和		
	总计	方差百分比	累计%	总计	方差百分比	累计%
1	4.978	41.484	41.484	4.684	39.030	39.030
2	3.583	29.857	71.341	3.404	28.369	67.399
3	1.945	16.205	87.546	2.418	20.147	87.546

注：提取方法为主成分分析法。

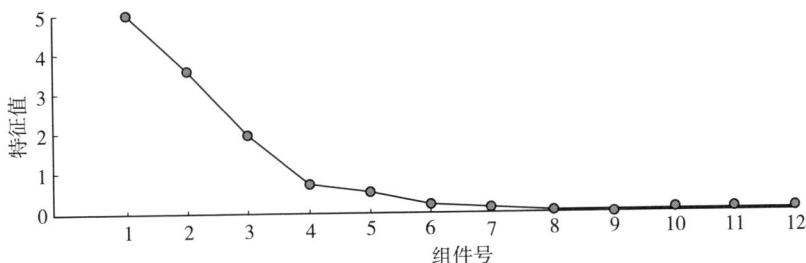

图 3-4　碎石图

（4）主成分命名。为便于对所提取的各主成分进行经济解释，本文利用最大方差法进行正交旋转，得到旋转后的成分矩阵，各主成分中变量所显示的绝对值越高，说明这一主成分对其的解释能力越强，信息越具有代表性（表 3-21）。

表 3-21　旋转后的成分矩阵

变量	成分		
	1	2	3
Zscore：羊肉产量	0.991	0.091	0.061
Zscore：市场占有率	0.986	0.101	0.076
Zscore：羊出栏量	0.977	−0.074	0.173
Zscore：羊年底存栏量	0.943	0.231	−0.075

（续）

变量	成分		
	1	2	3
Zscore：规模优势指数	0.264	0.944	−0.020
Zscore：效率优势指数	0.321	0.921	−0.076
Zscore：地方财政农林水事务支出	0.541	−0.788	0.029
Zscore：居民家庭人均羊肉消费量	0.568	0.744	−0.184
Zscore：肉羊出栏率	0.291	−0.539	0.362
Zscore：效益优势系数	0.046	−0.083	0.952
Zscore：成本利润率	0.029	−0.081	−0.930
Zscore：成本优势系数	0.096	−0.328	0.656

注：提取方法为主成分分析法。旋转方法为凯撒正态化最大方差法。旋转在 4 次迭代后已收敛。

由上表可看出：

第一主成分在羊肉产量（X_3）、羊出栏量（X_1）、羊年底存栏量（X_2）变量上的载荷绝对值较高，这三个变量主要反映肉羊养殖产业的基础产出情况，因此，可将第一主成分看成是代表肉羊养殖产业基础竞争力的综合变量。

第二主成分在规模优势指数（X_4）、效率优势指数（X_5）变量上的载荷绝对值较高，反映了肉羊养殖的生产水平，因此，第二主成分可看成是代表肉羊养殖业生产水平竞争力的综合变量。

第三主成分则在效益优势系数（X_{10}）、成本利润率（X_{11}）变量上的载荷绝对值较高，这两个变量可以反映肉羊养殖的成本收益水平，因此，第三主成分可作为解释肉羊养殖产业成本收益竞争力的综合变量。

（5）计算各主成分得分与综合得分。

根据公式（3-1）及各主成分得分系数（表3-22），建立主成分线性函数如下：

$$F_1 = 0.215X_1 + 0.202X_2 + 0.215X_3 + \cdots - 0.026X_{10} + 0.051X_{11} + 0.162X_{12}$$

$$F_2 = -0.059X_1 + 0.017X_2 - 0.017X_3 + \cdots 0.063X_{10} - 0.119X_{11} - 0.281X_{12}$$

$$F_3 = 0.028X_1 - 0.051X_2 - 0.006X_3 + \cdots 0.415X_{10} - 0.424X_{11} - 0.087X_{12}$$

$$F综 = 0.390\,30F_1 + 0.283\,69F_2 + 0.201\,47F_3$$

表 3 - 22　成分得分系数矩阵

变量	成分		
	1	2	3
Zscore：羊出栏量	0.215	−0.059	0.028
Zscore：羊年底存栏量	0.202	0.017	−0.051
Zscore：羊肉产量	0.215	−0.017	−0.006
Zscore：规模优势指数	0.010	0.290	0.072
Zscore：效率优势指数	0.026	0.274	0.042
Zscore：肉羊出栏率	0.078	−0.155	0.096
Zscore：市场占有率	0.212	−0.013	0.002
Zscore：居民家庭人均羊肉消费量	0.095	0.193	−0.034
Zscore：成本优势系数	0.011	−0.047	0.257
Zscore：效益优势系数	−0.026	0.063	0.415
Zscore：成本利润率	0.051	−0.119	−0.424
Zscore：地方财政农林水事务支出	0.162	−0.281	−0.087

注：提取方法为主成分分析法。旋转方法为凯撒正态化最大方差法。

（6）各主成分及综合得分排名。根据上述公式计算得出 2015—2019 年七大肉羊养殖省份各主成分得分与综合得分，为简化理解，取这 5 年的各主成分得分的平均值，进行最终排名，结果见表 3 - 23、表 3 - 24。

表 3 - 23　七大肉羊养殖省份各主成分得分及排名情况

省份	F_1	排名	F_2	排名	F_3	排名
河北	0.292	3	−0.804	6	−0.090	3
黑龙江	−0.749	5	−0.441	4	−0.442	4
山东	0.628	2	−0.762	5	1.936	1
河南	0.242	4	−1.024	7	−0.548	5
陕西	−1.001	6	−0.045	3	−0.645	6
宁夏	−1.096	7	1.494	1	0.484	2
新疆	1.881	1	1.257	2	−0.738	7

数据来源：根据软件运行结果计算所得。

表 3 - 24   2015—2019 年 7 大肉羊养殖省份综合得分及排名情况

省份	2015		2016		2017		2018		2019	
	综合得分	排名	综合得分	排名	综合得分	排名	综合得分	排名	综合得分	排名
河北	0.162	4	0.176	4	−0.259	4	−0.345	5	−0.395	5
黑龙江	−0.288	5	−0.294	6	−0.535	7	−0.656	7	−0.760	7
山东	0.624	2	0.664	2	0.366	2	0.242	2	0.199	2
河南	−0.312	6	−0.293	5	−0.300	5	−0.285	4	−0.342	4
陕西	−0.575	7	−0.621	7	−0.460	6	−0.450	6	−0.561	6
宁夏	0.324	3	0.191	3	−0.015	3	0.000	3	−0.031	3
新疆	0.758	1	1.009	1	1.002	1	1.046	1	0.896	1

数据来源：根据软件运行结果计算所得。

3. 实证结果分析

产业基础竞争力（F_1）的排名结果中，前三名分别为新疆、山东和河北，河北省得分 0.292，与新疆相比差距较大（表 3 - 23）。产业基础竞争力主要受羊出栏量、羊年底存栏量及羊肉产量的影响，说明河北省当前羊的生产与繁育能力较好，羊肉产量有所保障，能够保障肉羊有效供给。

生产水平竞争力（F_2）的排名结果中，前三名分别是宁夏、新疆和陕西，河北省得分−0.804，在七省中位列第六名，且得分为负值，低于国内平均水平。对生产水平竞争力影响较大的变量主要是规模优势指数和效率优势指数，河北省这两项指标明显低于其他六省，且规模优势指数的系数最高，说明河北省当前规模化养殖水平较低，受其主要影响，河北省肉羊养殖产业生产水平竞争力在七省中排名末尾，不具备竞争优势。

成本收益竞争力（F_3）的排名结果中，河北省得分−0.090，排名第三，前两名分别是山东和宁夏。影响因素主要是效益优势系数与成本利润率，效益优势系数代表肉羊单位收益所付出的成本，成本利润率则是单位肉羊所获净利润与单位总成本的比值，二者均反映养殖肉羊收益与成本的一定关系。并且在公式中效益优势指数是正相关，成本利润率是负相关，说明效益优势指数的值越高，成本利润率的值越低，所得出的结果值越高。因此，结果表明河北省单位收益所付出的成本相对较低，肉羊养殖与其他省份相比具有一定的成本优势，但单位成本可获得利润较低，养殖效益不够理想。

表 3 - 24 为 2015—2019 年 7 大省份综合得分及排名情况，河北省 2015—2019 年综合得分相对较低，排在第四名、第五名。说明河北省肉羊养殖产业竞争力水平较低，排名情况受产业基础竞争力（F_1）与生产水平竞争力（F_2）的影响较大，成本收益竞争力（F_3）对其影响相对较弱。新疆、山东、宁夏

排名一直处于前列，这与各地区经济状况及发展环境也有一定关系，新疆、宁夏西北地区劳动力资源丰富，受国家政策扶持及地方饮食习惯影响，肉羊产能基数大，增量快，肉羊生产水平高。山东东部沿海地区经济环境较好，技术设备先进，养殖收益好。河北、黑龙江东部地区相对经济效益较差，生产波动性强，养殖肉羊竞争力比较优势不明显。

五、河北省肉羊养殖产业竞争力影响因素分析

下面将从波特"钻石模型"六要素出发，对影响河北省肉羊养殖产业竞争力水平的相关因素展开具体分析。

（一）生产要素

1. 地理环境

河北省地处华北平原的北部，横跨内蒙古高原，环绕京津，有明显区位优势。河北省位于两大肉羊优势产区的交汇处：中原肉羊优势区和中东部农牧交错带优势产区，三面接壤内蒙古、河南、山东三大主要养羊省份，有良好的产业环境。地理结构上，河北省境内高原、山地、丘陵、盆地、平原五种基本地形齐全，北部有坝上高原和燕山山脉，西面毗邻太行山山脉，南部则为广阔的河北平原，东面沿海，地理环境优越，具备养羊的自然条件。

2. 自然资源

河北省位于半湿润地区与暖温带，属温带季风气候，总体气候条件较好，温度适宜，日照充沛，适合养羊。河北省土壤以棕壤、褐土、栗钙土、盐渍土等类型为主，适于玉米、大豆等青饲料的种植。河北省青饲料种植面积不断扩增，2017 年增长至 115 千公顷，约占全国青饲料播种面积的 6.14%，在七省份中位列第二（表 3 - 25）。

表 3 - 25　七省份青饲料种植面积

单位：千公顷

年份	河北	黑龙江	山东	河南	陕西	宁夏	新疆	全国
2014	58.6	31.8	3.2	4.0	21.5	78.5	101.1	2 019.5
2015	55.8	25.3	1.9	3.2	21.3	81.2	118.1	1 996.5
2016	98.1	71.2	2.2	3.4	3.4	82.2	110.1	1 813.5
2017	115.0	43.3	3.7	6.3	4.1	88.9	140.3	1 874.1
2018	71.0	39.9	3.6	6.9	6.4	89.9	164.0	1 970.7
2019	66.5	29.0	6.7	4.9	14.3	115.5	235.6	2 115.0

数据来源：《中国农村统计年鉴》。

3. 劳动力资源

河北省是我国人口大省，2019 年末总人口数达 7 461 万人，乡村从业人数 3 018 万人，其中，第一产业从业人数约 1 338 万人，约占乡村总人口的 44.33%，劳动力充足所带来的成本优势为肉羊生产创造了有利条件。但由于乡村人口大量外出务工，从事畜牧生产的多为中老年人，劳动力资源优势逐渐弱化（表 3 - 26）。

表 3 - 26　河北省第一产业乡村从业人数

单位：人，%

年份	第一产业乡村从业人数	乡村从业人口总数	所占比例
2014	13 892 909	30 559 086	45.46
2015	13 713 697	30 553 067	44.88
2016	13 692 830	30 638 308	44.69
2017	13 547 053	30 617 465	44.25
2018	13 543 291	30 231 998	44.80
2019	13 380 100	30 181 632	44.33

数据来源：《河北农村统计年鉴》。

劳动力的文化程度对肉羊生产的影响也日益凸显。2014—2019 年河北省乡村人口文化程度虽逐年提升，但文化程度主要集中在初中及以下水平（表 3 - 27），存在劳动力文化水平普遍较低的情况。尤其是养羊人员大多年龄较大，在养殖技术和管理方法学习方面比较落后，制约了产业发展。

表 3 - 27　乡村人口文化程度

单位：人

年份	未上过学	小学文化	初中文化	高中（包括中专）	大专及以上
2014	249 926	7 427 624	15 104 789	7 005 206	771 541
2015	237 587	7 285 817	15 043 806	7 126 122	859 735
2016	230 201	7 176 821	15 115 807	7 157 353	958 126
2017	219 989	6 994 607	15 113 495	7 263 344	1 026 030
2018	233 469	6 436 441	14 951 145	7 240 414	1 370 529
2019	215 959	6 264 939	14 907 056	7 331 665	1 462 013

数据来源：《河北农村统计年鉴》。

4. 资本资源

肉羊养殖产业化、规模化、标准化建设需要大量的资金投入。2016—2019 年河北省 GDP 总值逐年递增，2020 年 GDP 总值达 36 206.9 亿元，是 2016 年的

1.27 倍（表 3 - 28）。在七大肉羊养殖省份中排名第三，高于全国平均水平，经济较为发达。

表 3 - 28 七大肉羊养殖省份 GDP

单位：亿元

年份	河北	黑龙江	山东	河南	陕西	宁夏	新疆	全国平均水平
2016	28 474.1	11 895.0	58 762.5	40 249.3	19 045.8	2 781.4	9 630.8	24 077.3
2017	30 640.8	12 313.0	63 012.1	44 824.9	21 473.5	3 200.3	11 159.9	26 839.9
2018	32 494.6	12 846.5	66 648.9	49 935.9	23 941.9	3 510.2	12 809.4	29 654.2
2019	34 978.6	13 544.4	70 540.5	53 717.8	25 793.2	3 748.5	13 597.1	31 823.1
2020	36 206.9	13 698.5	73 129.0	54 997.1	26 181.9	3 920.5	13 797.6	32 773.7

数据来源：国家统计局。

5. 技术资源

肉羊在养殖过程中，品种的选育和杂交、饲料配比、疫病防治、日常管理等各个环节都需要技术支持。调研显示，河北省大多数养殖户的技术支持都是来源于技术员指导、培训以及零散的宣传资料，多数养殖户在饲养管理和疫病防控方面仍缺乏科学指导，存在饲料配比不科学、疾病防控不及时等问题。说明河北省基层畜牧站、畜牧改良站等技术机构不能满足产业发展要求，一定程度上影响了河北省肉羊产业的发展进度。

（二）需求要素

近年来，涮羊肉、烧烤等现代食用方法的普及也增加了羊肉的需求量，消费者收入的增加促进了羊肉需求的增加，2014—2020 年，河北省城乡居民可支配收入逐年增加，农村居民可支配收入同比增速从 2018 年开始，超过城镇居民，平均年增长率 8.34%（表 3 - 29），促使羊肉的潜在需求量递增。

表 3 - 29 河北省城镇、农村居民可支配收入

单位：元/人，%

项目	2014 年	2015 年	2016 年	2017 年	2018 年	2019 年	2020 年
城镇居民可支配收入	24 141	26 152	28 249	30 548	32 977	35 738	37 286
同比增长	—	8.33	8.02	8.14	7.95	8.37	4.33
农村居民可支配收入	10 186	11 051	11 919	12 881	14 031	15 373	16 467
同比增长	—	8.49	7.86	8.07	8.93	9.57	7.12

数据来源：国家统计局。

（三）产业结构及竞争对手

1. 产业结构

产业结构主要体现于肉羊的养殖模式。河北省肉羊养殖模式逐渐由传统散养模式向适度规模转变。除原来的家庭养殖户外，逐步形成"养殖户＋养殖企业"与合作社等多元主体养殖模式。从成本投入与收益情况来看，传统散养模式投入成本更低且单位成本所获得利润更高，这是传统散养模式能够大量发展的原因。

2. 竞争对手

省内市场，羊肉消费的主要替代品为猪肉、牛肉。2015—2019年居民家庭人均主要肉类消费品中，人均猪肉消费量一直位居首位，且所占消费比重分别是牛肉和羊肉的9.4倍和9.5倍（图3-5）；2017年以前，牛肉消费紧跟羊肉，2017年以后，牛肉消费有所上升，羊肉消费有所下降。

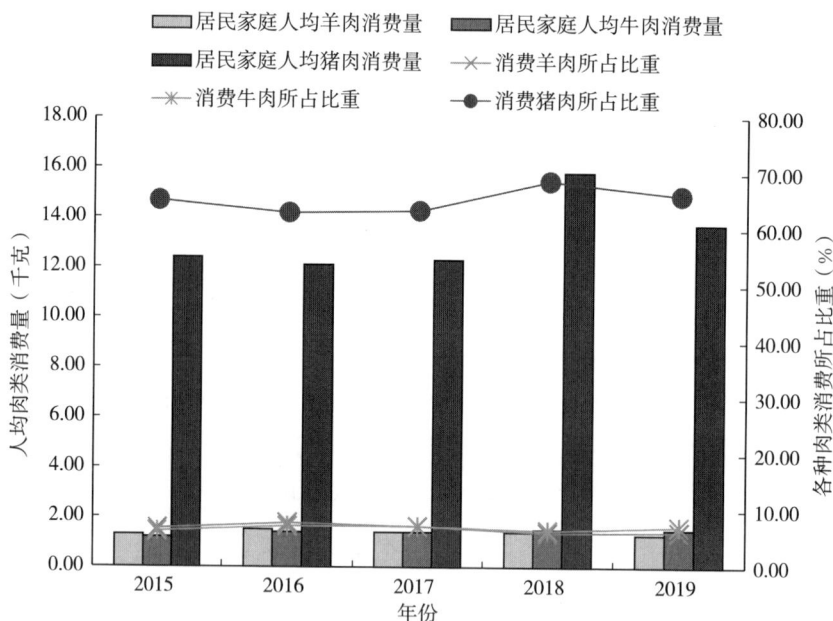

图3-5 居民家庭人均各种肉类消费量及所占比重

数据来源：《中国统计年鉴》。

在国内市场，河北省肉羊同业竞争对手也不少，如内蒙古、新疆等。目前，蒙羊已入选"国家农业产业化重点龙头企业名单"。因此，河北省肉羊产业要立足国内，还需不断加强管理、树立品牌、优化产业链，提升国内市场竞争力。

（四）相关及支持性产业

相关及支持性产业包括提供饲料、兽药生产的上游产业以及屠宰加工、物流运输、批发零售等下游产业。其中，对肉羊养殖影响较大的为饲料产业与屠宰加工产业。

1. 饲料产业

肉羊养殖饲料包括粗饲料和精饲料，粗饲料主要来源于玉米秸秆，精饲料包括豆粕、麦麸、玉米和添加剂，玉米和大豆是肉羊养殖的主要饲料来源。河北省 2019 年玉米总产量 1 986.64 万吨，大豆产量 23.02 万吨，较 2018 年同比分别增长 2.3% 和 8.4%（表 3-30），玉米、大豆产量的充足，满足了肉羊生产的需求，有效降低了肉羊的饲料成本。截至 2019 年，河北省饲料加工企业993 个，比上年增长 2.9%，饲料企业加工产品总产量 1 188.63 万吨，总产值344.28 亿元。

表 3-30　河北省玉米、大豆产量

单位：万吨，%

项目	2010 年	2015 年	2018 年	2019 年	2019 年同比增减
玉米	1 663.79	1 897.74	1 941.15	1 986.64	2.3
大豆	23.31	15.33	21.23	23.02	8.4

数据来源：《河北农村统计年鉴》。

2. 屠宰加工产业

近年来，河北省屠宰加工产业日益壮大，具有代表性的有唐县瑞丽、振宏、国富唐尧等。屠宰企业高度重视肉质安全问题，部分屠宰公司的羊肉已安装质量可追溯标识，为消费者食用羊肉提供安全保障。同时，各加工企业逐步树立自己的羊肉品牌，发展中高档肉类产品。唐县的胴体羊肉供销全国各地，河北唐县的羊肉品牌影响力正在形成。但是企业间同质化现象严重，缺乏深加工环节，导致生产出的羊肉制品以中低档产品为主，缺乏高附加值产品。

（五）政府行为

2021 年 4 月，农业农村部颁布了《推进肉牛肉羊生产发展五年行动方案》，同时，河北省在 2019 年响应国家相关方案要求，制定了一系列相关政策方案。

（六）机遇

互联网及各大电商平台的发展，拓宽产品销售渠道，促进肉羊产品的销售。物流运输和冷冻技术的进步，既保证了羊肉的新鲜度，又缩短了产品上架周期，从而有效缓解了产品积压。此外，2018 年非洲猪瘟的来袭，人们对猪肉的需求大大降低，转而投向羊肉、牛肉等其他肉类替代品的消费，有效激发了肉羊养殖户的热情。但 2020 年突发新冠疫情，疫情防控下导致羊肉交通运输受阻，且疫情致使各行各业停工停产，肉羊生产销售滞后，市场行情陷入低谷。

六、研究结论

第一，通过对河北省肉羊养殖现状及成本收益情况进行分析发现，河北省肉羊养殖整体发展态势稳定，羊出栏量稳定增长，羊肉产量稳步提升，养殖规模不断优化，但规模化程度仍相对较低。成本收益方面，养殖成本不断提高，仔畜费、饲料费与人工成本是控制肉羊养殖成本的关键所在。

第二，河北省肉羊养殖产业竞争力的比较优势。根据显性指标分析得出，河北省羊肉在全国市场占有率较高，资源禀赋系数近五年年均水平大于 1，具有较强的比较优势。根据分析性指标比较发现，河北省肉羊养殖总成本比全国平均水平低，但养殖收益不尽理想，常年处于全国最低水平，平均出售价格低是导致河北省肉羊收益处于明显劣势的主要因素。根据综合比较优势指数可知，河北省肉羊养殖规模优势不明显，但效率优势显著。

第三，河北省肉羊养殖产业竞争力评价。通过构建指标体系，运用主成分分析法进行评价得出：①河北省肉羊养殖产业基础竞争力在七省中处于中等水平，产业基础条件良好，应注重优良品种培育；②生产竞争力居于七省末位，低于全国平均水平，影响其得分的最主要因素为规模优势指数，且影响系数最大；③成本收益竞争力因河北省肉羊养殖成本优势显著，排名在七省当中较靠前，但且其系数为负，因此，河北省在保留原有成本优势的同时，还应增强市场价格优势，注重提升品牌效应，发展中高档羊肉产品；④河北省综合竞争力水平在七省中排在第五名，受产业基础竞争力与生产水平竞争力的影响较大，成本收益竞争力对其影响相对较弱。

参 考 文 献

曹梦蝶，2019. 基于"钻石"模型的我国中成药产业竞争力分析及发展对策研究［D］. 成都：成都中医药大学.

陈晓勇，周荣艳，田树军，李俊杰，2019. 河北省肉羊产业现状及发展趋势分析［J］. 今日畜牧兽医，35（12）：64 - 66.

丛林，韩璐，孔小叶，屈思琦，2020. 河北省肉羊养殖产业养殖模式分析及预测［J］. 现代农业科技（5）：247 - 250.

邓检，2016. 云南省生猪产业竞争力研究［D］. 昆明：云南农业大学.

侯向阳，张玉娟，2018. 草牧业提质增效转型发展的驱动要素分析［J］. 科学通报，63
　　（17）：1632 - 1641.

李娜，2021. 河北省唐县肉羊产业链利益分配机制研究［D］. 保定：河北农业大学.

刘维星，2016. 基于波特钻石模型的福建乡村旅游产业竞争力分析［D］. 福州：福建农林
　　大学.

孙海军，2009. 重庆生猪产业竞争力分析［J］. 南方农业，3（1）：73 - 76.

张丽莹，2018. 河北省桃产业竞争力研究［D］. 保定：河北农业大学.

专题四　河北省不同规模肉羊养殖成本收益比较分析

一、研究背景和概念界定

（一）研究背景和意义

近年来，河北省肉羊产业发展较快，然而肉羊养殖仍以散养模式为主，具有养殖成本收益不稳定、抗风险能力差、扶持政策难以落地等诸多问题，迫切需要突破产业发展瓶颈，实施转型升级，提高产业规模化发展水平。本专题以河北省不同规模肉羊养殖为研究对象，运用定性和定量相结合的研究方法，对其养殖成本和收益进行分析，为河北省选择更为高效的肉羊养殖模式提供决策参考。本研究对提高养殖收入及养殖场（户）的养殖积极性、推动河北省肉羊产业快速高质量发展具有重要的现实意义。同时，从不同规模的角度研究和分析养殖的成本收益，丰富和完善了不同规模下肉羊殖成本收益比较的相关内容研究，具有一定的理论意义。

本文主要研究目标为，通过对不同规模肉羊养殖的成本收益进行分析，为不同规模养殖场（户）的成本控制提供理论依据；通过对不同规模肉羊养殖的成本收益差异进行对比分析，对不同规模肉羊养殖的成本收益进行实证研究，探索单位养殖成本低、养殖效率高的最佳养殖规模，为河北省肉羊养殖业的发展提供可行性建议。

（二）概念界定

1. 肉羊养殖成本

肉羊养殖成本为肉羊养殖过程中投入的资金、人工、土地等要素的总和。图 4-1 为《全国农产品成本收益资料汇编》规定的肉羊养殖成本项目。肉羊养殖成本由生产成本和土地成本两部分构成。生产成本为肉羊养殖过程中为产出肉羊主产品投入的资金、劳动力，分为物质服务费用与人工成本两部分。物质服务费用又分为直接费用和间接费用。直接费用为肉羊生产过程中直接消耗的费用；间接费用为肉羊生产过程中直接费用之外的、必不可少的费用。人工成本为肉羊养殖过程中投入人工及劳动力产生的成本。土地成本为肉羊养殖过程中为所使用的饲养场地所缴纳的租金或承包费。本文主要对肉羊养殖的仔畜费、饲料费、死亡损失费、医疗防疫费、人工成本、土地成本进行研究。

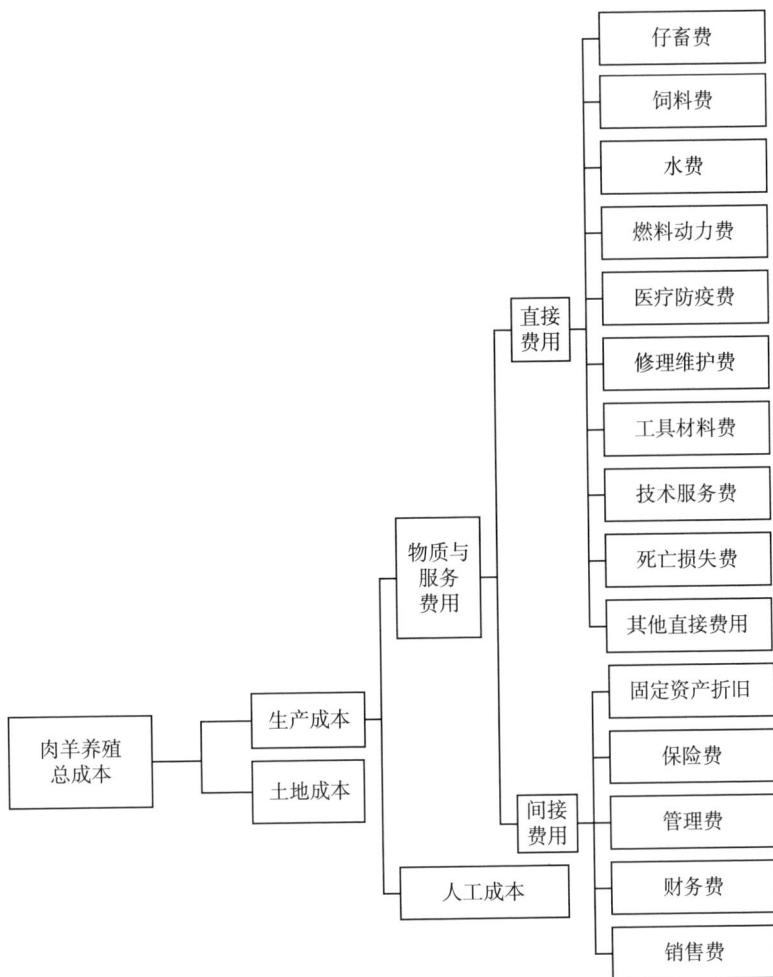

图 4-1　肉羊养殖成本

具体说明如下：

（1）仔畜费。仔畜费指用于外购仔畜发生的直接和间接费用，一般按照外购幼畜的市场价格及运费、保险费等成本计算。

（2）饲料费。肉羊养殖所发生的饲料费分为规模化和散养两种计量方法。规模化羊场所发生的饲料费分为精饲料费、青饲料费和饲料加工费三部分。散养所发生的饲料费主要是指肉羊耗用饲料费用的总和。

（3）水费。水费指肉羊养殖过程中的羊只饮用水、羊舍清洁水、饲料清洗加工用水和防暑降温用水所产生的费用支出。

（4）燃料动力费。燃料动力费指肉羊养殖过程中投入的电力、煤及其他有关燃料动力的费用总和。

（5）医疗防疫费。医疗防疫费为肉羊养殖过程中投入的疫苗、治疗疾病费用以及在肉羊养殖场所进行病毒消杀等所支出的费用的总和。

（6）死亡损失费。死亡损失费指在肉羊养殖过程中，因为疫病或者其他疾病造成肉羊死亡的费用。其计量方法分为规模化和散养两种，散养肉羊的死亡损失费是按照社会平均死亡率得出的，规模化养殖的死亡损失费是按照实际死亡率得出的。

（7）技术服务费。技术服务费为肉羊养殖过程中投入的技术指导、培训产生的费用。

（8）工具材料费。工具材料费为肉羊养殖过程中投入的工具、机器设备产生的费用。

2. 肉羊养殖收益

在经济学中，收益＝收入-成本。《全国农产品成本收益资料汇编》中规定，肉羊养殖业的收益包括四个方面：产值、产量、净利润、成本利润率。

（1）主产品产值。肉羊养殖的产值分为主产品产值和副产品产值。销售羊肉的收入属于主产品的产值；羊蹄、羊尾、羊下水等副产品的销售收入为副产品产值。

（2）主产品产量。肉羊的主产品产量即为肉羊出售时的活重。

（3）净利润。肉羊养殖的净利润是肉羊养殖的总产值扣除总成本的差额，是肉羊在生产过程中除去所有成本支出的净收益。用公式表达为：肉羊养殖净利润＝肉羊总产值－肉羊总成本。

（4）成本利润率。肉羊在生产过程中除去所有成本支出的净收益率。用公式表达即为：肉羊养殖成本利润率＝肉羊净利润/肉羊总成本×100%

3. 肉羊养殖规模

肉羊的养殖规模分为五个层次：1 至 29 只，30 至 99 只，100 至 499 只，500 至 999 只及 1 000 只以上。在 2020 年《全国农产品成本收益资料汇编》对肉羊养殖规模的划分中，肉羊养殖业分为低于 100 只羊的散养养殖和超过 100 只羊的规模化养殖。后者对肉羊规模化养殖的界定标准为 100 只羊。因此，本文以 100 至 499 只，500 至 999 只及 1 000 只为划分标准，将肉羊养殖划分为小规模养殖、中规模养殖和大规模养殖三种规模。本章以河北省三种规模肉羊养殖场（户）为研究对象，对不同规模肉羊养殖的成本收益进行分析。

如表4-1所示，河北省不同规模肉羊养殖场（户）的数量差距较大。肉羊养殖场（户）的总量在逐年下降，但河北省羊肉的产量却并没有下降，这说明规模化程度在增加，但散养户仍占主要地位。

表4-1 2009—2020年河北省不同规模肉羊养殖场（户）情况

年份	散养养殖场（户）	小规模养殖场（户）	中规模养殖场（户）	大规模养殖场（户）	合计
2009	905 055	8 645	677	130	914 377
2010	898 445	9 232	780	523	908 457
2011	862 956	10 501	932	588	874 389
2012	815 807	11 069	952	646	827 828
2013	710 896	12 689	1 265	837	724 850
2014	634 977	14 133	1 935	1 015	651 045
2015	653 750	15 365	2 182	1 148	671 297
2016	632 291	20 809	2 368	1 122	655 468
2017	643 197	20 266	2 149	1 128	665 612
2018	563 639	15 095	1 638	1 495	580 372
2020	400 715	12 149	1 341	889	414 205

数据来源：《中国畜牧兽医统计年鉴》（2009—2020年）。

二、河北省不同规模肉羊养殖的成本收益比较分析

（一）数据来源

为了解河北省不同规模肉羊养殖的成本收益情况，课题组有针对性地设计了相关问卷，通过实地走访、发放问卷、访谈、座谈会等形式收集数据。保定唐县、石家庄行唐、承德围场是河北省肉羊养殖的重点区域，肉羊养殖情况具有代表性，课题组在2019年10月至2019年11月及2020年5月至2020年10月分别前往三地进行实地调研，共获取问卷93份，其中有效问卷为76份。问卷具体情况见表4-2、表4-3。

表 4-2　样本调查地区及数量分布

单位：个，%

地区	样本量	在总样本量中占比
保定唐县	31	41
石家庄行唐	27	36
承德围场	18	23
总计	76	100

数据来源：调研数据。

表 4-3　样本调查养殖规模及数量分布

单位：个，%

养殖规模	样本量	在总样本量中占比
小规模	31	41
中规模	24	32
大规模	21	27
总计	76	100

数据来源：调研数据。

（二）不同规模肉羊养殖总生产成本分析

不同规模单只肉羊总成本三年间均呈现先下降后上升的趋势。小规模、中规模、大规模肉羊养殖的单只肉羊总成本三年间平均增长率分别为 1.05%、1.26%、3.49%（表 4-4）。其中小规模和中规模羊场的单只肉羊总成本上升幅度较小，大规模肉羊养殖的单只肉羊总成本上升幅度最大，但仍是总成本最低的。

表 4-4　2018—2020 年河北省不同规模单只肉羊总成本

单位：元/只，%

项目	2018 年		2019 年		2020 年	
	单只肉羊总成本	增长率	单只肉羊总成本	增长率	单只肉羊总成本	增长率
小规模	1 025.53	—	991.61	−3.31	1 047.29	5.62
中规模	1 025.29	—	986.10	−3.82	1 051.25	6.61
大规模	956.48	—	945.87	−1.11	1 024.52	8.32

数据来源：根据实地调研数据整理。

（三）不同规模肉羊养殖成本构成要素分析

肉羊养殖的成本构成要素较多，可细分为直接成本、间接成本、人工成本和土地成本，其中直接成本和间接成本构成了物质服务费。本部分选取肉羊养殖成本中占比较高的构成要素进行分析。

1. 仔畜费

不同规模养殖场（户）仔畜费变化趋势相似，均呈先下降后上升的趋势。2019 年受非洲猪瘟的冲击，猪肉价格大幅上涨，羊肉的需求量大幅上涨，养殖场均扩大养殖规模，导致仔畜费上升。2020 年受新冠疫情影响，养殖场均减少仔畜采购以规避养殖风险。总的来说，小规模、中规模、大规模肉羊养殖场的单只肉羊仔畜费三年间平均增长率分别为 1.4%、1.1%、1.9%（表 4-5）。

表 4-5　2018—2020 年河北省不同规模单只肉羊仔畜费

单位：元/只，%

项目	2018 年		2019 年		2020 年	
	仔畜费	增长率	仔畜费	增长率	仔畜费	增长率
小规模	382.49	—	462.28	20.86	393.57	−14.86
中规模	403.49	—	477.63	18.37	412.52	−13.63
大规模	395.20	—	446.73	13.04	410.56	8.10

数据来源：根据实地调研数据整理。

2. 饲料费

近三年，三种肉羊养殖规模的单只肉羊饲料费变化平稳，发展趋势相似，呈现平稳增长趋势。小规模、中规模、大规模肉羊养殖的单只肉羊饲料费三年间平均增长率分别为 1.95%、4.42%、5.34%（表 4-6）。不同规模肉羊养殖的饲料费投入存在差距的原因，一是规模化程度更高的肉羊养殖场（户）的饲料可以批量购买，价格优惠；二是规模化肉羊养殖场（户）具有较专业的饲料配方，饲料转换率较高，从而降低了单只肉羊的饲料成本。

表 4-6　2018—2020 年河北省不同规模单只肉羊饲料费

单位：元/只，%

项目	2018 年		2019 年		2020 年	
	饲料费	增长率	饲料费	增长率	饲料费	增长率
小规模	176.52	—	176.48	−0.02	183.48	3.97
中规模	168.07	—	177.64	5.69	183.17	3.11
大规模	157.49	—	168.72	7.13	174.83	3.62

数据来源：根据实地调研数据整理。

3. 死亡损失费

不同规模养殖场（户）单只肉羊死亡损失费均呈平稳上升趋势。小规模、中规模、大规模肉羊养殖的单只肉羊死亡损失费三年间平均增长率分别为 5.59%、8.02%、5.71%（表 4-7）。虽然三种规模肉羊养殖的单只肉羊死亡损失费增速较大，但由于基数较小，对各个规模单只肉羊的总成本影响不大。

表 4-7　2018—2020 年河北省不同规模单只肉羊死亡损失费

单位：元/只，%

项目	2018 年		2019 年		2020 年	
	死亡损失费	增长率	死亡损失费	增长率	死亡损失费	增长率
小规模	9.92	—	10.45	5.34	11.06	5.84
中规模	10.06	—	11.14	10.74	11.73	5.30
大规模	9.71	—	10.09	3.91	10.85	7.53

数据来源：根据实地调研数据整理。

4. 医疗防疫费

不同规模养殖场（户）单只肉羊医疗防疫费均呈平稳上升趋势。小规模、中规模、大规模肉羊养殖的单只肉羊医疗防疫费三年间平均增长率分别为 9.09%、7.6%、11.04%（表 4-8），总体差距不大。

表 4-8　2018—2020 年河北省不同规模单只肉羊医疗防疫费

单位：元/只，%

项目	2018 年		2019 年		2020 年	
	医疗防疫费	增长率	医疗防疫费	增长率	医疗防疫费	增长率
小规模	6.92	—	7.74	11.85	8.23	6.33
中规模	7.22	—	8.20	13.57	8.36	1.95
大规模	6.69	—	7.81	16.74	8.25	5.63

数据来源：根据实地调研数据整理。

5. 人工成本

不同规模养殖场（户）单只肉羊人工成本均呈平稳上升趋势。小规模、中规模、大规模肉羊养殖的单只肉羊人工成本三年间平均增长率为 10.49%、9.64%、12.03%（表 4-9），人工成本均受到劳动力日工价和投入劳动量的影响。2019 年，受非洲猪瘟的影响，养殖场扩大养殖规模，投入劳动量增多，人工成本增长较多。2020 年，受新冠疫情的影响，劳动力日工价上涨幅度较大，不同规模肉羊养殖的人工成本被迫大幅上涨。

表 4 - 9 2018—2020 年河北省不同规模单只肉羊人工成本

单位：元/只,%

项目	2018 年		2019 年		2020 年	
	人工成本	增长率	人工成本	增长率	人工成本	增长率
小规模	356.71	—	400.41	12.25	435.48	8.76
中规模	346.19	—	368.48	6.44	416.18	12.95
大规模	319.87	—	346.88	8.44	401.46	15.73

数据来源：根据实地调研数据整理。

6. 土地成本

不同规模养殖场（户）单只肉羊土地成本均呈平稳上升趋势。小规模、中规模、大规模肉羊养殖的单只肉羊土地成本三年间平均增长率分别为 3.56%、3.98%、6.72%（表 4 - 10）。

表 4 - 10 2018—2020 年河北省不同规模单只肉羊土地成本

单位：元/只,%

项目	2018 年		2019 年		2020 年	
	土地成本	增长率	土地成本	增长率	土地成本	增长率
小规模	2.62	—	2.75	4.96	2.81	2.18
中规模	2.59	—	2.78	7.34	2.80	0.72
大规模	1.87	—	2.03	8.56	2.13	4.93

数据来源：根据实地调研数据整理。

（四）不同规模肉羊养殖主要生产成本占总生产成本比重分析

通过上文分析可知：仔畜费、饲料费、人工成本是影响不同规模肉羊养殖成本的三个最重要因素，也是控制成本的关键因素。下面将不同规模羊场的主要生产成本占总生产成本的比重进行对比，找出产生养殖成本差异的原因。

1. 小规模羊场主要生产成本占总生产成本比重的变化趋势

仔畜费占总生产成本的比重最高，占比总体呈下降趋势。2018 年最高，为 45.08%，2020 年占比最低，为 38.38%。人工成本占总生产成本比重较高且占比逐年提高，2018 年占比最低，为 34.78%，2020 年最高，为 42.46%。饲料费占总生产成本的比重在三种成本要素中最低，围绕 17.5% 上下波动（图 4 - 2）。小规模养殖场的仔畜费占总生产成本的比重最大，其次是人工成本和饲料费。

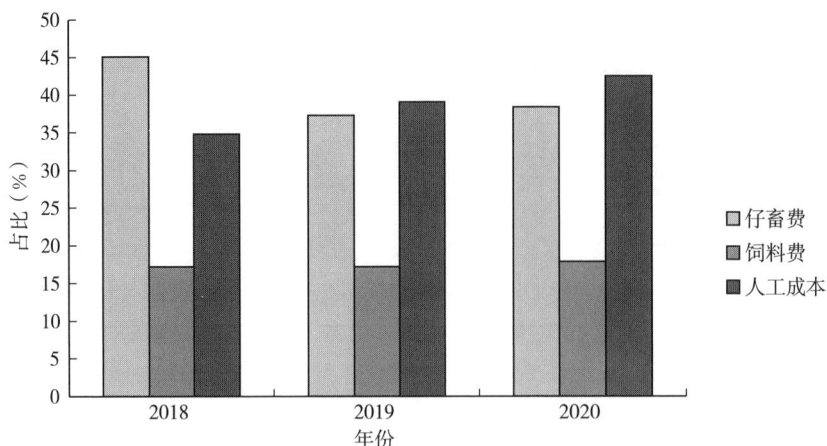

图 4 - 2　2018—2020 年河北省小规模羊场主要成本占总生产成本比重

数据来源：调研数据。

2. 中规模羊场主要生产成本占总生产成本比重的变化趋势

中规模羊场中仔畜费占总生产成本的比重最多。2018 年最高达到了 46.58％，2019 年最低占比为 39.35％。人工成本占总生产成本比重低于仔畜费，但三年内逐年上升，从 2018 年的最低点 33.77％上升到 2020 年的最高点 40.59％。饲料费占总生产成本的比重最低，围绕 17％波动，最低为 2018 年的 16.39％。中规模羊场的成本结构中仔畜费占总生产成本的比重最大，人工成本的占比有所上升，饲料费占比最低（图 4 - 3）。

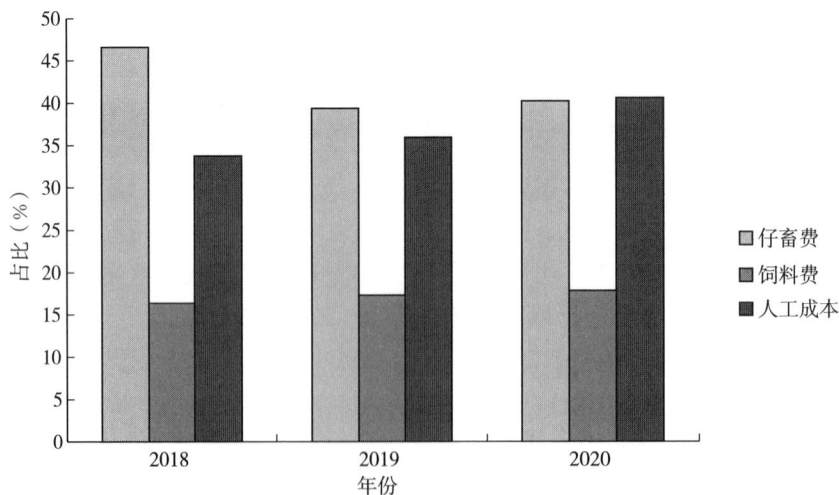

图 4 - 3　2018—2020 年河北省中规模羊场主要成本占总生产成本比重

数据来源：调研数据。

3. 大规模羊场主要生产成本占总生产成本比重的变化趋势

大规模羊场中，仔畜费占总生产成本的比重最高（图 4-4）。仔畜费 2018 年占比最高，为 46.71%，2019 年最低，为 41.32%。其次是人工成本，其占总生产成本比重略低于仔畜费，三年内呈增长趋势，从 2018 年的最低点 33.44% 上升到 2020 年的最高点 41.97%。饲料费占比在三种成本要素中最低，三年内总体上占比上升，在 2018 年占比最低，为 16.47%，2020 年占比最高，为 18.28%。

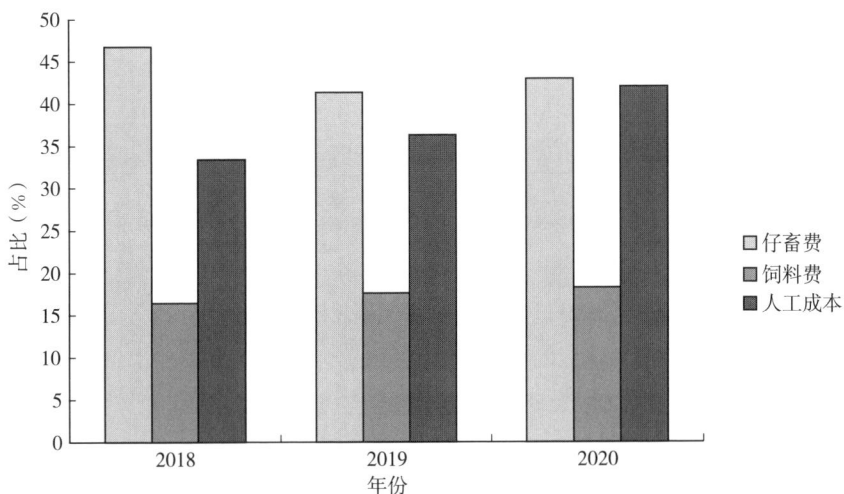

图 4-4 2018—2020 年河北省大规模羊场主要成本占总生产成本比重

数据来源：调研数据。

（五）不同规模肉羊养殖的收益分析

1. 主产品产量

不同规模的羊场肉羊主产品产量均呈不同发展趋势（图 4-5）。

小规模羊场的单只肉羊主产品产量由 2018 年的 44.87 千克/只下降到 2020 年的 44.19 千克/只，降低了 1.52%。2019 年较 2018 年下降了 0.31 千克/只，降低了 0.69%。2020 年较 2019 年下降了 0.37 千克/只，降低了 0.83%。中规模肉羊养殖的单只肉羊主产品产量由 2018 年的 44.44 千克/只下降到 2020 年的 44.19 千克/只，降低了 0.56%。2019 年较 2018 年下降了 0.25 千克/只，降低了 0.56%。2020 年较 2019 年下降了 0.01 千克/只，降低了 0.02%。大规模肉羊养殖的单只肉羊主产品产量由 2018 年的 42.57 千克/只上升到 2020 年的 43.72 千克/只，上升了 2.7%。2019 年较 2018 年上升了 0.07 千克/只，增长了 0.16%。2020 年较 2019 年上升了 1.08 千克/只，增长了 2.53%。

从平均值来看，三种规模的羊场单只肉羊主产品产量平均值分别为 44.54 千克/只、44.27 千克/只、42.98 千克/只。可以看出，不同养殖规模的肉羊主产品产量存在一定的差距，最高的是小规模羊场，最低的是大规模羊场。

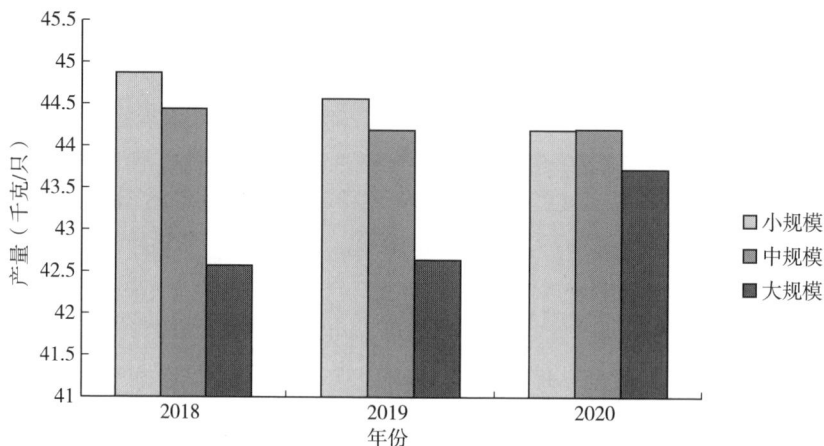

图 4 - 5　2018—2020 年河北省不同规模肉羊主产品产量

数据来源：调研数据。

2. 产值

不同规模的羊场肉羊主产品产值均整体呈上升趋势，且波动较大（图 4 - 6）。

小规模羊场的单只肉羊主产品产值由 2018 年的 1 275.21 元/只上升到 2020 年的 1 288.58 元/只，上升了 1.05%。2019 年较 2018 年下降了 37.77 元/只，降低了 2.96%。2020 年较 2019 年上升了 51.14 元/只，增长了 4.13%。中规模羊场的单只肉羊主产品产值由 2018 年的 1 276.32 元/只上升到 2020 年的 1 296.83元/只，上升了 1.61%。2019 年较 2018 年下降了 43.86 元/只，降低了 3.44%。2020 年较 2019 年上升了 64.37 元/只，增长了 5.22%。大规模羊场的单只肉羊主产品产值由 2018 年的 1 239.64 元/只上升到 2020 年的 1 284.49元/只，上升了 3.62%。2019 年较 2018 年下降了 45.29 元/只，降低了 3.65%。2020 年较 2019 年上升了 90.15 元/只，增长了 7.55%。

从平均值来看，三种规模羊场单只肉羊平均产值分别是：1 267.08 元/只、1 268.54 元/只、1 239.50 元/只。中规模养殖场（户）的单只肉羊主产品产值最高，其次是散养和小规模，大规模的最低。

前文分析发现，2018—2020 年河北省不同规模羊场的主产品产量发展趋势相对稳定，在这种情况下，不同规模羊场的主产品产值波动主要受平均售价的影响。对比分析，中规模羊场受平均出售价格的影响最小，其次是大规模羊场，小规模羊场受影响程度最大。

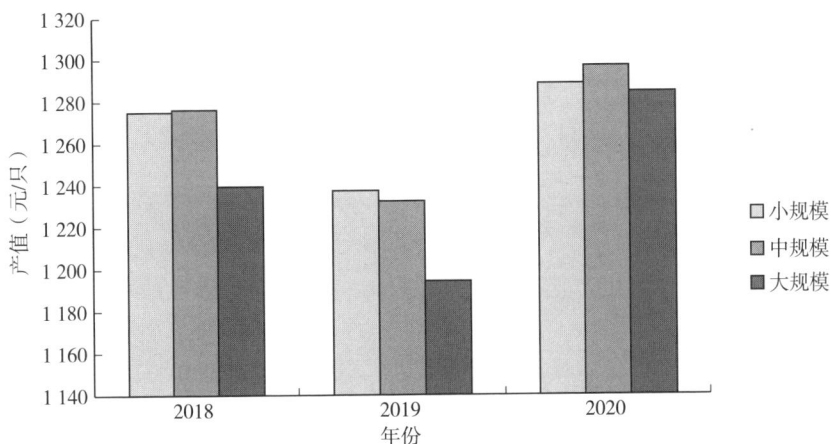

图 4-6　2018—2020 年河北省不同规模羊场产值

数据来源：调研数据。

3. 净利润

小规模和中规模羊场单只肉羊净利润呈缓慢下降趋势，大规模羊场在 2019 年大幅下降随后回升（图 4-7）。

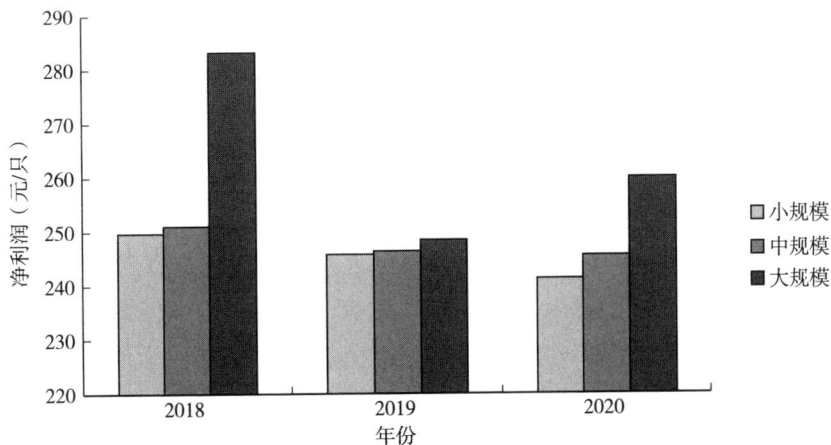

图 4-7　2018—2020 年河北省不同规模羊场净利润

数据来源：调研数据。

小规模羊场的单只肉羊净利润由 2018 年的 249.68 元/只下降到 2020 年的 241.29 元/只，降低了 3.36%。2019 年较 2018 年下降了 3.85 元/只，降低了 1.54%。2020 年较 2019 年下降了 4.54 元/只，降低了 1.85%。中规模羊场单只肉羊净利润由 2018 年的 251.03 元/只下降到 2020 年的 245.58 元/只，降低了 2.17％。2019 年较 2018 年下降了 4.67 元/只，降低了 1.86％。2020 年较 2019 年下降了 0.78 元/只，降低了 0.32％。大规模羊场单只肉羊净利润由 2018 年的 283.16 元/只下降到 2020 年的 259.98 元/只，降低了 8.19％。2019 年较 2018 年下降了 34.68 元/只，降低了 12.25％。2020 年较 2019 年上升了 11.5 元/只，增长了 4.63％。

从平均值来看，三种规模羊场单只肉羊平均净利润分别是：245.6 元/只、247.66 元/只、263.87 元/只。可见，大规模羊场单只肉羊净利润最高，小规模羊场的单只肉羊净利润最低。

4. 成本利润率

2018—2020 年三种养殖规模的成本利润率总体趋势相近（图 4 - 8）。

小规模羊场的单只肉羊成本利润率由 2018 年的 24.35％下降到 2020 年的 24.04％，下降了 1.31 个百分点。2019 年较 2018 年上升了 0.44 个百分点，2020 年较 2019 年下降了 1.75 个百分点。中规模羊场的单只肉羊成本利润率由 2018 年的 24.48％下降到 2020 年的 24.36％，下降了 0.12 个百分点。2019 年较 2018 年上升了 0.5 个百分点，2020 年较 2019 年下降了 0.62 个百分点。大规模羊场的单只肉羊成本利润率由 2018 年的 29.6％下降到 2020 年的 25.38％，下降了 4.22 个百分点。2019 年较 2018 年下降了 3.33 个百分点，2020 年较 2019 年下降了 0.89 个百分点。从平均值来看，三种规模羊场平均成本利润率分别是 24.06％、24.61％、27.08％。可以看出，大规模羊场成本利润率最高，中规模的居中，小规模的最低。

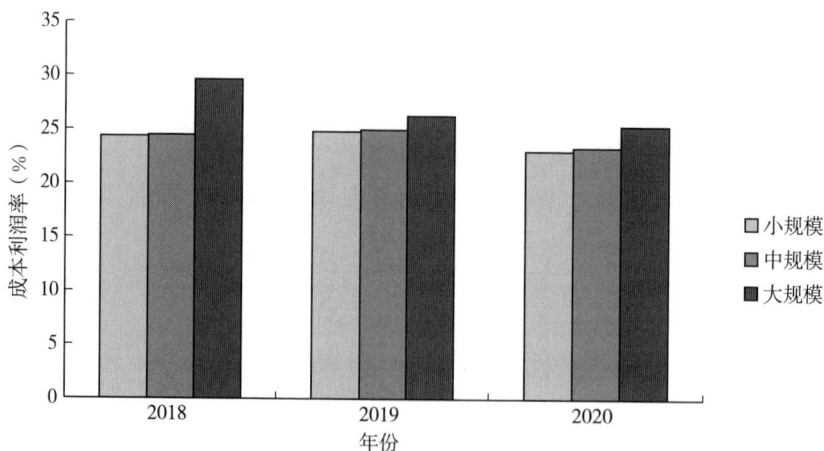

图 4 - 8　2018—2020 年河北省不同规模羊场成本利润率
数据来源：调研数据。

综上所述，从净利润和成本利润率的角度来看，大规模羊场最具备规模经济优势，其次是中规模、小规模。从总成本来看，小规模羊场的总成本较高，大、中规模的总成本较低。从成本构成来看，仔畜费是直接费用中的重要组成部分，人工成本是不同规模羊场的最大成本项目，其占不同规模羊场单只肉羊养殖成本的比重分别为38.92％、36.92％、36.5％，其中小规模肉羊的人工成本最高，其次是中规模、大规模。从养殖收益分析，不同规模羊场对羊肉市场价格波动的抵抗力不同，大、中规模羊场对市场价格变动的抵抗力较强，主产品产值也因此比小规模羊场的产值高。

三、河北省不同规模肉羊养殖成本收益的实证分析

本部分通过建立多元线性回归模型，对肉羊养殖的成本净利润及其影响因素进行分析，旨在找到最佳规模。

（一）多元线性回归模型定义

线性回归是利用数理统计中回归分析，确定两种或两种以上变量间相互依赖定量关系的一种统计分析方法。其表达形式为：$Y＝wX+e$，e 为误差，服从均值为 0 的正态分布。回归分析中，只包括一个自变量和一个因变量，且二者的关系可用一条直线近似表示，这种回归分析称为一元线性回归分析。如果回归分析中包括两个或两个以上的自变量，且因变量和自变量之间是线性关系，则称为多元线性回归分析。

通常情况下若因变量 Y 和自变量 X_1，X_2，…，X_k 之间服从下面关系：

$Y＝\beta_0+\beta_1X_1+\beta_2X_2+\cdots+\beta_kX_k+\varepsilon$

则因变量 Y 和自变量 X_1，X_2，…，X_k 经过 n 次观察后，所得样本将满足如下关系：

$Y_t＝\beta_0+\beta_1X_{1t}+\beta_2X_{2t}+\cdots+\beta_kX_{kt}+\varepsilon_t$

这是多元线性回归模型的一般形式。Y_t，X_{1t}，X_{2t}，…，X_{kt}（$t＝1$，2，…，n）为第 t 次观测的样本；β_j（$j＝0$，1，2，…，k）为模型参数；ε_t 为随机误差项。

（二）基本假设

根据以往的研究成果和本文的调研，提出以下假设：

假设 1：养殖规模对肉羊养殖净利润有显著影响。

研究发现，羊肉的市场价格与肉羊养殖收益呈正相关，养殖周期、饲料费等因素与养殖收益呈负相关（王丽娜，2009）。

假设 2：肉羊养殖的仔畜费、饲料费、人工成本、羊肉的市场价格对肉羊

养殖净利润有显著影响。

（三）变量设定及描述性统计分析

1. 变量设定

通常情况下，净利润是影响肉羊养殖效益的重要因素，肉羊养殖的净利润是单只肉羊的总产值与单只肉羊总成本的差。肉羊养殖的净利润受人工成本、土地成本和物质服务费用的影响。其中，肉羊养殖的土地成本较少，对净利润的影响程度不大，而人工成本是肉羊养殖成本的一项重要组成部分。物质服务费用分为直接费用和间接费用，间接费用占养殖成本的比重较小，因此，只考虑直接费用中的相关要素。肉羊养殖的直接费用组成较多，其中仔畜费、饲料费和死亡损失费占养殖成本的比重较大，而其他成本要素则占比较小。除养殖成本对净利润有影响之外，单只肉羊的产量及出售价格也对净利润有直接影响。综上，本部分在进行多元线性回归分析时，选取净利润为因变量，选取仔畜费、饲料费、人工费、死亡损失费、平均售价、主产品产量为自变量。

通过对影响肉羊养殖成本收益的要素进行分析，多元线性回归模型的变量设定如下：

（1）净利润（Y）。以元/只为单位。净利润指单只肉羊的总产值减去单只肉羊的总成本后的余额，反映了肉羊养殖过程中全部消耗资源的净回报。

（2）仔畜费（Z）。以元/只为单位。仔畜费指购买每只仔畜的平均成本。

（3）饲料费（S）。以元/只为单位。饲料费指每只肉羊在养殖过程中包括精饲料费、青粗饲料费和饲料加工费在内的支出。

（4）人工成本（R）。以元/只为单位。人工成本包括两方面，分别是家庭用工成本和雇工成本。家庭用工成本是指劳动日工价与家庭用工天数的乘积，雇工成本是指劳动日工价与雇工天数的乘积。

（5）死亡损失费（T）。以元/只为单位。死亡损失费指在肉羊饲养过程中，发生的死亡损失平摊到每只羊的费用。

（6）平均出售价格（J）。以元/50 千克为单位。是指每 50 千克羊肉在市场上的平均出售价格。

（7）主产品产量（L）。以千克/只为单位。是指肉羊出售时每只羊的平均重量。

2. 数据的描述性统计分析

根据变量的设定，对净利润、仔畜费、饲料费、人工费、死亡损失费、平均售价、主产品产量七个变量进行描述性统计分析。

小规模肉羊养殖场（户）养殖成本收益数据的描述性统计分析详见表 4-11。

表 4 - 11　小规模肉羊养殖场（户）养殖成本收益数据描述性统计

单位：元，元/只，万吨

解释变量	最小值	最大值	均值	标准差
净利润	241.29	249.67	245.593 3	4.194 6
仔畜费	382.49	462.28	412.78	43.224 75
饲料费	176.48	183.48	178.826 7	4.029 95
人工成本	356.71	435.48	397.533 3	39.463 71
死亡损失费	9.92	11.06	10.476 7	0.570 47
平均出售价格	1 388.5	1 458	1 422.5	34.774 27
主产品产量	44.19	44.87	44.54	0.340 44

数据来源：调研数据。

中规模肉羊养殖场（户）养殖成本收益数据的描述性统计分析详见表 4 - 12。

表 4 - 12　中规模肉羊养殖场（户）养殖成本收益数据描述性统计

单位：元，元/只，万吨

解释变量	最小值	最大值	均值	标准差
净利润	245.58	251.03	247.656 7	2.947 31
仔畜费	403.49	477.63	431.213 3	40.450 78
饲料费	168.07	183.17	176.293 3	7.639 54
人工成本	346.19	416.18	376.95	35.755 5
死亡损失费	10.06	11.73	10.976 7	0.846 9
平均出售价格	1 394.5	1 467	1 432.5	36.376 5
主产品产量	44.19	44.44	44.276 7	0.141 54

数据来源：调研数据。

大规模肉羊养殖场（户）养殖成本收益数据的描述性统计分析详见表 4 - 13。

表 4 - 13　大规模肉羊养殖场（户）养殖成本收益数据描述性统计

单位：元，元/只，万吨

解释变量	最小值	最大值	均值	标准差
净利润	248.48	283.16	263.87	17.665 87
仔畜费	395.2	446.73	417.496 7	26.456 06
饲料费	157.49	174.83	167.013 3	8.795 08
人工成本	319.87	401.46	356.07	41.564 1
死亡损失费	9.71	10.85	10.216 7	0.580 46
平均出售价格	1 400.5	1 469	1 441.833 3	36.381 08
主产品产量	42.57	43.72	42.976 7	0.644 7

数据来源：调研数据。

（四）模型建立

根据设置的因变量净利润（Y）及自变量仔畜费（Z）、饲料费（S）、人工成本（R）、死亡损失费（T）、平均出售价格（J）和主产品产量（L），设立如下模型：

净利润 $Y=F$｛仔畜费 Z、饲料费 S、人工成本 R、死亡损失费 T、平均出售价格 J、主产品产量 L｝

公式表述为：

$$Y = \beta_0 + \beta_1 Z + \beta_2 S + \beta_3 R + \beta_4 T + \beta_5 J + \beta_6 L + \varepsilon$$

式中，β_0 是多元线性回归方程的常数项，β_j（$j=1，2，3，4，5，6$）是参数，即净利润 Y 与自变量变化的敏感系数，说明在其他自变量不变的情况下，自变量变动一个单位对因变量的影响，ε 为随机误差项。

（五）模型分析

1. 小规模肉羊养殖成本收益分析

表 4-14　河北省小规模肉羊养殖成本收益分析模型

解释变量	系数	t	显著性
仔畜费	−0.222	−0.28	0.019
饲料费	−1.256	−2.864	0.024
人工成本	−1.223	−8.947	0.004
死亡损失费	1.655	0.655	0.559
平均出售价格	0.53	2.906	0.022
主产品产量	0.86	5.037	0.009
R^2	0.825		
F 值	678.968		0.000

数据来源：根据调研数据整理。

本研究采用SPSS26.0进行多元回归，检验仔畜费、饲料费、人工成本、死亡损失费、平均出售价格、主产品产量对因变量净利润的影响，结果见表 4-14。F 值为 678.968，P 小于 0.01，说明自变量对因变量的影响显著，该模型的 R^2 为 0.825，说明6个解释变量对净利润的解释度为 0.825，该模型的拟合优度较高，解释力强，可以对小规模肉羊养殖的成本收益进行分析。由表 4-14 可知，除死亡损失费没有通过显著性水平为 0.05 的检验外，其他自变量均通过检验，说明仔畜费、饲料费、人工成本、平均出售价格、主产品产量对小规模肉羊养殖的净利润影响是显著的。小规模肉羊养殖的回归方程为：

$$Y = -282.152 - 0.222Z - 1.256S - 1.223R + 1.655T + 0.53J + 0.86L$$

回归系数及其显著性检验结果如下：

仔畜费对因变量净利润的影响达到了 0.05 的显著性水平，仔畜费对因变量净利润的影响系数为 -0.222，说明在其他变量不变的情况下，仔畜费每上升 1 个单位，净利润下降 0.222 个单位。

饲料费对因变量净利润的影响达到了 0.05 的显著性水平，饲料费对因变量净利润的影响系数为 -1.256，说明在其他变量不变的情况下，饲料费每上升 1 个单位，净利润下降 1.256 个单位。

人工成本对因变量净利润的影响达到了 0.05 的显著性水平，人工成本对因变量净利润的影响系数为 -1.223，说明在其他变量不变的情况下，人工成本每上升 1 个单位，净利润下降 1.223 个单位。

平均出售价格对因变量净利润的影响达到了 0.05 的显著性水平，平均出售价格对因变量净利润的影响系数为 0.53，说明在其他变量不变的情况下，平均出售价格每上升 1 个单位，净利润就会上升 0.53 个单位。

主产品产量对因变量净利润的影响达到了 0.05 的显著性水平，主产品产量对因变量净利润的影响系数为 0.86，说明在其他变量不变的情况下，主产品产量每上升 1 个单位，净利润上升 0.86 个单位。

分析发现，仔畜费、饲料费和人工成本与净利润呈负相关，平均出售价格和主产品产量与净利润呈正相关，其中饲料费和人工成本对小规模肉羊养殖的净利润影响程度较大。可以看出，仔畜费、饲料费、人工成本等费用的投入是影响小规模肉羊养殖净利润的主要因素。

2. 中规模肉羊养殖成本收益分析

表 4-15 河北省中规模肉羊养殖成本收益分析模型

解释变量	系数	t	显著性
仔畜费	1.624	19.23	0.002
饲料费	-2.778	-5.389	0.013
人工成本	-1.189	-6.288	0.008
死亡损失费	2.951	0.511	0.645
平均出售价格	0.818	11.912	0.001
主产品产量	0.899	12.082	0.000
R^2	0.897		
F 值	282.218		0.000

数据来源：根据调研数据整理。

本研究采用 SPSS26.0 进行多元回归检验仔畜费、饲料费、人工成本、死亡损失费、平均出售价格、主产品产量对因变量净利润的影响，结果见表 4 - 15。F 值为 282.218，P 小于 0.01，说明自变量对因变量的影响显著，该模型的 R^2 为 0.897，说明仔畜费、饲料费、人工成本、死亡损失费、平均出售价格、主产品产量对净利润的解释度为 0.897，该模型的拟合优度较高，解释力强。除死亡损失费没有通过显著性水平为 0.05 的检验外，其他自变量均通过检验，说明仔畜费、饲料费、人工成本、平均出售价格、主产品产量对中规模肉羊养殖的净利润影响是显著的。中规模肉羊养殖的回归方程为：

$$Y=-1\ 063.181+1.624Z-2.778S-1.189R+2.951T+0.818J+0.899L$$

回归系数及其显著性检验结果如下：

仔畜费对因变量净利润的影响达到了 0.05 的显著性水平，仔畜费对因变量净利润的影响系数为 1.624，说明在其他变量不变的情况下，仔畜费每上升 1 个单位，净利润上升 1.624 个单位。

饲料费对因变量净利润的影响达到了 0.05 的显著性水平，饲料费对因变量净利润的影响系数为 -2.778，说明在其他变量不变的情况下，饲料费每上升 1 个单位，净利润下降 2.778 个单位。

人工成本对因变量净利润的影响达到了 0.05 的显著性水平，人工成本对因变量净利润的影响系数为 -1.189，说明在其他变量不变的情况下，人工成本每上升 1 个单位，净利润下降 1.189 个单位。

平均出售价格对因变量净利润的影响达到了 0.05 的显著性水平，平均出售价格对因变量净利润的影响系数为 0.818，说明在其他变量不变的情况下，平均销售价格每上升 1 个单位，净利润上升 0.818 个单位。

主产品产量对因变量净利润的影响达到了 0.05 的显著性水平，主产品产量对因变量净利润的影响系数为 0.899，说明在其他变量不变的情况下，主产品产量每上升 1 个单位，净利润上升 0.899 个单位。

分析发现，饲料费和人工成本与净利润呈负相关，仔畜费、平均出售价格和主产品产量与净利润呈正相关，其中仔畜费、饲料费和人工成本对中规模肉羊养殖的净利润影响程度较大。仔畜费的投入会增加中规模肉羊养殖的净利润，但是饲料费和人工成本等主要成本的投入增加会降低企业的净利润。

3. 大规模肉羊养殖成本收益分析

本研究采用 SPSS26.0 进行多元回归检验仔畜费、饲料费、人工成本、死亡损失费、平均出售价格、主产品产量对因变量净利润的影响，结果见表 4 - 16。F 值为 544.052，P 小于 0.01，说明自变量对因变量的影响显著，该模型的 R^2 为 0.893，说明仔畜费、饲料费、人工成本、死亡损失费、平均出售价格、主产品产量对净利润的解释度为 0.893，该模型的拟合优度较高，解释力强。

除死亡损失费没有通过显著性水平为 0.05 的检验外，其他自变量均通过检验，说明仔畜费、饲料费、人工成本、平均出售价格、主产品产量对中规模肉羊养殖的净利润影响是显著的。中规模肉羊的回归方程为：

$$Y=-1\,135.151+1.258Z+0.387S-0.798R+3.703T+0.831J+1.015L$$

回归系数及其显著性检验结果方面，具体如下：

仔畜费对因变量净利润的影响达到了 0.05 的显著性水平，仔畜费对因变量净利润的影响系数为 1.258，说明在其他变量不变的情况下，仔畜费每上升 1 个单位，净利润上升 1.258 个单位。

饲料费对因变量净利润的影响达到了 0.05 的显著性水平，饲料费对因变量净利润的影响系数为 0.387，说明在其他变量不变的情况下，饲料费每上升 1 个单位，净利润上升 0.387 个单位。

人工成本对因变量净利润的影响达到了 0.05 的显著性水平，人工成本对因变量净利润的影响系数为 -0.798，说明在其他变量不变的情况下，人工成本每上升 1 个单位，净利润下降 -0.798 个单位。

平均出售价格对因变量净利润的影响达到了 0.05 的显著性水平，平均出售价格对因变量净利润的影响系数为 0.831，说明在其他变量不变的情况下，平均出售价格每上升 1 个单位，净利润上升 0.831 个单位。

主产品产量对因变量净利润的影响达到了 0.05 的显著性水平，主产品产量对因变量净利润的影响系数为 1.015，说明在其他变量不变的情况下，产量每上升 1 个单位，净利润上升 1.015 个单位（表 4-16）。

表 4-16　河北省大规模肉羊养殖成本收益分析模型

解释变量	系数	t	显著性
仔畜费	1.258	23.23	0.036
饲料费	0.387	7.626	0.004
人工成本	-0.798	-2.389	0.044
死亡损失费	3.703	0.881	0.443
平均出售价格	0.831	15.063	0.001
主产品产量	1.015	19.236	0.000
R^2	0.893		
F 值	544.052		0.000

数据来源：根据调研数据整理。

分析发现，人工成本与净利润呈负相关，仔畜费、饲料费、平均出售价格和主产品产量与净利润呈正相关，其中仔畜费、人工成本和主产品产量对中规模肉羊养殖的净利润影响程度较大。随着肉羊养殖发展到大规模，仔畜费和饲料费的投入使大规模肉羊养殖的净利润提升，同时肉羊的主产品产量对大规模肉羊养殖的净利润影响变大，但是人工成本的投入仍使大规模肉羊养殖的净利润降低。

4. 影响因素分析

通过多元线性回归模型的结果可以看出：

（1）仔畜费。仔畜费对中规模肉羊养殖净利润的影响程度最大，系数为 1.624；对大规模肉羊养殖净利润的影响程度略小，系数为 1.258。大规模肉羊养殖每增加一单位仔畜费的投入带来的收益比中规模肉羊养殖要低。肉羊养殖达到大规模后，继续扩大养殖规模实现的净利润增长程度开始下降。

（2）饲料费。饲料费对中规模羊场的净利润影响程度最高，其次为小规模，对大规模羊场的净利润影响程度最低且系数为正。由于小规模羊场的饲料费最高，大规模羊场的饲料费最低，随着养殖规模的扩大，饲料费在总成本中的占比逐渐降低，对肉羊养殖净利润的影响程度也逐渐降低。因此，河北省肉羊养殖场（户）可以通过适度扩大养殖规模来降低饲料费。

（3）人工成本。人工成本对小规模羊场的净利润影响程度最高，其次为中规模，对大规模羊场的影响程度最低，系数为－0.798。结合前文结论可知，规模化羊场在人工成本方面占据优势。因此，小规模肉羊养殖除可通过提高人工利用率等方法降低人工成本外，还可以适度扩大养殖规模。

（4）平均出售价格。平均出售价格与不同规模羊场的净利润均为正相关，对大、中规模羊场的净利润影响程度较大，而对小规模肉羊养殖的影响程度较小，因此，增加相同单位的平均出售价格，大、中规模肉羊养殖的净利润提高更多。此外，平均出售价格对小规模羊场净利润的影响程度最小，系数为 0.53；养殖规模达到中规模后，系数为 0.818，影响程度较小规模增长较大；而养殖规模达到大规模后系数，为 0.831，影响程度较中规模增长较小。说明达到大规模羊场之后，净利润的提高开始困难。综上所述，小规模养殖场（户）可以通过合理扩大养殖规模增加收益，而大规模肉羊养殖场（户）应合理控制养殖规模，才能保持利润最大化。

（5）主产品产量。主产品产量与不同规模羊场的净利润均为正相关，即主产品产量的上涨会使不同规模羊场的净利润增加，且影响程度随养殖规模的扩大而增加。因此，小规模羊场合理扩大养殖规模有利于增加主产品产量，进而提高净利润。

就成本的自变量系数之和来看，小规模、中规模、大规模的系数之和分别为－4.982、－2.712、0.847。可以看出，养殖规模越小，每增加一单位成本所降低的净利润越多，反之越少，而大规模羊场中三种成本要素的增加会提高净利润。就收益的自变量系数之和来看，小规模、中规模、大规模的系数之和分别为 1.141、1.717、1.846。结合两个方面来看，河北省肉羊养殖规模的适度扩大有利于控制成本并提高收益。

（六）模型稳健性检验

为检验实证分析模型的稳健性，本文用产值代替净利润，对小、中、大规模肉羊养殖成本收益重新进行回归分析，如表 4 - 17、表 4 - 18、表 4 - 19 所示，分别代表小规模、中规模、大规模变量替代后的回归结果。可以看出，替换变量后回归结果与原回归结果差距较小，说明本模型实证结果比较稳定。

表 4 - 17　河北省小规模羊场成本收益变量替代后的回归结果

解释变量	系数	t	显著性
仔畜费	−0.332	−7.180	0.000
饲料费	−1.853	−2.864	0.024
人工成本	−1.436	−5.947	0.004
死亡损失费	1.356	0.455	0.659
平均出售价格	0.423	3.456	0.022
主产品产量	0.760	5.037	0.009
R^2	0.758		
F 值	896.57		0.000

表 4 - 18　河北省中规模羊场成本收益变量替代后的回归结果

解释变量	系数	t	显著性
仔畜费	1.836	16.23	0.000
饲料费	−1.978	−5.389	0.013
人工成本	−1.689	−6.288	0.008
死亡损失费	2.751	0.811	0.545
平均出售价格	0.927	12.912	0.000
主产品产量	1.034	13.082	0.000
R^2	0.853		
F 值	389.23		0.000

表 4 - 19　河北省大规模羊场成本收益变量替代后的回归结果

解释变量	系数	t	显著性
仔畜费	2.258	22.23	0.005
饲料费	0.428	8.626	0.003
人工成本	−0.698	−2.112	0.034
死亡损失费	2.503	0.781	0.483
平均出售价格	1.023	17.063	0.000
主产品产量	1.315	18.334	0.000
R^2	0.879		
F 值	622.56		0.000

四、研究结论及启示

（一）研究结论

本部分以河北省 2018—2020 年相关数据的统计描述分析结果为基础，分析了河北省肉羊养殖成本的主要影响因素。小规模肉羊养殖净利润受饲料费和人工成本的影响程度最大，大规模肉羊养殖受仔畜费、平均出售价格和主产品产量影响程度最大。因此，养殖规模越大，受成本要素的影响程度越小，规模化肉羊养殖可以有效抵抗肉羊养殖过程中各成本要素费用增长所造成的风险，但大规模肉羊养殖仔畜费的提高对净利润的影响程度开始降低，应合理控制规模，保持规模效益优势。

（二）该研究的政策启示

1. 适度扩大肉羊养殖规模，着重发展中规模肉羊养殖

由实证分析可知，肉羊规模化养殖，尤其是大、中规模的肉羊养殖具有明显的规模效益优势，小规模肉羊养殖在单只肉羊养殖总成本方面处于劣势。中规模肉羊养殖对资金等条件的需求比大规模肉羊养殖低，收益水平比散养和小规模肉羊养殖高，适合在河北省普及。因此，河北省应重点扶持中规模肉羊养殖场（户）的发展。

2. 加强自繁自育和饲养管理，提高肉羊养殖效益

大规模肉羊养殖的仔畜费用最高，且受仔畜费的影响程度最大，可以进行自繁自育，这样既能降低单只肉羊仔畜费、受市场价格的影响程度，又可以提高羊羔的存活率和免疫力，以降低疾病风险和防疫成本，同时自繁自育有利于控制养殖规模，防止大规模肉羊养殖场（户）因规模过大而降低养殖效益。就

饲料投入而言，科学合理的饲料配方能够有效提高肉羊的饲料吸收率，降低饲料投入。就人工成本而言，可以建立科学的管理体制和激励机制，加大对员工养殖技术的培训，以提高劳动效率。

3. 完善肉羊市场交易价格机制，减少市场价格波动

通过实证分析发现，不同规模肉羊养殖的净利润均受到羊肉市场价格的影响，且影响程度较大，因此，政府应充分发挥对市场宏观调控的作用，完善河北省羊肉市场的价格机制，并结合羊肉市场的供求关系，对河北省肉羊养殖业的生产活动进行针对性指导；完善河北省肉类交易市场的基础设施建设，提高市场化服务水平，为羊肉的交易提供良好的平台。

4. 建立肉羊风险管理防范机制

分析显示，大规模肉羊养殖的死亡损失费最高，因此，大规模肉羊养殖场（户）应着重加强对疾病风险的管控。一是加强疫病免疫防控，二是积极投保养殖疫病保险，三是做好废弃物处理减少污染。

参 考 文 献

韩璐，丛林，赵慧峰，2019. 我国肉羊养殖业规模化发展现状研究 [J]. 黑龙江畜牧兽医（20）：6-9.

李珍，赵慧峰，2019. 自繁育肉羊养殖成本收益分析——基于河北省藁城县的调查数据 [J]. 商业会计（7）：92-94.

刘佳慧，刘建贝，李珍，2019. 河北省肉羊专业育肥成本收益分析——基于唐县肉羊养殖小区调查数据 [J]. 黑龙江畜牧兽医（14）：52-54.

宋芳，2017. 不同规模下奶牛养殖的成本收益比较分析 [J]. 黑龙江畜牧兽医（2）：78-80.

张茂伦，2019. 山东省肉羊养殖适度规模研究综述 [J]. 农村经济与科技，30（7）：78-81.

专题五 河北省品牌羊肉消费意愿转化率及影响因素研究

一、研究背景和概念界定

（一）研究背景和意义

随着社会经济水平的提高，居民收入的提升带来了消费结构升级，羊肉在居民肉类消费中所占比重日益增加。近二十年来，河北省羊肉消费量保持逐年上升态势，城乡人均羊肉消费量从 2000 年的 0.19 千克上涨到 2020 年的 1.92 千克，增长了近十倍，品牌羊肉市场发展潜力巨大。

随着改革开放的深入，我国农业产业也在加速现代化转型，农产品的生产也在向着高附加值的方向发展。品牌作为农业供给侧结构性改革的发力点越来越受到政府重视，2018 年中央 1 号文件提出要培育农产品品牌、保护地理标志产品，2020 年中央 1 号文件强调打造地方知名农产品品牌。河北省非常重视品牌建设，虽然河北省作为羊肉生产大省羊肉产量位居全国第四位，但缺乏全国知名品牌，在高端品牌的建设方面存在短板，产品附加值难以提高。本研究从消费者对品牌羊肉的实际需求出发，研究与分析在当前政府大力倡导农产品品牌化发展的背景下，河北省消费者对品牌羊肉的消费意愿如何、品牌羊肉消费意愿是否能够完全转化为实际消费行为、什么因素阻碍了消费意愿的转化等问题，目的在于让品牌羊肉建设更加贴近河北省消费者的实际需求。因此研究品牌羊肉消费意愿向行为的转化率对提高品牌羊肉产品的市场占有率具有重要意义。

（二）概念界定

1. 品牌类型

本文所研究的品牌羊肉产品是广义上的羊肉品牌生产厂家所生产的产品，不仅包括一般意义上的羊肉加工企业所生产的羊肉产品，同时还包括带有清真标志和地理标志的羊肉产品。

（1）企业品牌。企业品牌是由私人企业进行经营管理，传达出生产企业的文化与价值取向。当前我国羊肉生产企业的品牌化建设初见成效，已有蒙羊、草原宏宝、小肥羊、陇园中天等多个知名企业品牌。

（2）清真品牌。清真品牌具有卫生、健康、营养的优质品牌形象。只有根据国家标准得到清真标志认证的产品，才可以成为清真产品，正规的清真羊肉产品都会印上清真标志。

（3）地理标志品牌。地理标志品牌产品是指经过国家有关部门审核批准的、产自特定地区的，具有受到该产地特殊的自然和人文因素的影响而形成的品质、声誉或者其他特征，并由国家提供地域专利保护的产品。目前，羊肉地理标志产品有苏尼特羊、山西右玉羊肉、宁夏盐池滩羊、陕西横山羊肉、乌珠穆沁羊肉、甘肃民勤羊肉、青海加什科羊肉等，而且还在逐年增加。

2. 消费意愿

意愿是个体进行某种行为时的主观几率，而意向是一种没有明确意识的需要。消费意愿即居民在进行消费时其在综合考虑各种因素时对消费某件产品的心理评估。从消费意愿的定义来看，对品牌羊肉产品产生消费意愿证明消费者对品牌羊肉产品已经有主观上的认知，以及一定的需求，并可能存在实现意愿的条件。因此，本文在进行问卷调研时，线下主要前往超市、农贸市场等羊肉销售场所，线上多对负责家庭食物采购的人群进行访谈，以保证研究的可靠性。

3. 消费意愿转化率

转化率起源于电商领域，是用产生实际购买行为的消费者数量除以所有到网店访问的消费者数量。本文将转化率的方法引申到品牌羊肉消费的研究中，可以外延出品牌羊肉消费意愿转化率、产品转化率（品牌羊肉与非品牌羊肉产品之间的选择）、品牌转化率（各个羊肉品牌之间的选择）等多种转化率。这三种转化率呈现递进关系，当品牌羊肉消费意愿转化程度提高后，产品的转化方可随之提高，进而推动优质羊肉品牌的转化率提高。因此本文主要研究消费意愿转化率，即用产生实际消费行为的消费者数量除以所有具有消费意愿的消费者数量。

二、河北省羊肉消费需求与品牌发展情况

（一）河北省羊肉消费需求与政策支持情况

1. 羊肉消费需求上升

从图5-1所示的羊肉消费总量的变化来看，河北省的羊肉消费市场处于

近五年的低点，与 2016 年的 11.2 万吨相比，河北省羊肉消费总量下降了 11.95%。但与 2015 年相比，消费总量从 9.65 万吨增长到了 9.87 万吨，考虑人口增长因素则人均消费量与 2015 年相同；全国的羊肉消费市场在不考虑人口增长因素后，人均消费量也与五年前相同，说明河北省和全国的羊肉消费市场由人口增长拉动的特征明显。

图 5-1 全国与河北省羊肉消费总量

数据来源：《中国统计年鉴》（2020 年）和《中国住户统计年鉴》（2020 年）。

2. 品牌主体逐渐增多

在河北肉羊主产区，由于产业集群效应，已经形成一些企业品牌，康远、奥贝斯等 4 家企业通过 ISO、HACCP 等质量管理体系认证，保定瑞丽肉食品有限公司等 2 家企业入选"2022 年冬奥会食材指定供应商"；6 个肉羊产品获绿色、有机产品认证以及地理标志证明商标；构建以"邱县羊肉"区域公用品牌为核心，28 个优质企业品牌为支撑的肉羊品牌体系；"冠扬""瑞得丽""亲亲羊"等通过欧盟官方食品安全认证，"唐尧"牌羊肉已经获得了"河北省著名商标""河北省名牌产品"等品牌荣誉；保定瑞丽肉食品有限公司生产的"瑞得丽"牌羊肉被评为中国名牌，衡水志豪的"冠杨"羊肉连续两年被评为"全国十佳羊肉"。表 5-1 为主要省份羊肉品牌。

表 5-1 主要省份羊肉品牌

地区	羊肉品牌					
河北	唐尧	瑞得丽	冠扬	康远	奥贝斯	
内蒙古	小肥羊	蒙羊	苏尼特羊	小尾羊	草原牧歌	草原兴发
新疆	阿尔泰草原	小巴依	天山安达			
宁夏	崞河桥	贺兰山	伊聚德			
山东	波尔旺	百寿坊				

资料来源：中国养羊网 www.chinasheep.cn。

3. 省级层面支持政策

"十三五"以来，河北省农业农村厅颁发了一系列支持农产品品牌建设的文件，如《2016年农业品牌建设工作推进方案》《关于加快农业品牌发展的意见》《关于发展农业产业化联合体的意见》等。文件指出河北省农产品品牌发展的目标是：在数量上，2022年要建成100个以上的省级区域农产品公用品牌，60个以上的全行业先进企业品牌，努力提升品牌溢价水平达到38%，提升河北省农业品牌产品在北京农产品消费市场的占有率达到40%以上，将河北省农业品牌产品北京餐饮市场占有率提升到70%以上；加速培育河北农业品牌企业，提高农业品牌价值百亿以上的企业数量达到10个；重点提升肉类加工企业的品牌建设，健全肉类加工链条，满足高消费人群的需求，生产高附加值产品。

河北省在养殖重点县打造肉羊养殖优势区和示范区，从规模化养殖、良种繁育、产业链延伸、品牌提升等方面推进肉羊产业集群建设，打造河北肉羊产业新格局。在相关政策的推动下，区域公用品牌平台建设取得了新进展，目前已经有5个区域公用品牌，其中包括怀安羊肉（张家口）、邱县羊肉（邯郸）、平山黑山羊（石家庄）、唐县羊肉（保定）和大厂羊肉（廊坊）。

（二）羊肉品牌建设中存在的短板

1. 加工技术落后，导致产品种类单一

2022年全省羊屠宰加工企业发展到80家，其中年屠宰量10万只以上的企业9家。培育了一批具有代表性的羊肉加工龙头企业，康远食品、奥贝斯食品等企业先后通过了ISO9001、ISO22000、HACCP等认证。但许多屠宰加工企业还存在屠宰技术水平较低、加工水平落后等问题，这使得河北羊肉生产企业对羊肉的利用方式及开发的产品种类较少。市场上流通的羊肉产品主要以鲜羊肉、羊肉卷等初级产品为主，缺乏可用于直接烹饪的半成品羊肉制品。当前河北省品牌羊肉产品种类的单调，使得消费者多元化的消费需求得不到充分满足，品牌核心竞争力难以形成。

2. 冷链运输体系不完善，经济损失难以避免

河北省冷链运输发展仍然处于起步阶段，相比于发达国家，我国目前在人均冷链运输车辆数量、现代化物流装备技术体系等方面存在差距，突出表现在生鲜羊肉贮运保质保鲜技术缺乏，大部分生鲜羊肉在无包装或简单包装状态下进行仓储和物流，在4℃环境温度下贮藏，交叉污染无法避免。据不完全统计，宰后分割和冷链物流等加工和贮运环节损耗在3%以上，冷冻解冻环节损耗在5%以上。若全省生鲜羊肉宰后损耗下降1%，每年即可减少数亿元的经济损失。

3. 缺乏品牌特色内涵，导致品牌知名度难以提升

河北省品牌羊肉知名度还较低，我国最受欢迎的十大羊肉品牌河北省无一上榜（表 5-2）。生产企业仍然以羊肉产品为重，忽略了品牌建设和宣传，将品牌建设简单地理解为注册商标，并未对品牌注入特色内涵，使得品牌难以深入人心。而知名品牌都特色鲜明，如内蒙古的苏尼特羊、陕西的盐池滩羊等品牌在宣传时强调其特殊品种，草原兴发则强调其产品的绿色纯天然，陇原中天强调其产品得到清真认证，这些品牌均抓住自己特色得以形成自己的品牌核心竞争力。

表 5-2 2020 年我国最受欢迎的十大羊肉品牌

最受欢迎羊肉品牌	省份
小肥羊	内蒙古
小尾羊	内蒙古
陇原中天	甘肃
草原兴发	内蒙古
蒙都	内蒙古
额尔敦	内蒙古
蒙羊	内蒙古
崂河桥	崂河桥
草原宏宝	内蒙古
大庄园	黑龙江

资料来源：中国养羊网 www.chinasheep.cn。

三、河北省品牌羊肉消费意愿与转化率的描述性统计分析

本研究采用调查问卷的方式调研。首先在保定市部分社区和郊区农村开展预调研，针对预调研中出现的问题对问卷进行了改正与完善。正式调查中，问卷发放包括了河北省全部的 11 个地级市 16 个县，调查在线上线下同步进行，线上采用问卷星系统，线下采用街头随机采访（超市、菜市场）和社区走访的方式。共发放调查问卷 520 份，收回有效问卷 442 份，问卷有效填写率达85%，其中城镇居民问卷 236 份，农村居民问卷 206 份，具有较强的代表性。

（一）样本基本特征及消费情况

1. 样本基本特征

从性别来看，男女比例基本持平，女性比例 55％，男性比例 45％。从地区来看，城镇居民占 53.3％，农村居民占 46.7％。从年龄来看，调查样本年龄基本分布在 36～45 岁、46～55 岁两个年龄段，占比分别为 21.4％ 和 22.8％。从学历来看，基本为初中、高中、大学（大专）文化居多，分别占 23％、23.3％ 和 37.5％。被访者家庭月均收入集中在 5 001～10 000 元和 10 001～15 000 元，分别占 38％ 和 26.4％；家庭结构以三口和四口人居多，分别占 27.6％ 和 34.3％，其中家中有 18 岁以下未成年人的占 46％，有 60 岁以上老人的占 32％，有孕妇的占 14.9％（表 5－3）。有 76.2％ 的受访者表示其是家庭中主要负责采购食品的人，保障了数据的有效性。

表 5－3 受访消费者特征情况表

单位：人，％

受访消费者特征类型	基本特征	人数	比例
性别	男	199	45.0
	女	243	55.0
地区	城镇	235	53.3
	农村	207	46.7
年龄	25 岁及以下	53	11.9
	26～35 岁	83	18.7
	36～45 岁	95	21.4
	46～55 岁	101	22.8
	56～65 岁	79	17.8
	66 岁及以上	11	2.4
学历	小学及以下	8	1.8
	初中	102	23.0
	高中	103	23.3
	大学（大专）	166	37.5
	硕士及以上	43	9.7
家庭月收入	5 000 元及以下	27	6.1
	5 001～10 000 元	168	38.0
	10 001～15 000 元	117	26.4
	15 001～20 000 元	51	11.5
	20 001 元及以上	59	13.3

（续）

受访消费者特征类型	基本特征	人数	比例
	2 人及以下	49	11.0
家庭结构	3 人	122	27.6
	4 人	152	34.3
	5 人及以上	99	22.3
有未成年人	是	203	46.0
有 60 岁以上老人	是	141	32.0
有孕妇	是	66	14.9
家庭食品主要采购者	是	337	76.2

数据来源：根据实地调研数据整理。

2. 调查样本羊肉消费情况特征

（1）羊肉消费种类。受访消费者购买过羊肉或羊肉产品的人数为 382，占所有受访者的比例为 86.4%。在购买过羊肉或羊肉产品的受访者中，新鲜生羊肉是所有人都购买过的羊肉产品，冷藏羊肉购买较少，占比为 27.7%，购买过羊肉熟食类产品的人群占比 56.5%（表 5 - 4）。居民羊肉消费的主要方式为涮羊肉、烧烤和炒菜，分别占比 93.4%、62.2% 和 40.9%（表 5 - 5）。

表 5 - 4　羊肉消费种类及所占比例

单位：人，%

购买类型	人次	比例
新鲜生羊肉	382	100
冷藏羊肉	106	27.7
羊肉熟食类产品	216	56.5

数据来源：根据实地调研数据整理。
注：本题为多选题，以人次为统计标准。

表 5 - 5　羊肉食用方式

单位：人，%

食用方式	人次	比例
涮羊肉	357	93.4
烧烤	238	62.2
炒菜	156	40.9

数据来源：根据实地调研数据整理。
注：本题为多选题，以人次为统计标准。

（2）羊肉消费季节性。羊肉消费的各个季节差异可以通过标准方差值来反映，其季节性差异与方差值呈正相关，即方差值越大差异越大，公式为：

$$DX = \sum_{i=1}^{n}(x_i - Ex)^2\rho_i$$

标准方差值计算的基础为每个季节消费人数占比，通过计算得出消费四季分布的比例为 15.88%、30.56%、42.28%、85.31%，呈现越冷消费越多的情况。冬季占比最大，为 85.31%。秋冬季为羊肉的主要消费季节，春季消费最少。

（3）羊肉购买渠道。居民可能通过不同渠道均购买过羊肉产品，因此采用众数原则对羊肉购买渠道进行分析。超市、农贸市场和农村集市是居民主要购买羊肉的渠道，分别为 275 人次、352 人次和 249 人次，还有从小商贩、电商和社区便利店购买的，分别为 129 人次、45 人次和 47 人次。在调查中，受访者表示选择超市是因其质量有保障和环境较卫生。农贸市场是绝大多数人的选择，受访者表示自己购买羊肉只认准某一家摊位，甚至有长达十几年的老主顾。农村集市则多是农村居民的购买渠道。从电商购买过羊肉的人次最少，原因是对网上购买新鲜生羊肉不信任，但购买的人认为电商羊肉质量好，过年过节作为礼品比较合适（表 5-6）。

表 5-6　羊肉购买地点

单位：人，%

购买渠道	人次	比例
超市	275	70.2
农贸市场	352	92.1
农村集市	249	65.2
小商贩	129	33.7
电商	45	11.8
社区便利店	47	12.3

数据来源：根据实地调研数据整理。

注：本题为多选题，以人次为统计标准。

（4）羊肉食用频率。51.3% 的受访者食用羊肉频率平均为 20.5 天，一周一次的占比 12.4%，一个月以上吃一次的占比 31.2%。大部分受访居民几乎每个月都食用羊肉，反映出羊肉市场的需求旺盛。同时城镇与农村居民存在频率差异，城镇消费者平均食用羊肉频率为 18 天，占比 52.1%，而农村消费者平均食用羊肉频率为 23 天。

（二）居民品牌羊肉消费意愿与转化率分析

1. 消费意愿分析

品牌羊肉消费意愿的形成与消费者对其认知情况存在直接关系。

（1）认知情况。有 73.6％的受访者表示知道品牌羊肉产品，并表示对品牌羊肉产品存在一定的消费意愿；26.4％的受访者表示不清楚什么是品牌羊肉，不清楚的人中有 36.3％认为是否带有商标是区分品牌与非品牌的关键；34.6％的人认为带有清真标志的羊肉为品牌羊肉；有 18.7％的受访消费者认为带有地理标志的羊肉为品牌羊肉，此类受访者以年轻人居多；仅有 10.4％的受访者认为在品牌连锁餐饮店的羊肉为品牌羊肉（图 5－2），此类消费者多注重户外羊肉消费。从数据占比来看，当前消费者多以产品包装上的商标或清真标志来判断品牌羊肉产品。

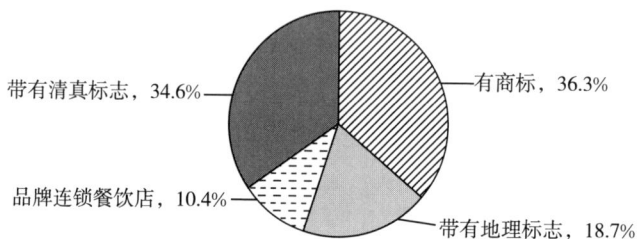

图 5－2　品牌羊肉定义认知情况

在问卷中选取了三类羊肉品牌，分别是清真品牌产品、地理标志品牌产品以及企业品牌产品，并从中选取了 9 种代表性品牌，要求受访消费者从中选出三个自己最熟悉的品牌，结果见表 5－7。被消费者最为熟悉的前三个品牌分别是草原兴发（18.35％）、小肥羊（17.03％）以及盐池滩羊（15.16％），清真品牌产品占据前两名。从三大种类品牌的比重来看，地理标志品牌产品的平均比重最大，均达到 12％以上，说明地理标志品牌的受众广泛。而企业品牌产品的比重较小，仅蒙都达到了 12.82％，其他两个品牌均在 5％以下，来自内蒙古草原的品牌在消费者心中的知名度和信任度更高。

表 5－7　品牌认知情况

单位：个，人次，％

	品牌名称	人次	比重
	小肥羊	283	17.03
清真品牌产品	草原兴发	305	18.35
	崤河桥	51	3.07

（续）

	品牌名称	人次	比重
地理标志品牌产品	盐池滩羊	252	15.16
	苏尼特羊	220	13.24
	怀仁羊肉	204	12.27
企业品牌产品	冠扬	60	3.61
	蒙都	213	12.82
	百寿坊	74	4.45
总计	9	1 662	100

数据来源：根据实地调研数据整理。

注：本题为多选题，以人次为统计标准。

（2）认知来源。图 5-3 是不同渠道对消费者品牌羊肉消费认知的影响，家人占比 15.7%、朋友同事占 25.6%、购物网站占 36.3%、电视广告占 14.2% 以及销售人员推荐占 7.6%、其他占 0.6%。购物网站对消费者认知影响达 1/3，而销售人员推荐比重仅占 7.6%，两种销售模式相差巨大。

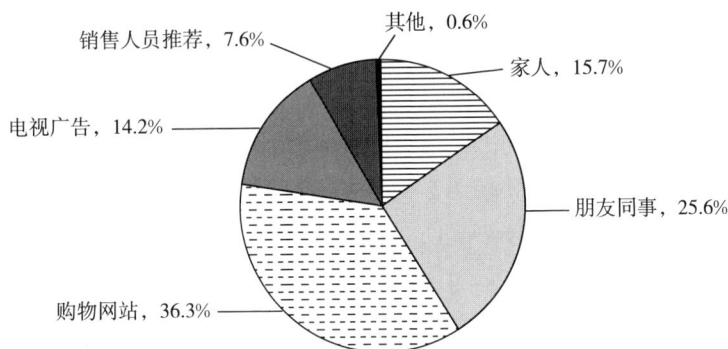

图 5-3　品牌羊肉认知来源

（3）信赖程度。受访消费者有 20 人未回答，在回答的 422 人中对于品牌羊肉的信赖程度较高，选择非常信赖和信赖的人数分别为 35 人和 171 人，合计占 48.8%，选择一般的为 122 人，占 28.9%，而选择不信赖和非常不信赖的比例达到 22.27%（图 5-4）。这说明消费者对于羊肉品牌化建设的意义和成果较为肯定。不信赖的消费者认为品牌化建设只是生产企业为了提升价格的一种手段，而产品品质并不一定会有所提高。有些消费者认为羊肉品牌化并无必要，只需要加强监管即可。

（4）满意程度。73.6% 的消费者对当前所消费的品牌羊肉产品表示满意，26.4% 表示不满意。不满意的主要原因是购买困难占 35.2%、同质化严重占

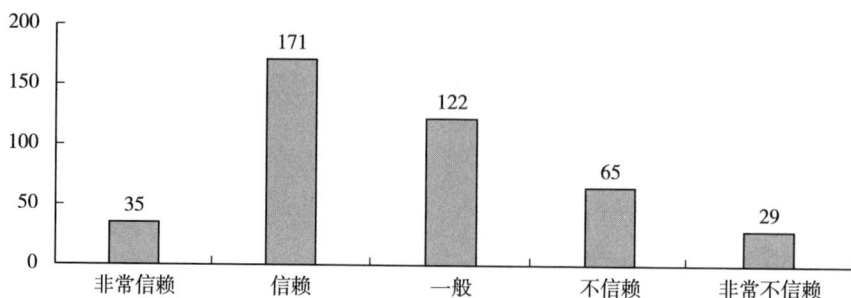

图 5-4　消费者信赖程度调查

29.1％、缺乏影响力占 21.6％、对价格不满意仅占 13.8％。说明品牌羊肉产品消费群体更加在意购买的便捷程度以及产品特色，价格因素影响不大。

（5）品牌忠诚度。有 75.8％的消费者表示从未更换过品牌，总在几个品牌中选择的占 17.7％，每次都换的仅占 2.3％，购买羊肉时不关注品牌的消费者占 4.2％。这反映出消费者对于品牌羊肉产品的忠诚度较高，产生顾客信任后便不会轻易更换品牌。而进行更换的主要原因中，53％是因为价格和促销因素，23％是对新品牌的尝试，14.1％是因为包装因素，7.9％是因为味道口感。

2. 消费意愿转化率分析

（1）全样本品牌羊肉消费意愿转化率。尽管有 73.6％的受访消费者表示知晓品牌羊肉产品并存在一定的消费意愿，但在有意愿的人群中仅有 40.8％的人表示购买过品牌羊肉产品，59.2％的人从未购买品牌羊肉产品，受访者总体羊肉消费意愿转化率为 40.8％，尚未达到 50％以上（表 5-8），说明转化率较低。

表 5-8　品牌消费意愿转化率

单位：人，％

	人数	比例
有意愿	311	100
实现购买	127	40.8
没有实现购买	184	59.2

数据来源：根据实地调研数据整理。

（2）不同人群消费意愿转化率。对存在消费意愿的样本从性别、居住地、学历和家庭月收入的角度进行筛选，分别对不同群体的品牌羊肉消费意愿转化率进行计算和分析。

男性群体有消费意愿的人数多于女性，但转化率低于女性，这可能与男女不同的消费心理有关，男性在家庭外的消费机会更多。

城镇居民转化率为 50.90%，远高于农村居民的 29.17%，这可能与城乡居民不同的消费习惯和采买便利度有关。

大学以上学历的受访者实现转化率达 60.71%，远高于大学以下学历人群的 29.65%。

家庭月收入在 15 000 元及以上的人群转化率为 55.73%，而月收入低于 15 000 元的转化率仅为 30%，反映出收入因素对于购买品牌羊肉行为有直接影响（表 5-9）。

表 5-9　不同人群意愿转化率对比

单位：人，%

	有意愿人数	实现转化人数	转化率
男性	189	72	38.10
女性	122	55	45.08
城镇	167	85	50.90
农村	144	42	29.17
大学及以上学历	112	68	60.71
大学以下学历	199	59	29.65
家庭月收入 15 000 元及以上	131	73	55.73
家庭月收入 15 000 元以下	180	54	30.00

数据来源：根据实地调研数据整理。

（3）不同场所消费意愿转化率。在专卖店、电商和超市的消费程度较高，占到总转化人数的 33.5%、25.4% 和 24.2%，社区便利店为 15.6%，农贸市场最低，为 1.3%（图 5-5）。

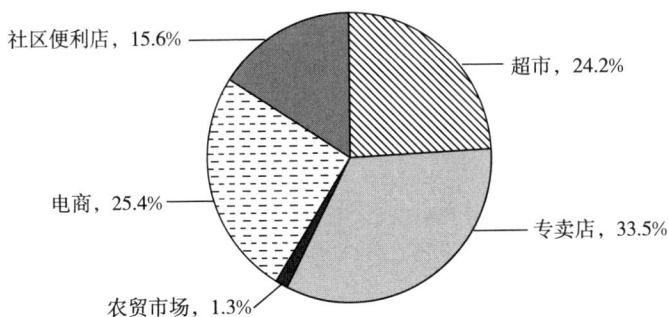

图 5-5　不同场所转化率占比

（4）没有实现意愿转化原因。不购买品牌羊肉产品的原因及占比：价格贵占 32.7%、购买困难占 12.11%、缺乏影响力品牌占 41.7%、同质化严重占

13.2%（图5-6）。其中缺乏影响力品牌和价格因素是主要原因。后续调查发现，62.32%的人表示品牌羊肉价格下调后会进行购买。消费者针对品牌羊肉相较于普通羊肉的溢价，平均接纳的程度为9%。

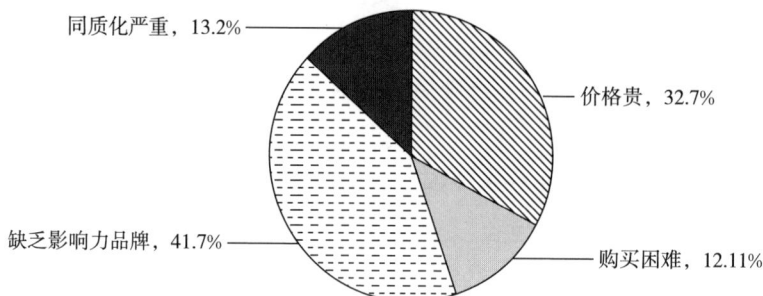

图5-6　不购买原因

四、河北省居民品牌羊肉消费意愿转化率影响因素实证分析

（一）分析框架及模型选择

1. 分析框架

根据消费者剩余理论、计划行为理论、信息不对称理论，从现有文献中筛选出经实证检验的成熟量表变量，构建可能影响品牌羊肉消费意愿转化率的指标体系，通过二元Logistic模型，对可能影响河北省居民对品牌羊肉消费意愿转化率的因素进行分析，形成分析框架图5-7。

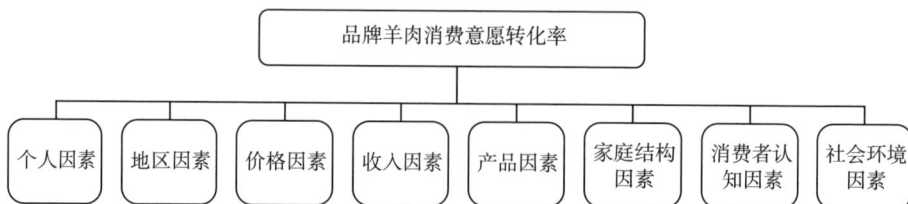

图5-7　分析框架图

2. 模型选择

Logistic回归分析是研究影响关系的计量模型之一，在Logistic回归中，针对不同数据类型，有三种计量回归方式，分别为二元Logit（Logistic）回归、多分类Logit（Logistic）回归和有序Logit（Logistic）回归。本文拟采用二元Logistic回归模型，这是以某一事件发生与否的概率P为因变量，以影响

P 的因素为自变量建立的回归模型，用来分析某事件发生的概率与自变量之间的关系。

根据前面对于调查数据的分析，受访人群的品牌羊肉消费意愿转化率为 40.8％。将受访者分为两类，一是购买人群，二是想要购买但最终没有购买的。由于本文所涉及的解释变量均属于定性分类变量，且模型的被解释变量即"Y"变量"消费意愿转化率"（1＝有意愿且实现消费行为，0＝有意愿但未实现消费行为）满足了二元 Logistic 回归模型因变量为二分类变量的要求，因此选用二元 Logistic 模型来检验各个因素对品牌羊肉消费意愿转化率的影响程度。其具体的数学模型公式为：

$$\text{Logistic}(P) = \ln\left(\frac{P}{1-P}\right) = \beta_0 + \beta_i \sum_{i=1}^{n} x_i + \varepsilon (i = 1, 2, 3, \cdots, n)$$

式中，P 为河北省居民实现品牌羊肉消费意愿的概率，$\left(\frac{1-P}{P}\right)$ 为河北省居民实现品牌羊肉消费意愿的概率和没有实现品牌羊肉消费意愿的概率之比，定义为河北省居民实现品牌羊肉消费意愿的机会比率，ε 为随机误差项，系数 β_i 为自变量 x_i 对河北省居民品牌羊肉购买行为的影响程度。

其具体分析步骤如图 5-8 所示：

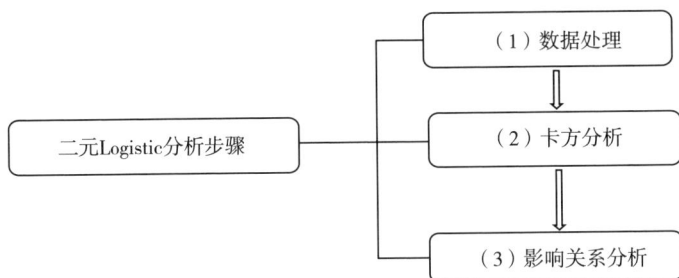

图 5-8　二元 Logistic 模型分析步骤图

（二）检验变量的选择

根据消费者剩余理论、计划行为理论以及文献，本文从以下几个方面对影响河北省居民品牌羊肉消费意愿转化率的因素进行分析（表 5-10）。

（1）消费者个性特征因素。以往的研究表明，消费者自身基本情况对于其最终的消费行为往往具有显著影响，因此本文选用被访问者性别（X_1）、年龄（X_2）与受教育程度（X_3）作为分析变量。

（2）地区因素。当前我国还处于城镇化进程中，城镇与农村居民是两个特征鲜明的主体，应当区别分析。本文选用地区因素（X_4）作为分析变量。

（3）价格因素。根据消费者剩余理论，价格因素是影响消费者的消费者剩余的重要因素，是其心理衡量该商品价值和质量的最直观标准。品牌羊肉作为既有基础肉类产品属性又有高端消费品属性的产品，价格因素对其影响较为复杂。因此本文选取品牌羊肉的价格（X_5）作为变量。

（4）消费者的收入水平因素。根据消费者剩余理论，消费者收入越高其心中对于产品愿意支付的价格水平越高，收入越低则心理价格越低。品牌羊肉产品作为高端产品，收入水平的高低是否对品牌羊肉消费意愿的转化率存在显著影响需要进行验证。本文使用居民家庭的平均月收入水平（X_6）作为分析变量。

（5）品牌羊肉的产品因素。该因素主要分析品牌羊肉的哪些特征更能吸引消费者，本文选择口感（X_7）、外观（X_8）、是否属于绿色产品（X_9）、是否具有特殊营养价值（X_{10}）这四个因素进行分析。

（6）家庭结构因素。选择是否有老人（X_{11}）、儿童（X_{12}）、孕妇（X_{13}）作为检验变量。

（7）消费者认知因素。根据计划行为理论，消费习惯属于个人的主观规范，可以通过其平时的羊肉消费习惯得知。羊肉食用频率（X_{15}）可以直观体现消费者的主观规范，因此选择其作为检验变量。随着健身文化的盛行，消费者对于食品的脂肪含量以及胆固醇水平更加重视，因此选用对现有品牌羊肉产品的安全评价（X_{14}）、对膳食结构（X_{16}）以及对胆固醇的认知（X_{17}）作为检验变量。

表 5-10　变量选择与赋值定义

	变量选择	变量赋值	定义	预测影响方向	平均值
因变量 Y	消费意愿转化率 Y	0、1	有意愿且购买=1；有意愿但未购买=0		—
自变量 X	性别（X_1）	0、1	男=1；女=0	未知	0.45
	年龄（X_2）	18~80	根据实际情况填写	未知	42.25
	受教育程度（X_3）	1~7	小学及以下=1；初中=2；高中、中专或技校=3；大专=4；本科=5；硕士=6；博士=7	正向	3.71
	地区（X_4）	0、1	城镇=1；农村=0	未知	0.53
	价格（X_5）	0、1	价格接近时选择品牌羊肉=1；不选择=0	正向	0.7
	家庭月收入（X_6）	1~7	1 000 元以下=1；1 001 至 5 000 元=2；5 001 至 10 000 元=3；10 001 至 15 000 元=4；15 001 至 20 000 元=5；20 001 至 25 000 元=6；25 001 至 30 000 元=7	正向	4.96

（续）

变量选择	变量赋值	定义	预测影响方向	平均值
	口感（X_7）	1～5	根本不重要＝1；不太重要＝2；一般＝3；比较重要＝4；非常重要＝5	正向	3.51
	外观（X_8）	1～5	根本不重要＝1；不太重要＝2；一般＝3；比较重要＝4；非常重要＝5	正向	3.71
	绿色产品（X_9）	1～5	根本不重要＝1；不太重要＝2；一般＝3；比较重要＝4；非常重要＝5	正向	2.61
	特殊营养价值（X_{10}）	1～5	根本不重要＝1；不太重要＝2；一般＝3；比较重要＝4；非常重要＝5	正向	3.03
	老人（X_{11}）	1、0	有＝1；没有＝0	未知	0.46
	儿童（X_{12}）	1、0	有＝1；没有＝0	未知	0.35
	孕妇（X_{13}）	1、0	有＝1；没有＝0	未知	0.15
自变量 X	安全评价（X_{14}）	1～5	很不好＝1；不好＝2；一般＝3；比较好＝4；非常好＝5	正向	3.54
	食用频率（X_{15}）	1～365	几天食用一次羊肉	正向	12.53
	膳食结构（X_{16}）	1～5	根本不关注＝1；不太关注＝2；一般＝3；比较关注＝4；非常关注＝5	正向	0.91
	胆固醇（X_{17}）	1～5	根本不关注＝1；不太关注＝2；一般＝3；比较关注＝4；非常关注＝5	正向	3.92
	新冠疫情影响（X_{18}）	1～5	根本没影响＝1；不太影响＝2；一般＝3；有些影响＝4；非常影响＝5	未知	0.17
	监管信心（X_{19}）	1～5	没信心＝1；没什么信心＝2；一般＝3；比较有信心＝4；非常有信心＝5	正向	0.57
	可追溯体系建设（X_{20}）	1～5	根本不关注＝1；不太关注＝2；一般＝3；比较关注＝4；非常关注＝5	正向	3.56

（8）社会环境因素。该类因素包括食品安全事件影响、品牌羊肉可追溯体系建设影响。根据信息不对称理论，信息获取渠道的丰富与否，会极大地影响消费者判断。选择"冷链传播病毒"（新冠疫情）食品安全事件（X_{18}）对消费者品牌羊肉消费影响程度进行检验。由于政府层面前期的监管水平对消费者信心有着重要影响，因此选择消费者对于目前市场监管的信心（X_{19}）作为检验变量。行业自身对于产品安全体系的建设也存在较大影响，因此用品牌羊肉可追溯体系建设（X_{20}）来衡量企业对品牌羊肉质量安全的保障措施。

（三）转化率影响因素分析

通过将可能影响转化率的因素带入二元 Logistic 模型进行运算并得出结果（表5-11），模型通过 Hosmer 和 Lemeshow 检验，模型卡方为12.881，模型整体显著，模型 R^2 为0.442，拟合优度较好。

表5-11　品牌羊肉消费意愿转化率模型结果

检验变量	B	$S.E.$	$Wald$	自由度	$Exp(B)$
性别（X_1）	-0.675*	0.340	3.949	1	0.047
年龄（X_2）	-0.041**	0.013	9.516	1	0.960
受教育程度（X_3）	0.051	0.150	0.114	1	1.052
地区（X_4）	1.546***	0.292	28.011	1	4.695
价格（X_5）	4.909***	1.133	18.782	1	1.007
家庭月收入（X_6）	0.249*	0.116	4.611	1	1.283
口感（X_7）	0.233	0.279	0.696	1	0.792
外观（X_8）	2.378**	1.072	4.918	1	10.783
绿色产品（X_9）	-0.116	0.256	0.207	1	0.890
特殊营养价值（X_{10}）	0.305	0.267	1.303	1	1.357
老人（X_{11}）	0.152	0.257	0.351	1	1.164
儿童（X_{12}）	-0.102	0.260	0.155	1	0.903
孕妇（X_{13}）	0.287	0.385	0.553	1	1.332
安全评价（X_{14}）	0.139	0.211	0.438	1	1.150
食用频率（X_{15}）	0.045**	0.015	8.786	1	0.956
膳食结构（X_{16}）	-0.758	0.497	2.327	1	0.468
胆固醇（X_{17}）	-0.320*	0.165	3.747	1	0.726
新冠疫情影响（X_{18}）	-0.054	0.337	0.026	1	0.947
监管信心（X_{19}）	0.697**	0.305	5.209	1	2.008
可追溯体系建设（X_{20}）	0.703***	0.153	21.170	1	2.020
常量	0.012	1.294	0.000	1	1.012

注：***、**、* 分别代表该变量在1%、5%和10%的水平下显著。

由表5-11可知，影响品牌羊肉消费意愿转化率的因素中，在1%水平下显著的因素有：地区因素、价格因素、可追溯体系建设因素；在 5% 水平下显著的因素有：年龄、食用频率、监管信心、外观；在 10% 水平下显著的因素有：家庭月收入、性别、胆固醇。根据模型 Exp(B) 值的大小，各个因素对于品牌羊肉消费意愿转化率的影响程度从大到小依次是价格（4.909）、外观（2.378）、地区（1.546）、可追溯体系建设（0.703）、监管信心（0.697）、特殊营养价值（0.305）、家庭月收入（0.249）、口感（0.233）、食用频率（0.045）。

表 5-11 中的 B 值代表的是各自变量（即各影响因素）对自变量（即品牌羊肉消费意愿转化率）的影响程度，变量的 B 值越大则代表对品牌羊肉消费意愿转化率的影响程度越大。从各个影响因素的 B 值得知，除了传统的价格、家庭月收入等经济因素外，产品和消费者认知因素的影响程度较大，个人特征方面则是年轻人和女性的影响更大。

价格因素在 1% 的水平下显著，其 B 值为 4.909，为影响消费意愿转化率的第一大因素，说明当前品牌羊肉的价格较高，严重阻碍了消费行为。

品牌羊肉的外观在 5% 的水平下显著，B 值为 2.378，为影响消费意愿转化率的第二大因素，而口感、绿色产品、特殊营养价值则并不显著，说明当前品牌羊肉产品尚未具备鲜明的区别于普通羊肉产品的特征，存在产品辨识度不足的问题。

地区因素在 1% 的水平下显著，同时其 B 值为 1.546，是第三大影响因素，这与品牌羊肉的销售网络多布局在城镇中的超市、专营店存在一定关联。

在消费者的个人特征因素中，性别因素在 10% 的水平下显著且 B 值为 -0.675，存在负向影响，这代表女性群体的品牌羊肉消费意愿转化率更高。年龄因素在 5% 水平下显著，B 值为 -0.041，对转化率存在负向影响，说明年龄越小的人群的品牌羊肉消费意愿转化率越高。受教育程度因素在模型检验中对转化率没有显著影响。

消费者认知中的胆固醇因素在 10% 的水平下显著，B 值为 -0.32，呈现显著负向影响，这与当前流行健身文化有关，消费者更加青睐低胆固醇的羊肉产品。

食用频率因素在 5% 的水平下显著，且 B 值为 0.045，呈现显著的正向影响。反映出实际消费需求越大的人对各类羊肉产品的认知越充分。

膳食结构因素对消费意愿转化率影响不显著。

社会环境因素中，监管信心在 5% 的水平下显著且 B 值为 0.697，反映出目前消费者对于品牌羊肉的市场监管和质量安全充满信心。可追溯体系建设在 1% 的水平下显著且 B 值为 0.703，表明社会层面对品牌羊肉生产环节的全程可追溯建设，让生产环节更加透明，可以有效提高消费者信心。

五、研究结论及启示

（一）研究结论

本文从成本收益视角构建了影响肉羊养殖产业竞争力的指标体系，选取河北、黑龙江、山东、河南、陕西、宁夏、新疆七大肉羊养殖省份作为研究对象，运用主成分分析法进行评价分析，得出以下结论：

第一，河北省肉羊养殖产业竞争力的比较优势。根据显性指标分析得出，河北省羊肉在全国市场占有率较高，资源禀赋系数近五年年均水平大于1，具有一定的比较优势；根据分析性指标发现河北省肉羊养殖总成本同全国平均水平相比具有明显优势，但养殖收益处于全国最低水平，平均出售价格低是主要原因；根据综合比较优势指数分析得出，河北省肉羊养殖规模优势不明显，效率优势显著。

第二，河北省与七省相比较的竞争力水平。①河北省肉羊养殖产业基础竞争力在七省中处于中等水平，产业基础条件良好；②生产竞争力居于七省末位，低于全国平均水平，影响因素为规模优势指数，且影响系数最大；③成本收益竞争力优势显著，排名在七省当中较靠前；④河北省综合竞争力水平在七省中排名靠后，主要受产业基础竞争力与生产水平竞争力的影响较大，成本收益竞争力对其影响相对较弱。

（二）启示

1. 深化需求导向引导生产

深化需求导向要求生产者要精确把握不同消费者的需求，品牌羊肉产品需要转型升级，细分市场针对不同人群、地区开发产品和制定营销策略。深化需求导向还应当转变生产模式，形成从繁殖、养殖到屠宰加工的完整产业链。生产向着"三品一标"所要求的绿色、无公害、有机的方向发展，推动标准化、规模化肉羊养殖场建设，完善可追溯体系建设，保障产品品质，提高消费者信任度。

2. 完善销售营销策略

从调查数据来看，制约消费者实现品牌羊肉消费的重要原因之一便是购买不方便，销售地点过于集中在城镇地区的专营店，农村市场开发不完全。因此完善销售网络，一是将销售网点下放到乡镇，覆盖更广大人群，同时增强物流效能；二是利用网络销售平台，加入电商和"社区团购"项目。

3. 加强品牌羊肉文化建设

河北省品牌羊肉短板之一便是知名度较低，首先可以突出历史性，通过深入挖掘河北大地的"羊历史"，以深厚的文化背景赋予羊肉品牌文化内涵。其次可以强调民族性，河北的少数民族比重排在全国前十位，可从"民族文化"

角度入手，打造北方地区的"清真"品牌。最后彰显地域性，河北境内地形多样，平原、山地、高原均有分布，依托坝上草原打造草原品牌，依托太行山打造山羊品牌等，形成特色品牌羊肉文化，有利于提升产品档次。

4. 加强对品牌羊肉建设的政策扶持

对取得"三品一标"的生产者在税收上予以优惠、对进行品种培育或生产加工方式创新的企业进行补贴、对带领分散农户走向集约化生产的养殖大户或企业给予补贴等。加大对肉羊品种工程引导性资金投入力度，继续将肉羊品种改良资金列入财政预算，扩大优质种羊数量，提高肉羊品质，为品牌建设奠定基础。

5. 加强对品牌羊肉生产的监督管理

从模型分析结果来看，可追溯体系建设因素和监管信心因素对品牌羊肉消费意愿转化率产生显著正向影响。为提升消费者对品牌羊肉的信任度，在完善可追溯体系的同时，还要加强生产安全建设。政府作为市场的监督者和管理者，应加强监督和管理，完善河北农产品品牌目录制度，对品牌实行动态监管，优胜劣汰，及时将不良品牌移出品牌目录，增强对品牌生产者的管理力度。

参 考 文 献

艾·里斯（Al Ries），2013. 品牌的起源［M］. 寿雯，译. 北京：机械工业出版社.

陈凯毅，2018. 跨境电商第三方交易平台商品转化率及其影响研究［D］. 杭州：浙江大学.

刘娜，2021. 河北省城市居民品牌羊肉购买行为研究［D］. 保定：河北农业大学.

卢艳平，肖海峰，2020. 我国居民肉类消费特征及趋势判断——基于双对数线性支出模型和 LA/AIDS 模型［J］. 中国农业大学学报，25（1）：180-190.

吕伟，朱宁，2021. 城镇居民普通鸡蛋购买行为影响因素分析——基于北京与河北的实地调研［J］. 中国家禽，43（3）：69-73.

马亚晴，2020. 嘉祥小尾寒羊地理标志品牌推广研究［D］. 泰安：山东农业大学.

王冰，申其辉，2003. 消费者剩余理论研究综述［J］. 经济纵横（12）：59-62. DOI：10.16528/j.cnki.22-1054/f.2003.12.016.

希夫曼·卡纽克，2022. 消费者行为学［M］. 肖余春、俞文钊，译. 上海：华东师范大学出版社.

杨天阳，田长青，刘树森，2021. 生鲜农产品冷链储运技术装备发展研究［J］. 中国工程科学，23（4）：37-44.

杨天宇，陈明玉，2018. 消费升级对产业迈向中高端的带动作用：理论逻辑和经验证据［J］. 经济学家（11）：48-54.

Zeithaml V. A，Berry L. L，Parasuraman A，1996. The behavioral consequences of service quality［J］. Journal of Marketing，60（2）：31-46.

专题六 河北省羊肉品牌建设现状及对策研究

一、研究背景和概念界定

（一）研究背景和意义

肉羊产业作为我国畜牧业的重要组成部分，近年来得到快速发展。2021年，我国羊存栏量 1 316.01 万只，较 2020 年增长 3.6%；出栏 2 440.06 万只，较 2020 年增长 7.69%；羊肉产量 33.88 万吨，较 2020 年增长 8.17%。截至 2021 年，在全国绿色食品认证产品中，羊肉品牌共有 164 个，占畜禽绿色认证产品总数的 3%。在 2022 年全国羊肉品牌排行中，内蒙古的苏尼特羊肉、额尔敦羊肉、呼伦贝尔羊肉以及重庆市的恒都羊肉、宁夏的涝河桥羊肉均位于羊肉品牌的前十位，而河北省的羊肉品牌均未上榜。2021 年，河北省羊肉产量 33.88 万吨，占全国羊肉总产量的 6.59%，居于全国各省份前列。可见河北省在拥有羊肉高产量的同时，却没有高知名度、高影响力的羊肉品牌，个别品牌只在本地区内有一定知名度，一旦跨区域影响力就会减弱。河北省肉羊产业发展过程中存在的品牌知名度不高、品牌影响力不强、消费者认知差等问题，阻碍了羊产业高质量发展的进程。本文在对河北省羊肉品牌建设现状研究的基础上，通过运用品牌建设核心维度理论，结合 Logistic 模型分析，从产业、产品、营销、运营四个维度分析制约河北省肉羊品牌建设的因素，有利于系统地提升羊肉品牌的价值和竞争力，确保羊肉品牌发展与市场趋势和消费者需求保持一致，为突破河北省羊肉品牌建设的困境提供发展思路，从而在激烈的市场竞争中脱颖而出。因此，该研究具有重要的现实意义。

（二）概念界定

1. 羊肉品牌

产品品牌是一种识别标志、一种精神象征、一种价值理念，是品质优异的核心体现。本文所研究的羊肉品牌，是指在羊肉行业中具有一定知名度和影响力的品牌，这些品牌通常与特定的生产商或企业相关联，提供一系列羊肉产品，如羊肉片、羊肉卷、羊肉串等。羊肉品牌的形成通常基于产品的质量、口感、安全性以及品牌的市场营销策略，旨在满足消费者的不同需求和偏好。羊肉品牌的排行榜是根据品牌的影响力、产品质量、市场占有率等因素综合评估得出的，这些品牌在市场中具有一定的竞争力和消费者认可度。

2. 品牌建设

农产品品牌建设是指通过建立和维护农产品品牌，以提高农产品的市场竞争力，增加农产品的附加值，从而促进农民增收和农业可持续发展。羊肉品牌建设是推动羊肉产业高质量发展的重要途径，通过品牌打造，可以提升羊肉产品的知名度和美誉度，进而增强市场竞争力，促进产业发展。

二、河北省羊肉品牌建设现状

（一）羊肉品牌建设支持政策

近年来，农业农村部相继出台了一系列关于促进农产品品牌建设的政策文件。2006年5月农业农村部出台了《关于进一步推进农业品牌化工作的意见》，2018年6月出台了《农业农村部关于加快推进品牌强农的意见》，2022年6月启动实施《农业品牌精品培育计划（2022—2025年）》，2022年9月印发了《农业生产"三品一标"提升行动有关专项实施方案》。2022年中央1号文件第16条明确提出：开展农业品种培优、品质提升、品牌打造和标准化生产提升行动（注：简称"三品一标"），推进食用农产品承诺达标合格证制度，完善全产业链质量安全追溯体系。这充分肯定了近几年中国农业品牌化建设取得的成绩，也为"十四五"期间中国农业品牌的发展做出了系统规划。

河北省也对农产品品牌建设做出了相关的政策指引。2020年4月河北省农业农村厅和河北省发展和改革委员会印发了《2020年农产品"河北品牌"建设工作方案》。2020年10月，河北省农业农村厅印发了《关于促进畜牧业高质量发展的实施意见》，指出要强化品牌建设，引导养殖企业增强品牌意识，开展专业化品牌营销，多渠道、多方式宣传，提升品牌影响力，支持资源禀赋突出、区域特色明显的养殖区培育一批区域公用品牌。2021年2月，河北省人民政府《关于持续深化"四个农业"促进农业高质量发展行动方案（2021—2025年）》中提出，到2025年基本形成农产品品牌、区域公用品牌和企业品牌"三位一体"品牌体系，全省农产品品牌由2019年的7万个增加到8.5万个，重点打造150个区域公用品牌、120个企业品牌、100个高端产品品牌。2021年9月，河北省农业农村厅印发《河北省2021年绿色食品　有机农产品　农产品地理标志推进工作方案》。2021年10月，河北省农业农村厅印发《2020年农产品"河北品牌"建设工作方案》，要求到2025年全省培育高端产品品牌100个以上。2021年12月，河北省农业农村厅发布《河北省推进肉牛肉羊生产发展五年行动方案》，对河北省羊肉品牌建设做出了具体要求：加强品牌创建，加大品牌宣传推介力度，充分挖掘品牌文化，提升品牌策划和包装运营水平。特别提出培育"唐县羊肉""邱县羊肉"和"坝上羊肉"等区域品牌，提高"爱尚羊""兰海奥祥""青坡上""冠场"产品品牌美誉度，引导羊肉加工企业增强主体意识、质量意识和创新意识，提升产品附加值和品牌影响力。开拓京津高端市场，建设满足未来市场需求的绿色优质羊产品供给基地。2022年3月，河北省农业农村厅印发了《河北省特色优势产业集群2022年推进方案》，其中在推进示范园区建设一项要求中，提出建设武邑县"龙头企业＋村集体经济组织＋农户"的肉羊产业化新模式，提升"冠扬"羊肉品牌影响力；以丰宁乐拓牧业有限公司为依托，提升养殖和屠宰加工能力，开展羊肉深加工，将"爱尚羊"品牌打造成高端羊肉产品；提升唐县"青坡上"等羊肉品牌的市场占有率，年销售分割肉达到8 000吨，比2020年增加40％以上；叫响"邱县羊肉"品牌，提升影响力。

河北省农业农村厅还印发了《河北省农业品牌建设工作推进方案》《关于加快农业品牌发展的意见》等一系列文件，进一步明确了要加强农产品品牌建设、促进农业高质量发展的具体要求。河北省一系列政策的出台，对河北省羊肉品牌建设起到了一定的引领和指导作用，有利于促进河北省羊肉品牌的发展。

（二）河北省羊肉品牌分布及占比情况

近五年，通过积极引导养殖企业增强品牌意识，开展专业化品牌营销，多渠道、多方式宣传，提升品牌影响力，河北省区域品牌逐步形成。当前河北省的羊肉品牌，主要集中在康保、宣化、丰宁、定州、武邑、饶阳、唐县、邱县、青县以及青龙满族自治县等约11个地区。截至2021年，河北省重点品牌有5个，分别是衡水"冠扬"生态羊肉、张家口"兰海奥祥"、承德丰宁"爱尚羊"、保定唐县"青坡上"、邯郸邱县羊肉，此外，定州"抬头羊"、秦皇岛青龙绒山羊以及沧州海兴碱草羊等也是各地区较为知名的品牌（表6-1）。

表6-1 河北省主要羊肉品牌

地区	羊肉品牌		
张家口	兰海奥祥	坝上羊肉	
承德	爱尚羊	冀燕山绒山羊	塞罕坝羊肉

（续）

地区	羊肉品牌				
衡水	冠扬生态羊肉	道寒			
保定	青坡上	瑞得丽	亲亲羊	唐县羊肉	唐尧羊肉	河彩银洞山
邯郸	邱县羊肉	奥贝斯			
定州	抬头羊				
秦皇岛	青龙绒山羊				
沧州	海兴碱草羊				

资料来源：调研数据。

2021 年河北省羊总存栏量为 1 316.01 万只，出栏量为 2 440.06 万只，羊肉产量达到 33.88 万吨。从各个羊肉品牌的主产区的羊存栏量看，唐县的占比最大，占河北省羊总存栏量的 13.18%，其次为康保县、围场满族蒙古族自治县、丰宁满族自治县、青龙满族自治县、邱县以及定州市，分别占比 1.74%、1.70%、1.47%、1.44%、1.28% 和 1.20%，宣化区、武邑县、饶阳县以及青县羊存栏占比不足 1%。从出栏量看，唐县占比 14.08%，康保县占比 2.58%，青龙满族自治县占比 1.90%，邱县占比 1.63%，定州市占比 1.46%，丰宁占比 1.18%，围场占比 1.07%，青县占比 1.02%。宣化区、武邑县以及饶阳县的羊出栏量均在 1% 以下。从羊肉产量来看，唐县的羊肉产量省内占比 15.64%，依然是所有品牌羊肉所在地区产量的第一位，康保县占比 2.54%，其他地区的羊肉产量占比均在 2% 以下（图 6-1）。

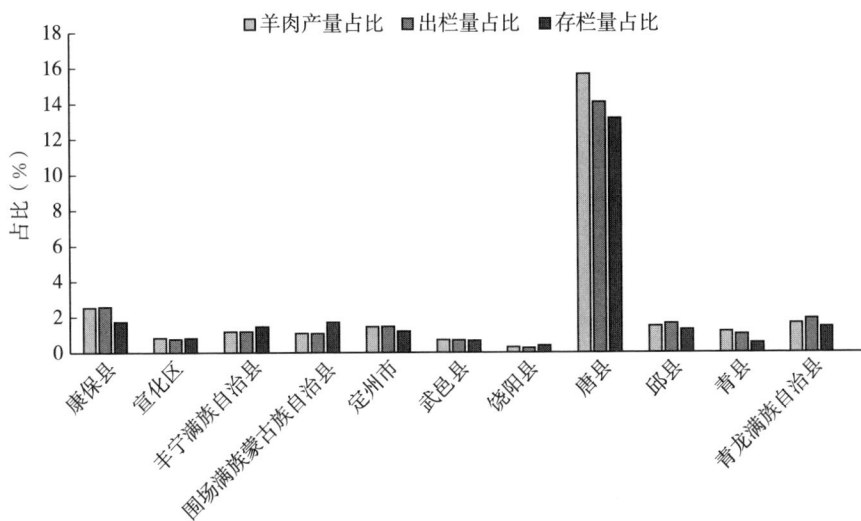

图 6-1　2021 年河北省各品牌羊肉产区存出栏及羊肉占比

在河北省的所有羊肉中，实际品牌羊肉的产量占比较小。表 6-2 是 2021 年河北省 11 个主要羊肉品牌所在区域的羊总存出栏量以及羊肉总产量在全省的占比情况。其中，主要品牌羊肉产区的存栏量占比 24%，非主要品牌羊肉产区存栏占比 76%；出栏量中，主要品牌羊肉产区占比 27%，非主要品牌羊肉产区占比 73%；羊肉产量主要品牌羊肉产区占比 28%，非主要品牌羊肉产区占比 72%。

表 6-2   2021 年河北省主要品牌羊肉产区总存出栏及羊肉产量占比

单位：万只，%

类别	河北省总量	品牌羊肉产区总产量	占比
存栏量	1 316.01	321.37	24
出栏量	2 440.06	650.11	27
羊肉产量	33.88	9.5	28

数据来源：《中国农村统计年鉴》。

（三）河北省典型羊肉品牌建设情况

1. 典型羊肉品牌建设情况

（1）保定唐县——"青坡上"羊肉。"青坡上"羊肉品牌的发展以保定振宏食品加工有限公司（以下简称保定振宏公司）为依托。保定振宏公司是"全国示范村葛堡村"重要的羊肉生产场地，为"青坡上"品牌提供了悠久的品牌历史沿革。公司成立于 2017 年 6 月 7 日，其所占面积高达 11 611 平方米，起始资金为 2 380 万元。公司在肉羊养殖、屠宰、储存、羊肉加工、冷链运输、销售市场等方面业务成熟，已形成完整的、特色鲜明的全产业链发展模式。除此之外，公司还通过了"ISO 22000 食品安全管理体系"和"ISO 9001 质量管理体系"两项认证，在品牌质量方面有了绝对的保证。

保定振宏公司将"青坡上"羊肉品牌定位为"营养洁净不掺假，味美健康更安全"，将品牌产品安全置于首位，严格把控食品质量，以塑造良好的品牌形象。公司致力于为养殖户提高收益、为消费者提供安全可靠的品牌羊肉。正是公司在管理上的科学性、品种选育上的严谨性、价格制定上的合理性以及信誉方面的可靠性，帮助其在北京、辽宁、安徽、上海、新疆、河南等各大中城市得以畅销，公司在广大客户和消费者之间赢得了良好的口碑，并取得了消费者的信赖。

"青坡上"品牌羊肉始终以清真文化为基石，以顾客为中心，秉持认真负责的经营宗旨，在屠宰、生产、加工等方面严格遵守宗教相关规定，致力于为客户提供一种健康、营养、美味的羊肉品牌，其产品主要包括羊胴体、羊肉卷、羊排、羊脊骨等羊肉分割产品，此外，还包括羊肠、羊心肝肺等羊副产品系列。羊胴体经过恒温 0～4℃排酸间的 12～24 小时遇冷排酸程序后，羊肉中微生物的成长被抑制，蛋白质分解后营养增加，乳酸等有害物质减少，在提高羊肉健康安全水平的同时，还能极大改善肉质，使羊肉更加鲜美柔软，自然嫩滑、降低膻味、易嚼易消化，营养价值高。

"青坡上"羊肉品牌与唐县"瑞得丽""唐尧"等品牌合力，共同打造了唐县特色联合区域品牌"唐县羊肉"。目前，保定瑞丽肉食品有限公司的"瑞得丽"和保定振宏公司的"唐堡斋""青坡上"已成为唐县的标志性品牌羊肉。"瑞得丽""唐宝斋"等羊肉品牌不仅通过了河北省的无公害农产品认证，而且保定瑞丽肉食品有限公司因其品牌质量有保证被 2022 年北京冬奥会指定为羊肉食材供应商。

（2）衡水志豪——"冠扬"生态羊肉。"冠扬"生态羊肉的依托企业为衡水志豪畜牧科技有限公司，该公司成立于 2012 年，位于河北省衡水市武邑县，占地面积 260 余亩，注册资金 2 000 万元。"冠扬"生态羊肉品牌定位为"具有科技含量"的羊肉，公司采用标准化、规模化、数据化、链条化养殖工艺，建有育种中心、数据信息中心、胚胎移植中心、人工授精站、饲料检测中心、布鲁氏杆菌检测实验室和羊生产性能测定中心等，运用现代科学技术，保障"冠扬"生态羊肉的品质。

2021 年 11 月 30 日，衡水志豪畜牧科技有限公司所建设的无布病小区顺利通过了现场评审，成为全国首个通过现场评审的羊无布病小区。2022 年 4 月 2 日，公司通过了农业农村部全国畜禽遗传改良计划领导小组办公室最后一轮会议评审，成为河北省首家申报成功的国家级羊核心育种场。从良种选育到科学化养殖，"冠扬"生态羊肉都具备了更加良好的条件。

公司还创建了河北省肉羊产业创新驿站等科研平台，组建了由河北农业大学、河北省畜牧兽医研究所、中国农业科学院农产品加工研究所、中国农业大学等单位的 26 位专家组成的全产业链专家团队，涵盖从育种繁殖到羊肉消费全产业链的产业研究，实现饲养、生产、经营环节全程追溯，确保打造出的"冠扬"羊肉拥有绝对的高质量、高科技含量，以及产品全程可追溯的品牌特色，为"冠扬"生态羊肉增加了产品的附加值。

"冠扬"生态羊肉，主打"高端精品"，除传统的线下商超销售外，公司产品的 8％供应品牌专卖店，并通过私人订制的方式进行线下精准递推，不断创新产品销售方式，逐步扩大"冠扬生态羊肉"高端精品的品牌影响力。该品牌于 2018 年荣获河北省首届农业品牌设计大赛三等奖，2022 年"冠扬生态羊肉"再次获得企业品牌设计大赛最佳设计奖。

（3）丰宁乐拓——"爱尚羊"羊肉。在承德丰宁，以丰宁乐拓牧业有限公司为依托，打造"爱尚羊"羊肉品牌。丰宁满族自治县乐拓牧业有限公司成立于2013年6月，公司总投资8 000多万元，建设标准化、现代化种羊繁育基地及育肥羊场。"爱尚羊"品牌羊肉品牌定位为"健康、安全、高品质"，公司选用澳大利亚白头萨福克、荷兰的德克塞尔以及南非肉用美利奴羊与当地优质小尾寒羊进行杂交。通过肉羊品种改良，提高了肉羊的出肉率及酮体品质，出栏价格也有所上涨，一定程度上增强了"爱尚羊"品牌羊肉的市场竞争力。

"爱尚羊"以"公司＋基地＋合作社＋农户"为品牌运作模式，组织全县规模较小、竞争力不强的几十家养羊合作社成立了合作社联社，按照"统分结合"和"集中管理"两种经营模式，将肉羊养殖生产过程统一起来。公司为农户提供优良种羊，并对生产、流通、销售各个环节进行监测和技术指导，此外公司还建立了标准化示范场，引导农户由传统散养模式改变为标准化舍饲圈养模式，通过公司的示范、引导作用，使农民转变传统的养羊观念，缩短肉羊出栏时间，降低饲养成本，在保障"爱尚羊"品牌产品品质的同时保证产量。此外，企业执行畜产品无公害生产制度，确保"爱尚羊"品牌羊肉拥有高质量标准。

（4）张家口宣化——"兰海奥祥"。在张家口宣化区，建成以兰海畜牧养殖有限公司为依托的"兰海奥祥"羊肉品牌。该品牌的依托企业——兰海牧业，是一家集杂交育种、肉羊育肥、光伏发电、有机肥生产与加工为一体的现代化企业。企业以打造健康、安全、高品质羊肉为目标，通过种羊培育、自繁自养、肉羊育肥和加工为一体的产业化经营模式，将"兰海奥祥"羊肉品牌打响当地市场。通过"建立实体旗舰店"、借助"微信小程序"和"抖音平台"宣传"兰海奥祥"肉羊高端精品，目前，"兰海奥祥"品牌产品在宣化地区已经成为高品质羊肉的首选，与此同时，10多家"兰海奥祥"羊肉专卖店又进军张家口主城区，赢得了更大的市场空间，销售订单也逐渐辐射河北省内及京津多家大型市场和商超。

"兰海奥祥"的企业运营模式主要是"公司＋家庭养殖"，公司为农户提供种羊、防疫及相关技术，同时回收成品羊。该模式降低了农户养殖风险的同时，也保证了自身羊肉供给。

（5）定州金宏——"抬头羊"。定州打造"抬头羊"牌羊肉品牌，该品牌以河北省金宏肉类有限公司为依托，将清真肉类食品品牌的"绿色"特色最大化。

公司的主打羊肉品牌"抬头羊"，以"新鲜""营养""安全"为品牌理念，打造优质羊肉。在"公司＋基地＋农户"的经营方式基础上，该品牌从良种羊科学繁育、商品羊科学饲养，到企业标准化加工，形成了完整的产业化经营模式。

"抬头羊"羊肉品牌以提升肉品质量为根本宗旨,以顾客的多元化需求为发展前提,以高质量肉品为核心支撑,迅速开拓"抬头羊"羊肉品牌市场,提升品牌产品的竞争力和商业价值。在该品牌羊肉的产前、产中、产后各个环节,严格按照食品卫生安全标准,贯彻"让消费者吃上放心肉"的品牌使命,实现了羊肉的现代化生产、标准化管理及产品信息可追溯,通过了ISO9001质量管理体系认证、HACCP食品管理体系认证,并获评为河北省名牌产品,被河北省工业和信息化厅认定为"河北省中小企业名牌产品"。

(6)其他羊肉品牌。除上述河北省羊肉品牌外,邯郸市还建立了区域品牌"邱县羊肉",以陈村回族乡肉羊养殖产业基地为依托,积极吸引羊肉精深加工以及冷链物流项目落户邱县,提升"邱县羊肉"区域公用品牌价值,实现"邱县羊肉"的标准化、市场化。2021年,"邱县羊肉"被评为第五届河北省"二十大"名优农产品区域公用品牌。

在沧州市,建设有区域公用品牌"海兴碱草羊"。2022年8月,沧州市发布区域公用品牌"海兴碱草羊",该品牌依靠海兴地区盐碱地土壤所产碱草营养丰富、味道甘甜、蛋白质含量高的特点,为羊提供独特的优质草料。将地域环境与有机管理相结合,所产海兴碱草羊肉不饱和脂肪酸含量高,雌黄嘌呤同比高,胆固醇含量同比低,健康营养,不腥不膻。

2. 河北省羊肉品牌在国内的地位

截至2022年3月,全国畜牧类地理标志共有527个,其中肉类地理标志有443个,占比84.06%。其中羊肉地理标志有123个,占畜牧类地理标志的23.34%。从全国各省份的羊肉地理标志数量来看,内蒙古、青海以及甘肃分别以18个、16个、15个羊肉地理标志居于全国前三位,山东、山西羊肉地理标志也超过了10个,其他省份也均有其羊肉地理标志(表6-3)。截至2022年3月,全国范围内仅有河北和天津无肉类"农产品地理标志",且无畜牧类"农产品地理标志"。

表6-3 中国具有羊肉地理标志的省份及数量

单位:个

省份	注册数量
内蒙古	18
青海	16
甘肃	15
山东	11
山西	10
新疆	7

（续）

省份	注册数量
四川	7
贵州	6
云南	6
贵州	6
河北	0

数据来源：全国地理标志查询网 www.anluyun.com。

表 6-4、表 6-5 是目前我国的主要羊肉企业品牌和 2022 年我国羊肉品牌排行榜中前十位的羊肉品牌。从品牌数量上看，河北省拥有的主要羊肉品牌数量与其他省份差距不大，但品牌知名度及影响力却远远不及其他省份的品牌。在排行前十位的羊肉品牌中，内蒙古地区的羊肉品牌数量达到了 7 个，且苏尼特羊肉居于十佳羊肉品牌的首位，重庆的恒都羊肉、宁夏的涝河桥羊肉也均在榜上，但河北省目前拥有的"爱尚羊""冠扬""青坡上"等一批羊肉品牌，均未能上榜。

表 6-4　中国主要的羊肉品牌及所在地

所在地区	羊肉品牌
内蒙古	苏尼特羊肉、草原峰煌、百蒙行、蒙羊、蒙都、额尔顿、小肥羊
新疆	巴口干、阿尔泰草原、华凌、天山安达、小巴依
山东	波尔旺、凯银、舜颐羊肉、百寿坊、如厨、乐塞肥羊
河北	爱尚羊、冠扬、青坡上、兰海奥祥、唐尧、抬头羊
宁夏	涝河桥、贺兰山、伊味、伊盛斋、伊聚德
河南	邦杰、穆和春、牧仑、多丽、汇濮
甘肃	中汇、陇原中天、中盛环有、山童牧歌、草原惠成
四川	恒都、润丰、犁羊、香尬尬、美宁、澳士达

数据来源：中国养羊网 www.chinasheep.com。

表 6-5　2022 年中国十佳羊肉品牌名称及地区

品牌名称	所在地区
MBB 苏尼特肉业	内蒙古
比夫家人	北京
草原峰煌	内蒙古

（续）

品牌名称	所在地区
恒都	重庆
涝河桥	宁夏
百蒙行	内蒙古
蒙羊	内蒙古
蒙都	内蒙古
额尔敦	内蒙古
呼伦贝尔羊肉	内蒙古

数据来源：中国品牌网 www.chinapp.com。

三、河北省消费者对羊肉品牌的认知度与购买意愿分析

本文通过问卷调查，对河北省羊肉品牌的消费者认知度、购买意愿及其影响因素做出研究。

（一）数据来源与样本说明

1. 问卷设计

本文设计了《河北省消费者对品牌羊肉认知度及其购买意愿调查问卷》。为保证问卷质量，前后共进行两次调研。问卷主要分为四个部分，包括消费者基本信息，品牌羊肉消费习惯，对于河北省羊肉品牌以及其他省份羊肉品牌的认知情况，消费者对品牌羊肉消费意愿。

2. 数据来源

调查于 2022 年 4—6 月、7—9 月两次发放问卷，其中线上 416 份，线下 129 份，总计 545 份，剔除无效问卷 32 份，剩余有效问卷 513 份，问卷有效率为 94.13%。线上问卷通过问卷星的形式在河北省各市开展调查，线下问卷主要发放地区为衡水市、保定市以及唐山市，调研对象分布如图 6 - 2 所示。

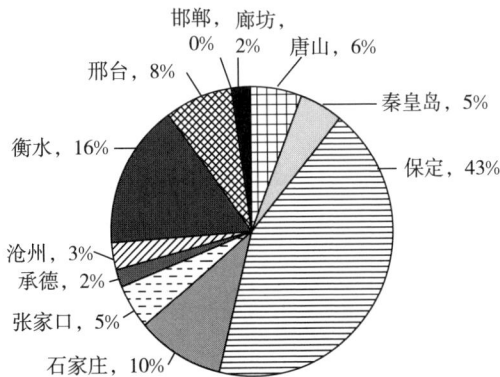

图 6 - 2　消费者地区分布信息

（二）调查样本的基本特征分析

1. 消费者基本特征

从性别来看，被调研样本中共有男性 257 人，占样本总数的 50.1%；女性 256 人，占 49.9%（表 6-6）。所调研样本性别基本持平。

表 6-6　变量频率统计计量表

单位：人次，%

样本	类别	数量	占比
性别	男	257	50.1
	女	256	49.9
年龄	20 岁以下	18	3.5
	20～40 岁	310	60.4
	41～60 岁	177	34.5
	60 岁以上	8	1.6
受教育程度	小学及以下	133	25.9
	初中	69	13.5
	高中或中专	75	14.6
	大专	56	10.9
	本科及以上	180	35.1
民族	汉族	490	95.5
	回族	6	1.2
	壮族	0	0
	满族	15	2.9
	维吾尔族	0	0
	其他民族	2	0.4
家庭月收入	不足 3 000 元	48	9.4
	3 000～6 000 元	67	13.1
	6 001～9 000 元	96	18.7
	9 001～12 000 元	201	39.2
	12 000 元以上	101	19.7

数据来源：根据调研问卷统计所得。

从年龄段来看，所调研样本中 20 岁以下有 18 人，占比 3.5%；20～40 岁有 310 人，占比 60.4%；41～60 岁有 177 人，占比 34.5%；60 岁以上有 8

人，占比 1.6%。从年龄看，所调研消费者主要为 20～60 岁的人群，符合当前市场主要的消费者特征。

从受教育程度来看，本科及以上学历的样本比重最大，占比 35.1%；其次为小学及以下，占比 25.9%；初中、高中或中专、大专占比分别为 13.5%、14.6% 和 10.9%。

从民族来看，本次调研主要消费者为汉族，占比 95.5%，其余各民族共占比 4.5%。

从家庭月收入看，9 001～12 000 元的消费者有 201 人，占据最大比例，为 39.2%；其次为 12 000 元以上，占比 19.7%；再次为 6 001～9 000 元，占比 18.7%，3 000～6 000 元，占比 13.1%；不足 3 000 元的人数最少，占比仅为 9.4%。

2. 消费者消费习惯

表 6-7　消费习惯频率统计计量表

单位：人次，%

样本	类别	数量	占比
羊肉消费频率	从不吃羊肉	133	25.9
	每年食用 1～3 次	69	13.5
	每季度食用 1～3 次	75	14.6
	每月食用 1～3 次	56	10.9
	每周食用 1 次及以上	180	35.1
是否有品牌产品消费习惯	是	259	50.5
	否	254	49.5
羊肉消费地点	农贸市场/摊贩	139	27.1
	小超市	21	4.1
	肉食专卖店	136	26.5
	大型综合超市	187	36.5
	网购	9	1.7
	其他	21	4.1

数据来源：根据调研问卷统计所得。

从表 6-7 可知，消费者羊肉的消费频率，每周食用 1 次及以上的占 35.1%，每月食用 1～3 次的占 10.9%，每季度食用 1～3 次的占 14.6%，每年食用 1～3 次的占 13.5%，从不吃羊肉的消费者占 25.9%。

其中，消费品牌羊肉的占 50.5%，无品牌消费习惯的占 49.5%。

羊肉的消费地点方面，36.5％的消费者选择在大型综合超市购买；27.1％的消费者选择在农贸市场/摊贩购买；26.5％的人在肉食专卖店购买；在小超市和其他处购买的人数较少，均占 4.1％；网购人数最少，占比 1.7％。

3. 羊肉产品选择

图 6-3 显示，消费者对于羊肉产品的选择主要为羊肉卷、冷鲜羊肉、热鲜羊肉。在调研的 513 位消费者中，有 326 位日常购买的羊肉产品为羊肉卷，占据了绝大部分。其次为冷鲜肉和热鲜肉，分别有 246 和 185 位消费者选择。而对于冷冻羊肉仅有 66 位消费者选择，说明消费者更倾向于鲜羊肉。消费者购买羊肉副产品较少。

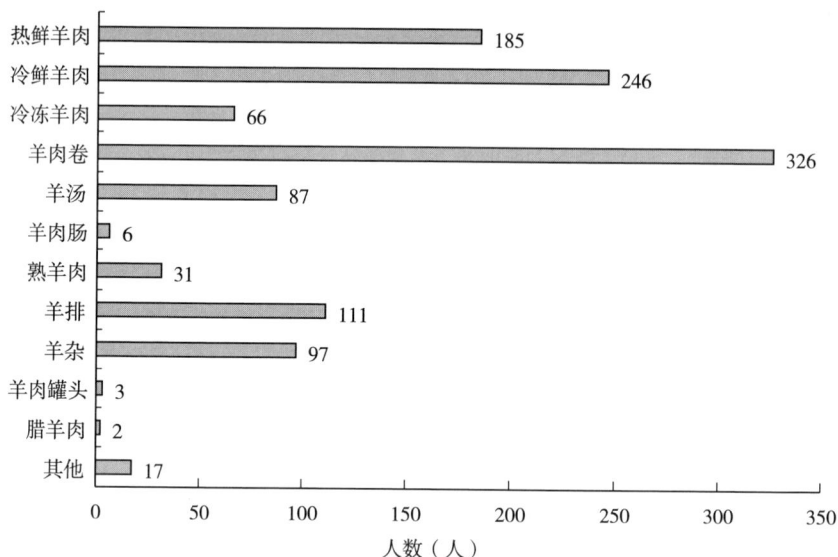

图 6-3　消费者羊肉产品选择

4. 羊肉产品关注点

从图 6-4 可知，消费者购买羊肉主要关注点在于色泽外观，在 513 个调研样本中，有 407 位消费者选择色泽外观。其次为价格因素，而对于食品安全认证、品牌、保质期等，消费者关注度还较低，均未能超过 50％。

（三）品牌认知度及购买意愿分析

1. 河北省品牌羊肉的消费者认知

绝大多数的消费者不知道河北省的羊肉品牌。另外，品牌羊肉的地域性很强，消费者所在地对其认知有着较大影响，本次调研对象地区主要集中在保定和衡水，所以相对于其他的羊肉品牌，消费者对于保定的唐县羊肉认知相对更高，但也未超过 50％（图 6-5）。

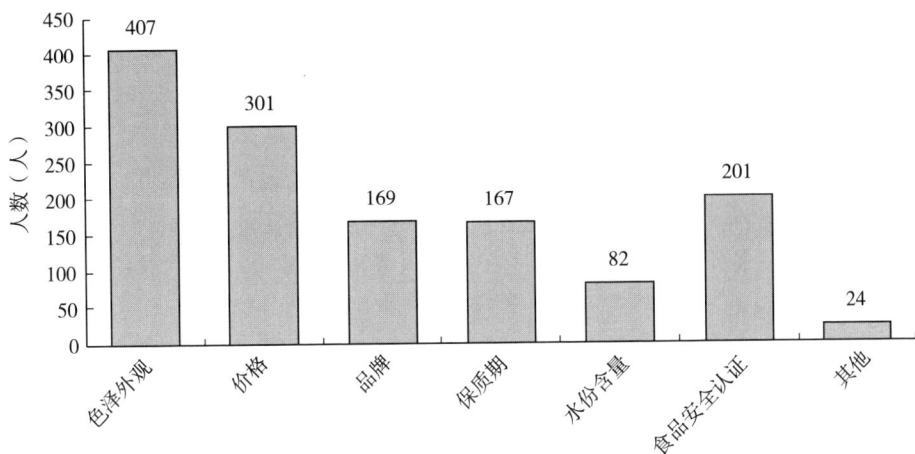

图 6-4　羊肉产品关注点

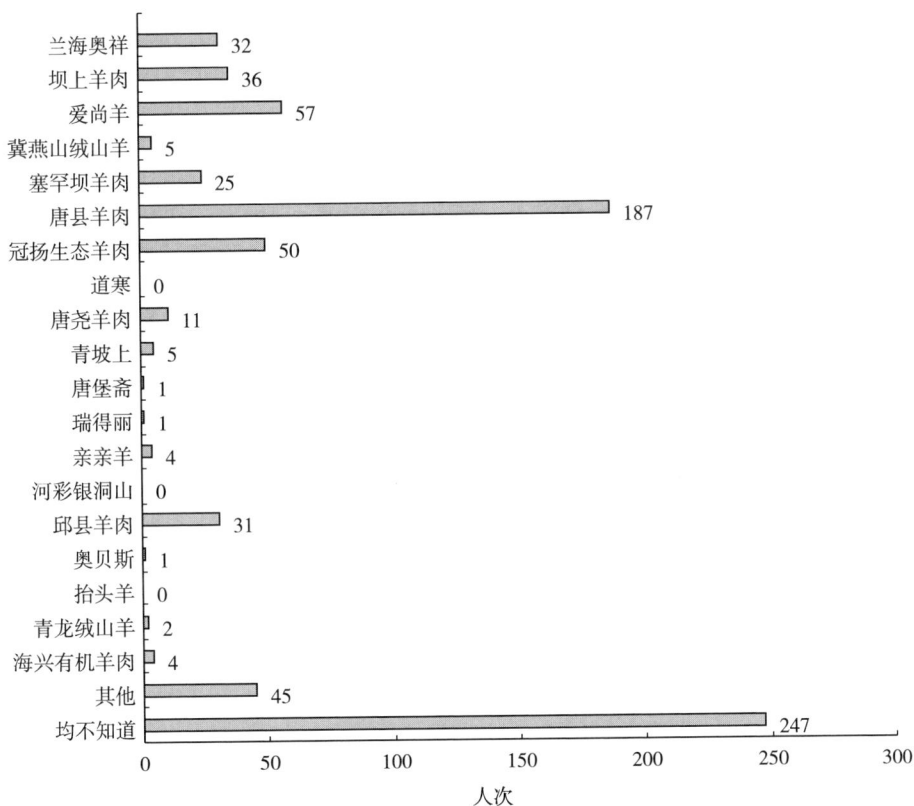

图 6-5　消费者对于河北省品牌羊肉的认知情况

河北省重点品牌与部分省外品牌的消费者认知占比如下："冠扬"生态羊肉，9.75%；兰海奥祥，6.42%；爱尚羊，11.11%；邱县羊肉，6.04%；锡盟小肥羊，71.54%；呼伦贝尔羊肉，44.64%；锡林郭勒羊肉，45.03%（表 6-8）。可见河北省消费者相对于省内的羊肉品牌，更加了解一些省外的羊肉品牌，当前河北省羊肉品牌的消费者认知度还处于较低水平，品牌基本无知名度。

表 6-8　河北省重点品牌与部分省外品牌消费者认知占比情况

单位：人次，%

品牌名称	数量	占比
"冠扬"生态羊肉	50	9.75
兰海奥祥	32	6.24
爱尚羊	57	11.11
青坡上	5	0.97
邱县羊肉	31	6.04
锡盟小肥羊	367	71.54
呼伦贝尔羊肉	229	44.64
锡林郭勒羊肉	231	45.03

数据来源：调研数据。

2. 河北省品牌羊肉的消费者关注度及购买意愿

在 513 位调研对象中，关注羊肉品牌信息的消费者占 32%（表 6-9）。而从购买意愿来看，67.3% 的消费者表示不愿意购买品牌羊肉，说明当前消费者的品牌意识淡薄。

表 6-9　河北省消费者品牌羊肉关注度及购买意愿

单位：人次，%

	类别	数量	占比
是否关注羊肉品牌信息	是	164	32.0
	否	349	68.0
是否愿意购买品牌羊肉	是	168	32.7
	否	345	67.3

数据来源：调研数据。

（四）品牌购买意愿影响因素实证分析

1. 模型构建

本文选用二元 Logistic 回归模型，对河北省品牌羊肉的消费者消费意愿情况进行实证分析，对于二分类的 Logistic 回归，其因变量 Y 只有"是"和"否"两个取值，所以在分析河北省品牌羊肉消费者消费意愿的影响因素时，把是否愿意购买品牌羊肉作为因变量，将"愿意"赋值为"1"，将"不愿意"赋值为"0"。将消费者购买意愿的影响因素作为自变量，二元 Logistic 回归模型公式如下：

$$Y = \ln\left(\frac{P_i}{1-P_i}\right) = \alpha + \beta_1 x_1 + \beta_2 x_2 + \cdots + \beta_i x_i$$

式中，Y 代表被解释变量，P_i 代表消费者愿意购买品牌羊肉的概率，$1-p_i$ 代表消费者不愿意购买品牌羊肉的概率，α 表示常数项，β_i 表示消费者品牌羊肉消费意愿的回归系数。

2. 变量的选取及解释

消费者对品牌羊肉的购买意愿，直接关系到河北省当前品牌羊肉创建的进程，而影响消费者购买意愿的因素众多，包括各种消费者特征（性别、收入、年龄、民族、受教育程度、消费频率），其中由于本次的调研对象绝大多数为汉族，所以民族不作为本次研究的变量。汉族消费者认知（价格、质量等）以及品牌宣传、距企业距离等其他因素都对其意愿有着显著的影响。

计量模型中涉及的变量描述如表 6-10 所示。

表 6-10 变量的选取及解释

变量类型	变量名	变量解释
决策变量	消费者是否愿意购买品牌羊肉	是＝1，否＝0
消费者特征	性别	男＝1，女＝0
	年龄	20 岁及以下＝1，21～40 岁＝2，41～60 岁＝3，60 岁以上＝4
	受教育程度	小学及以下＝1，初中＝2，高中或中专＝3，大专＝4，本科及以上＝5
	家庭月收入	不足 3 000 元＝1，3 000～6 000 元＝2，6 001～9 000元＝3，9 001～12 000 元＝4，12 000 元以上＝5
消费习惯	消费羊肉频率	从不吃羊肉＝1，每年食用 1～3 次＝2，每季度食用 1～3 次＝3，每个月食用 1～3 次＝4，每周食用 1 次及以上＝5
	消费品牌产品习惯	有品牌消费习惯＝1，无品牌消费习惯＝0
消费者认知	是否关注食品安全认证	是＝1，否＝0
	是否关注羊肉品牌信息	是＝1，否＝0
	是否认为品牌羊肉价格昂贵	是＝1，否＝0

（续）

变量类型	变量名	变量解释
消费者认知	是否认为品牌羊肉 质量与普通羊肉相同	是＝1，否＝0
其他因素	当地是否有品牌羊肉企业	是＝1，否＝0
	当地是否有品牌羊肉宣传活动	是＝1，否＝0
	平时是否参与羊肉促销活动	是＝1，否＝0

3. 模型的假设

假设 1：消费者的性别、年龄、民族、受教育程度以及收入等基本特征会影响品牌羊肉的购买意愿。

假设 2：消费者的消费习惯会影响其购买品牌羊肉的意愿。日常消费羊肉更多的消费者会更愿意购买品牌羊肉；对于其他品牌产品消费意愿更强的消费者更愿意购买品牌羊肉。更愿意购买品牌产品以及更高频率购买羊肉因素，会正向影响品牌羊肉购买意愿。

假设 3：消费者认知会影响其对于品牌羊肉的购买意愿。

假设 4：消费者所在地区是否有品牌羊肉宣传活动以及消费者参与羊肉促销互动的积极性等其他因素，都会影响其品牌羊肉的购买意愿。

4. Logistic 模型估计结果及分析

通过利用 SPSS25.0 软件，对所收集到的 513 份有效问卷数据进行二元 Logistic 回归分析，进而得出相应的统计结果。在模型系数检验中，卡方值为 275.583，P 值为 0.000，小于 0.05，说明该模型显著性较好（表 6 - 11）；在 R^2 检验中，考克斯-斯奈尔 R^2 的值为 0.416，内戈尔科 R^2 的值为 0.579，说明该模型拟合度较好（表 6 - 12）；在霍斯默-莱梅肖检验中，P 值为 0.088，大于 0.05，说明此模型的拟合度较好（表 6 - 13）；且表 6 - 14 表示，此模型的预测正确率为 84.2%，大于 60%，预测效果较好。综上所述，此模型的显著性、拟合度较好，具有统计学意义。

表 6 - 11　模型系数的 Omnibus 检验

		卡方	自由度	显著性
步骤 1	步骤	275.583	14	0.000
	块	275.583	14	0.000
	模型	275.583	14	0.000

数据来源：根据调查问卷统计所得。

表 6 - 12　模型摘要

步骤 1	－2 对数似然	考克斯-斯奈尔 R^2	内戈尔科 R^2
	373.243	0.416	0.579

注：由于参数估计值的变化不足 0.001，因此估算在第 6 次迭代时终止。

表 6 - 13　Hosmer 和 Lemeshow 检验

步骤 1	卡方	自由度	显著性
	13.755	8	0.088

数据来源：根据调查问卷统计所得。

表 6 - 14　分类表

实测		预测		
		是否愿意购买品牌羊肉		正确百分比（%）
		不愿意	愿意	
步骤 1	不愿意	310	35	89.9
是否愿意购买品牌羊肉	愿意	46	122	72.6
总体百分比（%）				84.2

注：①常量包括在模型中。
②分解值为 0.500。

表 6 - 15　Logistic 回归分析结果

自变量	B	标准误差	瓦德尔	自由度	Sig	Exp（B）
性别（X_1）	－0.310	0.304	1.043	1	0.307	0.733
年龄（X_2）	0.185	0.245	0.570	1	0.450	1.203
受教育程度（X_3）	－0.030	0.090	0.113	1	0.737	0.970
职业（X_4）	0.073	0.042	3.053	1	0.081	1.076
家庭月收入（X_5）	1.264	0.169	55.816	1	0.000	3.539
是否有品牌消费习惯（X_6）	－0.451	0.296	2.317	1	0.128	0.637
消费羊肉频率（X_7）	0.321	0.116	7.694	1	0.006	1.378
是否关注食品安全认证（X_8）	－0.088	0.328	0.071	1	0.790	0.916
是否关注羊肉品牌信息（X_9）	0.755	0.299	6.370	1	0.012	2.128
是否认为品牌羊肉价格昂贵（X_{10}）	－0.580	0.292	3.940	1	0.047	0.560
是否认为品牌羊肉质量与普通羊肉相同（X_{11}）	－2.503	0.337	55.076	1	0.000	0.082
当地是否有品牌羊肉企业（X_{12}）	0.135	0.288	0.220	1	0.639	1.145

（续）

自变量	B	标准误差	瓦德尔	自由度	Sig	Exp（B）
当地是否有品牌羊肉宣传活动（X_{13}）	−0.351	0.313	1.260	1	0.262	0.704
平时是否参与羊肉促销活动（X_{14}）	0.299	0.293	1.042	1	0.307	1.349
常量	−5.830	1.135	26.394	1	0.000	0.003

数据来源：根据调查问卷统计所得。

注：Sig 值＜0.05，说明该因素具有显著性。

从模型结果来看（表 6 - 15），消费者家庭月收入、消费羊肉频率以及对于羊肉品牌信息的关注度对购买意愿有着显著的正向影响，而是否认为羊肉品牌价格昂贵和认为品牌羊肉质量与普通羊肉相同两个因素对消费者的购买意愿有着负向影响。性别、年龄、受教育程度、职业、是否有品牌消费习惯、是否关注食品安全认证、是否参与羊肉促销活动、当地是否有品牌羊肉企业以及当地是否有品牌羊肉宣传活动对消费者购买意愿无显著影响。具体分析如下：

（1）消费者基本特征中家庭月收入为主要影响因素。消费者基本特征包括消费者的性别、年龄、民族、受教育程度、职业、家庭月收入 6 个变量，去除民族变量，剩余 5 个变量中，性别、年龄、受教育程度和职业的 Sig 值分别为 0.307，0.450，0.737 和 0.081，显著性值均大于 0.05，表明性别、年龄、受教育程度及职业对消费者对于河北省品牌羊肉的消费意愿无显著性影响。家庭月收入的 Sig 值为 0.000，小于 0.01，且无限接近于 0，回归系数 B 值为 1.264，表明在 1％的显著性水平下正向显著，结果与预期方向一致。相比之下家庭月收入更高的消费者品牌羊肉的消费意愿更强烈。

（2）有羊肉消费习惯的消费者羊肉品牌产品的购买意愿大。消费者的消费习惯主要包括消费者消费羊肉的频率和消费者消费品牌产品的频率。消费者消费羊肉的频率的 Sig 值为 0.006，小于 0.01，表明在 1％的显著性水平下显著，回归系数 B 值为 0.321，为正值，与假设一致，说明对于羊肉的消费频率越高，对于品牌羊肉的接受度也会越高，越愿意购买品牌羊肉；是否有品牌产品消费习惯的 Sig 值为 0.128，大于 0.01，表示该因素对于消费者购买意愿影响并不显著。拥有消费品牌产品习惯的消费者，对于品牌羊肉并未出现愿意购买的现象。

（3）消费者品牌认知对于品牌羊肉购买意愿影响显著。是否关注食品安全认证的 Sig 值为 0.790，大于 0.05，说明食品安全认证的关注度对消费者购买意愿影响并不显著。认为品牌羊肉质量与普通羊肉无区别的 Sig 值 0.000，小于 0.01，且无限接近 0，影响非常显著，其 B 值为 −2.503，对购买意愿呈负影响。可见消费者越是认为品牌羊肉的质量并不优于普通羊肉，越是不愿意购买品牌羊肉。是否认为品牌羊肉价格昂贵的 Sig 值为 0.047，小于 0.05，说明其也对购买意愿有显著影响，其 B 值为 -0.580，为负影响，说明消费者越是认为品牌价格更加昂贵，越不愿意购买品牌羊肉。是否关注羊肉品牌信息的 Sig 值为 0.012，小于 0.05，在 5% 的显著性水平下显著，B 值为 0.755，为正值，表明越关注羊肉品牌信息，对于品牌羊肉的价格、质量等越了解，就越愿意购买品牌羊肉。

（4）其他因素对羊肉品牌产品购买意愿影响不大。其他的影响因素包括当地是否有品牌羊肉企业、是否有品牌羊肉宣传活动、平时是否参与羊肉促销活动。这三个因素的 Sig 值分别为 0.639、0.262 和 0.307，均大于 0.05，表明这三个因素对消费者购买品牌羊肉的购买意愿影响并不显著。

四、河北省羊肉品牌建设存在问题的原因分析

本文运用品牌建设理论中的核心维度理论进一步分析，即基于产业、产品、营销和运营四个维度，对企业品牌建设过程进行分析，找出河北省羊肉品牌建设存在的不足之处，探究其品牌影响力差、消费者认知度低、购买意愿不强的深层次原因。

（一）羊肉品牌建设产业维度分析

当前河北省肉羊产业知名与不知名并存，一方面拥有着国内知名的唐县育肥羊产业集群、沧州的调理肉卷以及辛集的皮革等；另一方面，却没有高知名度、高影响力的羊肉品牌，可见在其产业发展方面一定存在着某些制约因素。在羊肉产业发展维度上主要存在以下突出问题。

1. 母羊繁育能力不稳定，制约羊肉品牌的创建

目前河北省肉羊产业发展得较好的地区主要分为两类，一是唐县肉羊养殖，以育肥为主，依靠价格优势来保障稳定的羊肉销量，已经形成全国知名的肉羊产业集群，成为全国育肥羊的集散基地。唐县的架子羊大都是从全国各地购入，经短期育肥，进行屠宰加工后销往全国。由各地买入的羊苗，其品种以及饲养标准均不相同，导致唐县羊肉产品质量的口味无法统一，这就导致了羊肉产品的质量不统一，难以形成品牌羊肉。二是分散在河北省其他地区的规模化养殖场。这些养殖场都形成了自己的品牌，也在本地区有一定知名度，但是这些品牌在全国知名度较低，他们虽然非常重视母羊繁殖，但普遍遇到母羊繁殖和羊苗供应不足的问题。这一问题导致的后果是无法扩大养殖规模，品牌羊肉的口感、味道难以做到完全统一，使得打造知名羊肉品牌遇到较大困难。

2. 标准化饲养不到位，影响各批次羊肉质量的统一性

当前河北省肉羊养殖户及养殖小区无法实现标准化饲养。大部分养殖户缺乏科学的饲养观念，精饲料和粗饲料配比以及肉羊疾病防疫都是根据自身养殖经验决定，同时，为了快速出栏，使用各种饲料、豆粕等来代替青草，所产出的羊肉味道偏酸，口味较差。不同标准下的饲养方式影响了肉羊品质的统一。不同养殖场、养殖户的羊肉质量参差不齐，这就导致企业所收购的各个批次羊肉质量得不到统一。

3. 羊肉加工缺乏精细分割，品牌附加值低

屠宰加工企业以中低档产品为主，缺乏精细分割和深加工产品，这都导致了河北省羊肉品牌难以成为全国知名品牌。

4. 品牌宣传不到位，品牌知名度低

河北本地羊肉品牌知名度远不及"苏尼特羊肉""呼伦贝尔羊肉"等国内知名品牌。企业将羊苗从内蒙古等地运回育肥，再以初级产品销售回去，贴上内蒙古、新疆羊肉的标签，变成了其他品牌的羊肉产品。

（二）羊肉品牌建设产品维度分析

品牌建设的产品维度即企业品牌的主要产品、产品主要的供给地区以及品牌的目标客户。

1. 品牌羊肉产品以初级产品为主，缺乏精细化分割产品

河北省的屠宰加工企业核心产品依然以冷鲜羊肉为主（表 6 - 16），辅以其他特色肉制品。

表 6 - 16　主要品牌羊肉企业羊肉产品细分情况

羊肉品牌	主要产品	主要供给地区
兰海奥祥	分割肉、排酸冷鲜肉和精选冻肉、羊肉筋、羊小排	张家口宣化及张家口主城区
爱尚羊	分割肉、冷鲜肉、羊下水、鲜羊肉、羊排、羊肉卷、羊肉片、羔羊后腿肉、羊净肚、羊霖、太阳卷、肋间肉、法排、羊肥肠、蝴蝶排	承德丰宁
冠扬生态羊肉	分割肉、熟食品、方便食品、私人定制羊肉等	衡水武邑
青坡上	白条羊、羊胴体、羊排、羊脊骨、羊肉卷等羊肉分割产品；羊肠、羊心肝肺等羊副产品；羊头、羊杂等特色产品	保定唐县、全国 20 余个地区
邱县羊肉	分割肉、出口肉、特色羊汤	邯郸邱县

数据来源：调研数据。

河北省品牌羊肉在加工方面主要存在以下问题：一是羊肉制品主要以中低档产品为主，缺少高附加值产品；二是产品的同质化严重，产品特色不足，导致企业间依靠降低价格来提高自身品牌产品市场竞争力，不利于品牌羊肉的建设。

2. 品牌羊肉的销售地域性特征明显，打不开其他地区市场

河北省品牌羊肉中，除唐县羊肉因价格低于国内平均价格而"买全国卖全国"以外，大部分其他品牌羊肉有着较强的地域性特点，在河北省其他地区和全国的市场占有率还较低。实地调研发现，造成这种现象的原因主要是地区封锁导致的成本高昂，到其他地区销售会受到当地羊肉经销商的排挤和不正当竞争，需要交纳很多费用，如市场进入费用、场地租赁费、冷藏费、冷链运输费、人工费等，还要支出高昂的宣传费用。

3. 品牌定位单一，不利于羊肉品牌进一步提升

目前河北省大多数羊肉品牌的主要目标客户依然为普通消费者，定位高档消费人群的品牌较少。

（三）羊肉品牌建设营销维度分析

品牌建设的营销维度是企业对品牌产品实行的主要销售策略。河北省羊肉品牌建设的营销维度即当前河北省主要羊肉品牌企业为品牌产品的推广所采取的销售方式。

1. 销售模式以商超销售与订单销售为主，市场覆盖率较低

当前河北省羊肉的销售方式主要是线下商超销售和订单销售。前者通过将羊肉供给当地的农贸市场以及超市等，进行线下销售。这种销售方式的销售区域有限，一般仅限区域品牌企业所在地区。唐县和定州的羊肉目前供应北京90%的市场。河北省有一些订单式销售的成功企业，如供应北京市场的张家口康盛牧业和供应天津市场的津垦奥牧业，但这样的企业规模较小、数量偏少。张家口康盛牧业位于康保县深山区，方圆几十里内没有住户，饲养的肉羊可以在牧场放牧，其生产的"噶尔噶"牌草原羊肉具有高品质优势，实现了精品高端销售。该企业与北京某食品公司达成合作，委托屠宰加工企业进行精深加工，产品品种达到60多种，产品主要供应北京高端市场。但由于北京市场需求量大，而企业的母羊繁殖是短板，企业开始从内蒙古买入羔羊并进行育肥，因此，母羊繁殖成为其发展的主要制约因素。位于承德的河北津垦奥牧业公司是天津食品集团下属的股份公司，通过开展商品羊规模化杂交改良，建立起现代化优质肉羊产业体系，打造"承德羊肉"品牌，其生产的羊肉产品除在承德地区销售外，还通过天津食品集团进入天津市场。

尽管康盛牧业和津垦奥牧业这样的公司有稳定的销售对象，但都遇到了发

展规模无法扩大的问题，原因一是母羊繁殖跟不上，二是草地资源的有限性，三是受销售市场的制约较大。

2. 部分品牌羊肉采用直营店、专卖店销售，因成本高而效益差

有些养殖场通过在各地区建立线下的品牌直营店、专卖店，打造品牌专属的销售地点。虽然这种销售方式能够在一定程度上增加品牌产品销量、提高品牌知名度，但投入成本高，需要消耗大量的人力物力和资金。

3. 网络销售成本高，部分企业放弃此销售模式

部分企业通过扶贫网、与社区团购平台合作，开通微信线上商城等方式进行线上销售。网络销售需要较高的曝光度、网络平台推荐度，而若要实现这些，就需要投入大量资金用于购买平台流量，聘请明星主播带货等。网络销售需要向平台缴纳大量的平台费，占销售利润的 10%～20%，企业感觉承受不住，另外产品包装成本高，多种原因使得企业不得不逐步放弃该销售模式。

（四）羊肉品牌建设运营维度分析

运营维度是企业在品牌建设过程中根据品牌特色、自身发展实际情况采取的各种品牌运营模式。

1. 各种羊肉品牌企业运营模式均有不足

河北省羊肉品牌企业因为所在区域跨度较大，其品牌运营模式也体现出明显的差异性，但总体来说，可以把当前河北省的品牌运营模式分为三种："企业＋农户""企业＋养殖基地＋农户""养殖企业＋屠宰场＋销售公司"。

（1）"企业＋农户"模式，标准化饲养不足。该模式的特点是企业带动农户参与肉羊养殖，企业为农户提供种羊、技术等，农户将育肥的成品羊出售给企业。比如，承德市围场满族蒙古族自治县和石家庄灵寿县，在扶贫过程中采取了该模式。主要是企业以产业扶贫为依托，农户以扶贫资金、基础母羊或羊舍入股企业，通过土地流转、羔羊代养以及农户进场务工等方式，农户在年底获得分红、务工收入、土地租金等。在扶贫模式下，其收益依赖于其所依托的龙头企业的实际效益，一旦企业亏损，农户便会面临得不到收益而退出合作的情况，企业也将面临资金或基础母羊不足的情况，对羊肉品牌的建设产生不利影响。

其他的"企业＋农户"模式主要是发展家庭养殖，通过"公司＋农户"，带动周边农户积极实行舍饲圈养。公司为农户提供种羊、防疫、技术，回收成品羊。这种企业运营模式降低了农户养殖风险的同时，保证了自身羊肉供给。但农户的饲养水平不同，肉羊养殖的环境不同，所执行的饲养标准也不同，就会导致企业所回收的成品羊质量参差不齐，无法形成同一品牌下同一标准的羊肉。

（2）"企业＋养殖基地＋农户"运营模式，应用少、规模小。"企业＋养殖基地＋农户"模式主要特点是集约化、规模化。养殖基地可以是各个村庄，也可以是合作社，企业通过村集体、合作社与农户进行合作，减少了企业与农户之间的接触。企业一般通过建立肉羊养殖基地，组织农户集中参与肉羊饲养，将肉羊养殖生产过程统一起来，做到统一供种、统一防病灭病、统一供料、统一技术指导、统一培训、统一销售、统一收费标准、统一结算。养殖阶段结束后，再统一进行屠宰加工。企业在此过程中全程负责技术指导，做到对生产、流通、销售各个环节的监测。该模式下，品牌产品得以实现规模化养殖与羊肉质量标准的统一化。

河北省做得较好的是张家口津港澳公司和衡水志豪畜牧科技有限公司。张家口津港澳公司采取"企业＋合作社＋农户"为主要的运营模式，公司有200多头种公羊，各村养羊户成立一个合作社，公司统一配种，农户主要进行母羊繁殖和小羊的养殖，到几个月龄后，公司统一收羊，进行短期育肥后，销往天津。衡水志豪畜牧科技有限公司与韩庄镇政府合作，探索创新"龙头企业＋村集体＋农户"模式，公司协调银行贷款提供养殖保险，公司以低于市场的价格将育种的羔羊卖给村集体的农户，公司给养殖户免费提供养殖技术指导，以市场价格或者保护价收购农户的活羊，带动周边农户共同致富。但是由于企业需要投入的成本很高以及母羊繁殖过程有着较高的技术要求，所以当前该模式遇到的最大困难是缺乏懂繁殖技术的人员。

（3）"养殖企业＋屠宰场＋销售公司"模式，受母羊繁殖能力不稳定的制约。该模式的特点是养殖、屠宰加工、销售一体化。以张家口康保县康盛牧业有限公司为例。公司位于康保县康保镇刘板头村，成立于2013年，依托易地搬迁流转土地建设羊养殖场，实行自繁自养。其建有标准化羊棚，将散养与圈养方式相结合，所产羊肉品质高，口感好。为提升羊肉产品的竞争力，公司注册了噶尔噶草原牌羊肉商标。随着养殖规模的扩大，公司与北京某公司形成利益联结关系，由公司给北京某公司提供活羊，北京某公司支付冷链物流费用，并负责加工成冷鲜羊肉，每天配送指定店面，且提供第三方资金结算。

除养殖外，公司还进行屠宰加工，产品主要供应北京市场。随着北京市场供应数量的增加，公司的羊苗供应出现不足，开始从内蒙古购入一部分活羊，实行短期育肥。通过"养殖企业＋屠宰场＋销售公司"，实现由牧场向园区转型，在稳定养殖规模的基础上，重点主攻畜产品加工，提高产品附加值、市场占有率和竞争力，力争建成全市乃至全省农业产业化龙头企业，有效实现农业、农民双增收。"养殖企业＋屠宰场＋销售公司"模式，也是未来河北省品牌羊肉建设的发展方向。

2. 各模式下的羊肉品牌均无地理标志认证

尽管河北省很多地区具有良好的自然资源为羊产业发展提供了一定的客观条件，但至今没有成功申请地理标志认证。

五、河北省羊肉品牌建设的对策建议

综合以上对河北省羊肉品牌建设的研究，针对羊肉品牌建设的阻碍因素，提出以下建议。

（一）优化品种结构，确保母羊供应

加强良种繁育体系建设，在品种选择上，要充分利用河北省当地的优质小尾寒羊和湖羊为母本，通过杂交培育出产肉率高、肉质好的肉羊品种。在政策上，加大种公羊或能繁母羊的专项补贴，从根本上解决制约羊肉品牌建设的母羊繁殖问题。加大繁育技术人员的培训，减少母羊繁殖过程的死亡率。

（二）提高饲养技术，保证羊肉品牌产品质量

肉羊养殖要向标准化、规模化、产业化、机械化方向发展，在肉羊饲养环境上，借鉴肉牛及奶牛饲养场的建设，扩大肉羊运动场建设，增强肉羊运动量，提升肉羊品质；在饲喂技术上，加强对肉羊不同育肥期的精细化管理，加强肉羊的保健管理及改善羊场环境，加强疫病防疫工作。大力扶持规模化和标准化的肉羊养殖小区、养殖基地建设，制定适用的、简化高效的标准化养殖技术规范，全面提升河北省养羊技术水平，提高养羊户规模化、标准化程度。

（三）加强羊肉产品精深加工，提高品牌产品的附加值

鼓励屠宰企业加强内外联动，引进先进的羊肉食品深加工技术和经验，实现产品标准化与肉羊产业的可持续发展。引入 MPS 屠宰线，完善预冷集配中心、低温分割加工车间、冷库等设施。增加中高端羊肉品牌产品的生产比重，提高品牌产品的生产水平，创新高端的冰温羊肉和发酵羊肉等产品，加大调理制品、预制家庭菜肴、休闲、即食等高附加值产品的生产比重，满足消费者对于高端羊肉产品需求的同时，增强企业品牌影响力。做好副产品的开发，积极开展羊肉低值部位高值化加工、羊副产品综合利用。

（四）加强宣传，提高河北省羊肉品牌的知名度

鼓励企业利用抖音、快手、微信公众号等新型社交平台，通过发布相关短视频作品，对河北省品牌羊肉进行宣传。同时注意线上线下联动，参与、举办

与品牌羊肉相关的线下活动，讲好品牌故事，提高消费者对其品牌的认知度。加强农产品地理标志认证和企业品牌建设，鼓励金融机构和企业建立专利、商标权抵押贷款，激发企业创新活力，推动地理标志产品的申请工作。积极引导区域公用品牌的建立，规范区域内各企业对于公用品牌的使用。

参 考 文 献

陈星，2022. 基于 4C 理论的安徽 ZH 羊业集团网络营销策略优化研究 [D]. 蚌埠：安徽财经大学.

崔剑峰，2019. 发达国家农产品品牌建设的做法及对我国的启示 [J]. 经济纵横（10）：123-128.

董谦，2015. 中国羊肉品牌化及其效应研究 [D]. 北京：中国农业大学.

侯红梅，2021. 地方特色农产品品牌塑造模式创新研究——以四川省为例 [J]. 商业经济研究（6）：138-141.

胡智胜，杨景晁，2018. 山东省畜牧品牌建设之路浅析 [J]. 中国畜牧业（19）：33-35.

贾媛，2020. 四子王旗种羊区域品牌建设研究 [D]. 呼和浩特：内蒙古农业大学.

李后强，2020. 精准扶贫下的农产品标志性品牌打造 [J]. 当代县域经济（3）：10-17.

李睿，2016. 民勤羊肉地理标志产品的品牌化建设研究 [D]. 兰州：兰州大学.

李婷婷，2019. 品牌建设之浅见 [J]. 质量探索，16（1）：77-80.

廖梦洁，齐林，2020. 基于互联网环境的农产品品牌增值策略研究 [J]. 农业经济（7）：121-123.

刘娜，2021. 河北省城市居民品牌羊肉购买行为研究 [D]. 保定：河北农业大学.

卢黎歌，吕广利，高如，2020. 县域农产品品牌传播力评价与提升 [J]. 西北农林科技大学学报（社会科学版），20（5）：154-160.

慕静，东海芳，刘莉，2021. 电商驱动农产品品牌价值创造的机制——基于京东生鲜的扎根理论分析 [J]. 中国流通经济，35（1）：36-46.

娜仁，2019. 锡林郭勒羊肉区域品牌竞争力评价与提升对策研究 [D]. 西安：长安大学.

史梦媛，2019. "盐池滩羊"地理标志品牌竞争力评价研究 [D]. 银川：宁夏大学.

王峰，2018. 加快肉羊规模养殖，打造羊肉品牌形象 [J]. 中国畜禽种业，14（3）：88.

王艳，王少华，等，2021. 唐县肉羊产业经营模式、品牌建设现状及对策 [J]. 中国集体经济（10）：72-73.

杨荣，2022. QB 湖羊品牌战略研究 [D]. 长春：吉林大学.

曾艳，2020. 经济法视野下我国农产品地理标志品牌建设研究 [J]. 东南大学学报（哲学社会科学版），22（S2）：90-93.

张丽，肖斌，2019. 河北省特色农产品品牌营销战略的规划与实施策略研究 [J]. 农业经济（8）：130-132.

周高宁，2019. 呼伦贝尔西旗羊肉营销策略研究 [D]. 福州：闽江学院.

专题七　河北省肉羊养殖效率评价及影响因素研究

一、研究背景和概念界定

（一）研究背景与意义

中国是肉羊存栏量、出栏量、羊肉产量大国，其中羊肉产量长期居于世界第一位。国家统计局数据显示，2020 年全国肉羊出栏量为 30 655 万只，存栏量为 31 941 万只，羊肉产量达 492 万吨，同比增长 0.98%，城镇人均羊肉消费量 1.92 千克，高于世界平均水平 1.7 千克。河北省形成了以保定唐县、曲阳县、张家口康保县、沽源县等为主的肉羊养殖大县，在带动贫困户致富，助力脱贫攻坚工作上发挥不可替代的作用。河北省肉羊产业虽然已初具规模，但与其他肉羊发达省份相比，仍存在产业链条短、饲养管理技术水平低等问题。本文从河北省的实际情况出发，以成本收益理论、经济发展理论、比较优势理论为理论基础，以肉羊养殖效率为研究对象，对养殖效率进行测度，剖析其主要影响因素，旨在提高河北省肉羊养殖效率，实现河北省肉羊产业高质量发展，不仅对于河北省肉羊产业的健康稳定发展具有重要意义，同时也为畜牧业发展提供决策参考。

（二）概念界定

1. 养殖效率

在经济学概念中，生产效率指的是在固定投入不变的情况下，事物运作处理过程中实际产出与最大产出之间的比率。通常用来衡量与最优目标的接近程度，也经常用来评价在给定产量、成本或收入条件下的绩效水平。在 DEA 中效率一般指技术效率，也称为综合效率，即在一定投入与一定产出的基础之上，测算参与生产的各要素（劳动力、物质投入、土地、技术等）是否得到充分利用，获得收益是否达到最大化。本研究中的养殖效率指肉羊的养殖技术效率，本研究将采用 DEA 数据包络分析方法，将综合效率分解为纯技术效率和规模效率进而对河北省肉羊养殖效率进行评价。

综合效率是指在保持决策单元投入指标不变的情况下，实际产出与理想产出的比值。一般用于衡量在特定生产环境下，既定投入所能实现的最大潜在产出与实际产出之间的差距。实际产出与最大产出的比值范围为 0～1，当比值为 1 时，投入要素达到最大产出水平，代表综合效率有效且无损失。概念式可以表达为：$T = X/Y$。

纯技术效率指在现有技术和管理水平下，剔除规模因素后，决策单元将既定投入转化为产出的能力，反映制度、技术和管理等非规模因素对生产效率的影响。

规模效率指因生产规模不同而导致的实际产出与最优规模下潜在产出之间的差异，反映规模因素对生产效率的影响。

综合效率＝纯技术效率×规模效率

2. 养殖成本

（1）物质与服务费用。物质与服务费用主要指在物质生产过程中为生产最终产品所消耗各项物质生产相关的费用，例如：资料费、购买的服务性支出以及其他费用等。在肉羊养殖中物质与服务费用主要包括：仔畜费、精粗饲料费、医疗防疫费、技术服务费、固定资产折旧费等。

仔畜费。肉羊在养殖过程中的仔畜费按仔畜的两种不同来源（购买和自繁自育）应分两种方式计算。农户购买羊羔时，仔畜费应按照实际买卖购进价格以及在运输中产生的运杂费之和进行计算；自繁自育的仔畜费以实际的饲养成本或肉羊产品的市场价格来进行成本核算。在计算仔畜费时应将仔畜和畜产品的成本进行分开核算。

饲料费用。肉羊饲料的种类一般主要分为精饲料和青粗饲料两大类。计算方式为：若饲料为购买方式获得，以市场上购买实际价格进行计算；自产饲料以同期市场价格进行计算；野生饲草等自采饲料由于市场价格获得性难，实际发生费用通常由当地（市县）成本调查机构进行定价计算。

医疗防疫费。指对肉羊群体采取免疫接种、疫病检测、驱虫和对肉羊圈舍进行消毒、生物安全控制等防止动物疫病产生所发生的一系列费用。

技术服务费。指肉羊养殖者为提升肉羊养殖技能所进行的技术培训活动和相关养殖性技术服务所产生的费用。

（2）人工成本。人工成本指在养殖过程中，通过家庭用工和雇佣劳动力产生的费用。家庭用工折价指的是，在肉羊生产过程中，养殖户和家庭成员以无偿的方式一起劳动或相互换工劳动的方式进行肉羊养殖工作所产生的成本。

家庭用工折价＝家庭用工天数×劳动日工价

家庭劳动用工天数指养殖户为饲养肉羊所需劳动的时间，按照劳动法规定每天 8 小时进行折算的天数。

雇佣成本指肉羊养殖者雇佣其他劳动力进行肉羊养殖活动所产生的费用。包括支付给雇佣工人的工资、伙食费、住宿费、保险费等。短期雇工可按照实际劳动天数进行给付工资计算；长期合同式雇工（连续工作时间超过一个月）工资计算需要将平均每月发放的工资额（包含绩效、福利奖金等）除以 30 来计算每日工资金额，雇佣费用根据每日工资费用与实际标准的劳动天数获得。

雇工价格＝每日雇工价格×雇工天数

（3）土地成本。养殖户为养殖肉羊承包或租赁的经营性养殖场地（包括土地、地面附着物，如：羊舍等）所需承担的费用。由于河北省肉羊养殖大多为散养养殖，且养殖区域多集中于山区、耕地或半耕种的农区；肉羊养殖场大多为自留耕地或农村自家院落，无需承担养殖中的土地成本；现有成本收益年鉴中，关于土地成本核算也没有具体记录，所以在总投入核算中不计入土地成本。

3. 养殖收益

（1）净利润、成本利润率。养殖净利润是养殖户的净收益。肉羊养殖的净利润主要指产品的肉羊总产值扣除在养殖过程中所投入的成本，投入的成本包括：仔畜费、精粗饲料及饲料加工费、人工成本、技术成本以及水电费等一系列在养殖过程中所产生的费用。总产值减去总成本即为净利润。

肉羊净利润＝肉羊总产值－养殖总成本

肉羊成本利润率＝肉羊净利润/养殖总成本×100％

（2）主产品产量。主产品产量是指在单位时间内所生产出产品的数量或者重量。在本文中主要是指饲养活羊的重量。

（3）产品产值。产品产值是指肉羊养殖户售卖羊产品获得的收入。除了销售羊肉获得收入以外，用来馈赠他人、自己食用或待销售的留存的主产品按照当前消费水平下的平均出售价格计算。

二、河北省肉羊养殖效率分析

（一）模型结构

DEA 是一套基于线性规划的效率评价方法，它将每个决策单元的多投入、多产出转化为"相对效率"指标。具体而言，通过将目标单元与一组提供同质服务的参照单元进行比较，求解使该单元的效率最大化的权重组合；若效率值为 1，则判定该单元处于生产前沿面，为相对有效单元；效率值小于 1，则视为相对无效。通过将无效率与有效率做对比，发现改善无效率的方法。

1. CCR 模型（规模报酬不变的 CRS）

CCR 模型是 DEA 模型中极具代表性的模型，不单是因为它的许多性质和定理，还在于它的讨论及证明技巧。初始的 CCR 模型是一个分式规划，运用每个决策单元的输入及输出数据，建立 DEA 模型，由线性规划到理论技巧，观察决策单元是否落在生产前沿面上，从而判断 DEA 是否有效。每一个产出都有一个权重 u 通过加权平均的方式，将多个产出合成一个产出指数。测算投入产出比，数值越大，代表技术效率值越高。

CCR 模型具体原理如下：

假设有 n 个决策单元（DMU），每个决策单元有 m 种输入要素和 s 种输出（即投入和产出），于是第 K 个决策单元的投入和产出向量分别为：

投入向量：

$$X_k = (X_{1k}, X_{2k}, \cdots X_{mk})^T > 0 (k = 1, 2, \cdots n)$$

产出向量：

$$Y_k = (y_{1k}, y_{2k}, \cdots, y_{mk})^T > 0 (k = 1, 2, \cdots, n)$$

当 DEA 在评价不同决策单元时，赋予每个投入产出指标权重。

投入权重：

$$W = (w_1, w_2, \cdots, w_m)^T$$

产出权重：

$$Q = (q_1, q_2, \cdots, q_s)^T$$

构成线性规划来得到最佳权重向量，使评价水平最高。

$$\max \frac{\sum_{r=1}^{s} q_r y_{rk}}{\sum_{i=1}^{m} w_i x_{ik}}$$

$$\text{s. t. } \frac{\sum_{r=1}^{s} q_r y_{rk}}{\sum_{i=1}^{m} w_i x_{ik}}$$

$$q_r \geqslant 0 \quad r = 1, 2, \cdots, s$$

$$w_i \geqslant 0 \quad i = 1, 2, \cdots, m$$

利用 Charmes&Cooper（1962）对分式规划变换，将分式规划改为线性规划问题，令：

$$g = 1/W^T X$$

$$a = gW$$

$$\beta = gQ$$

构成线下规划模型：

$$\max \beta^T Y_K$$

$$\text{s. t. } a^T X_J - \beta^T \geqslant 0, j = 1, 2, \cdots, n$$

$$a^T X_k = 1$$

对偶规划为：

$$\min\theta$$

$$\text{s.t.} \sum\nolimits_{j=1}^{n} x_{ij}\lambda_j \leqslant \theta x_{ik}, i = 1, \cdots, m$$

$$\sum\nolimits_{j=1}^{n} y_{rj}\lambda \leqslant y_{rk}, r = 1, \cdots, s$$

$$\lambda_j \geqslant 0, j = 1, 2, \cdots, n$$

式中，x_{ij}，y_{rj} 作为决策单元的投入变量与产出变量，λ_j 为线性规划系数；求得的最佳 θ 为决策单元 k（肉羊养殖）的综合效率，且 $0 \leqslant \theta \leqslant 1$，当 $\theta = 1$ 时，说明决策单元处于前沿面上，DEA 有效，养殖综合效率处于有效状态，当 $\theta < 1$ 时，说明存在资源浪费现象，肉羊养殖综合效率存在技术损失。

2. BCC 模型（规模报酬可变的 VRS 模型）

BCC 模型计算出来的效率为综合效率，通过将综合效率细分为规模效率、纯技术效率，进而来判断规模报酬处于递增、递减还是不变。以 1 为界限，当生产要素增加一倍时，如果产量也增加一倍，规模报酬处于不变状态；若产量增加一倍以上，表示规模报酬处于递增状态；反之，若产量增长一倍以下，那么处于规模报酬递减状态。

基于规模报酬不变的假设，如果想要把规模因素剔除后测算纯技术效率，需要在 CCR 模型的基础上加入线性规划约束式：

$$\sum\nolimits_{j=1}^{n} \lambda_j = 1$$

规模报酬可变 BCC 模型，规划式如下：

$$\gamma^* = \min\theta$$

$$\text{s.t.} \sum\nolimits_{j=1}^{n} x_{ij}\lambda_j \leqslant \theta x_{ik}, i = 1, \cdots, m$$

$$\sum\nolimits_{j=1}^{n} y\lambda_j \geqslant y_{rk}, r = 1, \cdots, s$$

$$\sum\nolimits_{j=1}^{n} \lambda_j, \lambda \geqslant 0$$

由于技术效率（TE）包含规模效率（SE）和纯技术效率（PTE），三者之间关系为：

$$SE = \frac{TE}{PTE}$$

由于肉羊养殖中并不是所有 DMU 均满足规模收益不变的情况，所以在散养肉羊养殖中充分考虑存在规模收益可变，即递增或者递减情况的出现，所以本研究使用 DEA - BCC 模型。

（二）数据的来源及处理

1. 数据的来源

由于《全国农产品成本与收益资料汇编》最新年鉴数据更新到 2018 年，

所以本研究仅对 2008—2018 年 11 年间的河北省养殖效率及影响因素进行分析。选取河北省以及其他 4 个肉羊优势主产区省份（河南、山东、陕西、新疆）的投入产出数据，对养殖效率进行测度，同时将河北省与其他养殖大省进行对比，找出差距和短板。肉羊投入的相关数据主要来源于 2009—2019 年《全国农产品成本收益资料汇编》统计数据。

2. 变量的选取

在投入指标中，选用三个变量进行单元决策。投入变量 X_1 指每只肉羊养殖过程中所需投入的精饲料和青粗饲料费用（元/只）；投入变量 X_2 指除去饲料费的其他物质与服务费用。具体包括仔畜费、饲料加工费、水费、燃料动力费、医疗防疫费和修理维护费等直接费用，以及固定资产折旧、保险费、管理费、财务费等其他间接费用（元/只）；投入变量 X_3 为人工成本（元/只）。为了避免物价指数对结果的影响，以 2008 年为基年，对肉羊产出指标（肉羊总产值）、投入指标（饲料投入、物质与服务投入、人工投入）分别按相应的价格指数进行了调整。

表 7-1 显示，单只肉羊的饲料投入平均值为 130.14 元/只，2018 年达到最大值 172.16 元/只。相较于其他两项投入指标，其他物质与服务费用变化较小。但在 2018 年，肉羊的其他物质与服务费用达到最高值 475.19 元/只，是 2009 年的 3.43 倍，高于平均值 78.21%，人工成本的占比幅度逐年增高，标准差为 124.30，与饲料费用标准差接近，说明变化幅度大。

在产出指标中，2007—2018 年河北省肉羊总产值为 774.16 元/只，2018 年达到最大值 1 259.24 元/只，标准差为 224.95，变化幅度最大。

表 7-1 2007—2018 年河北省肉羊养殖业投入产出描述统计表

单位：元/只

指标类型	变量	平均值	最大值	最小值	标准差
产出指标	总产值	774.16	1 259.24	500.79	224.95
投入指标	饲料	130.14	172.16	85.19	121.19
	其他物质与服务费用	266.64	475.19	138.56	96.80
	人工成本	298.65	431.70	118.56	124.30

数据来源：《全国农产品成本收益资料汇编》（2009—2019 年）。

（三）河北省肉羊产业养殖效率分析

1. 样本描述

本文是针对不同省份肉羊养殖效率进行有效性评判，其规模报酬处于可变状态，别除环境因素与其他随机因素的影响，选用 DEA 中规模报酬可变的

BCC 模型，首先选取河北省肉羊投入产出具体指标进行描述性说明，运用 MaxDEA 软件进行综合效率评价分析；其次将河北省与其他肉羊养殖大省综合效率进行对比。

2. 河北省肉羊产业投入产出效率变化特征分析

选取河北省 2008—2018 年肉羊产业的各个投入指标与产出指标作为样本数据，以投入作为导向，将综合效率分解为纯技术效率和规模效率。运用数据包络分析法中的 BCC 模型对肉羊养殖效率进行计算，结果见表 7-2。

表 7-2　河北省肉羊养殖效率分析

年份	技术效率 （TE）	纯技术效率 （PTE）	规模效率 （SE）	规模报酬 （RTS）
2008	1	1	1	Constant
2009	0.83	0.84	0.99	Increasing
2010	0.72	0.76	0.94	Decreasing
2011	0.87	1.00	0.87	Decreasing
2012	0.86	0.99	0.87	Decreasing
2013	0.81	0.94	0.87	Decreasing
2014	0.67	0.83	0.81	Decreasing
2015	0.50	0.62	0.80	Decreasing
2016	0.51	0.64	0.81	Decreasing
2017	0.72	1	0.72	Decreasing
2018	0.87	1	0.87	Decreasing
平均值	0.76	0.87	0.87	—

数据来源：由 MaxDEA 8 Basic 软件运行计算所得。

由上表可知，2008—2018 年河北省肉羊养殖综合效率呈波动性变化趋势，且只有 2008 年河北省肉羊养殖综合效率值达到有效水平。2008—2010 年河北省肉羊综合效率处于下降过程，2011—2015 年再次呈现大幅度下降过程，并于 2015 年下跌到效率值最低水平 0.5，2016—2018 年呈上升趋势，在这一阶段，技术效率变化急速上升，2018 年达到 0.87。经计算，2008—2018 年河北省肉羊养殖综合效率平均值为 0.76，存在效率损失。在这期间，有 6 年综合效率实际值超过平均效率值，占总数的 55%，这说明 2008—2018 年河北省肉羊养殖主体在一定的环境和生产条件下没能获得最大产量，肉羊产业生产水平不高。整体来讲，河北省肉羊生产状况存在效率损失。究其原因，还要从综合效率的两个指标——纯技术效率和规模效率来分析。

从纯技术效率指标来看，在 2008—2018 年整体变动趋势处于波动状态。

变化趋势与综合效率变化趋势相近，说明纯技术效率的变化对综合效率影响较大。具体来说：第一阶段，2008—2010 年开始呈下降趋势；第二阶段，2011—2015 年处于第二次下降过程；第三阶段，2016—2018 处于上升过程，其中，2008 年、2017 年、2018 年纯技术效率值为"1"，说明这三年纯技术效率处于有效状态，代表肉羊养殖管理制度、产业结构、创新制度等水平为有效状态。生产资料在养殖投入上利用充分。在变动趋势中，纯技术效率在 2015 年处于最低值水平 0.62，其次为 2016 年 0.64，两年间纯技术效率水平变化较小，说明投入利用不充分。经计算，2008—2018 年纯技术效率平均值为 0.87，高于纯技术效率平均值的年份占总年份的 55%，说明河北省肉羊养殖纯技术效率水平较低，管理水平和技术进步等方面的投入还存在欠缺。

从规模效率指标来看，2008—2018 年河北省肉羊养殖规模效率呈现先下降后上升的趋势，按照趋势特征可分为两个阶段：第一阶段为 2008—2017 年的"持续下降阶段"，2008 年规模效率达到有效数值"1"，代表该年肉羊投入和产出比例合理。以后开始呈逐年递减状态，并于 2017 年下降到最低值0.72；第二阶段为 2018 年后的"快速上升"阶段，2018 年肉羊规模效率值达到 0.87，与 2008—2018 年平均效率值持平，且高于 2014—2017 年水平。经计算，在 2008—2018 年河北省规模效率平均值为 0.87，其中 2011 年、2012 年、2013 年、2018 年四年的规模效率值均为 0.87，从规模效率的走势上看，规模效率整体走势较为稳定。这说明在肉羊养殖过程中，投入与产出水平变化趋势长时间处于平稳状态。另外，随着时间的变化，规模效率呈下降趋势，说明投入与产出的比例越来越不合理，同时河北省肉羊养殖规模化程度不高，且肉羊养殖存在收支不合理现象，养殖户经济利益无法得到有效保障。

从规模报酬变化可以看出，2008 年河北省肉羊规模养殖报酬处于不变状态，这说明肉羊养殖收益进入规模不变阶段，在获得规模扩大所带来的收益后会继续扩大生产规模；2009 年为规模报酬递增状态，代表河北省肉羊产量增长比例要比生产要素比例增加的比值大。说明肉羊养殖的大规模化会带来统筹资金、购买生产资料、销售等方面的好处；2010—2018 年均为规模递减状态，表明河北省肉羊养殖长期处于产量增加的比例小于生产要素比例的情形。在规模经济中，养殖收益并不随着养殖规模的扩大而增加，当规模超过临界值后，出现人力、资金以及各生产要素浪费的情况，养殖收益减少。河北省由于养殖规模和技术水平、经营管理等不匹配，造成养殖过程中存在资源浪费现象，规模收益减少。

综上所述，在 2008—2018 年，只有 2008 年肉羊综合效率处于有效状态。其他年份均存在效率损失，说明河北省肉羊养殖水平处于较低的状态；从综合效率、纯技术效率、规模效率的变动趋势发现，综合效率走势与纯技术效率走势相近，说明纯技术效率是影响综合效率变化的重要因素。投入要素通过有效配置和利用，能够使产出达到最大化，纯技术效率的下降导致了综合效率的下降。

3. 河北省肉羊养殖效率对比分析

将河北与河南、山东、陕西和新疆作为 5 个决策单元，2008—2018 年共计 55 个决策单元，计算不同地区的效率值，结果见表 7 - 3。

表 7 - 3　2008—2018 年我国主要肉羊产地 DEA 有效结果统计

地区	年份	综合效率	纯技术效率	规模效率	规模报酬
河北	2008	1.00	1.00	1.00	Constant
	2009	0.83	0.84	0.99	Constant
	2010	0.72	0.76	0.94	Constant
	2011	0.87	1.00	0.87	Increasing
	2012	0.86	0.99	0.87	Constant
	2013	0.81	0.94	0.87	Decreasing
	2014	0.67	0.83	0.81	Decreasing
	2015	0.50	0.62	0.80	Decreasing
	2016	0.51	0.64	0.81	Decreasing
	2017	0.72	1.00	0.72	Decreasing
	2018	0.87	1.00	0.87	Decreasing
	平均值	0.76	0.87	0.87	——
河南	2008	1.00	1.00	1.00	Constant
	2009	1.00	1.00	1.00	Constant
	2010	0.94	0.96	0.98	Decreasing
	2011	0.89	1.00	0.89	Decreasing
	2012	0.92	1.00	0.92	Decreasing
	2013	0.94	1.00	0.94	Decreasing
	2014	0.93	0.97	0.96	Decreasing
	2015	0.92	0.95	0.97	Decreasing
	2016	0.93	0.96	0.97	Decreasing
	2017	0.96	0.99	0.97	Decreasing
	2018	0.97	1.00	0.97	Decreasing
	平均值	0.95	0.98	0.96	——

（续）

地区	年份	综合效率	纯技术效率	规模效率	规模报酬
山东	2008	1.00	1.00	1.00	Constant
	2009	0.94	0.97	0.97	Increasing
	2010	1.00	1.00	1.00	Constant
	2011	0.91	1.00	0.91	Decreasing
	2012	0.87	0.95	0.92	Decreasing
	2013	0.94	1.00	0.94	Decreasing
	2014	0.80	0.84	0.95	Decreasing
	2015	0.71	0.71	1.00	Decreasing
	2016	0.76	0.76	1.00	Decreasing
	2017	0.91	0.95	0.96	Decreasing
	2018	0.99	1.00	0.99	Decreasing
	平均值	0.89	0.93	0.97	—
陕西	2008	1.00	1.00	1.00	Constant
	2009	0.96	1.00	0.96	Increasing
	2010	0.75	0.77	0.97	Increasing
	2011	1.00	1.00	1.00	Constant
	2012	1.00	1.00	1.00	Constant
	2013	0.97	1.00	0.97	Decreasing
	2014	0.87	0.89	0.98	Decreasing
	2015	0.91	0.93	0.98	Increasing
	2016	0.98	0.99	1.00	Increasing
	2017	0.97	0.98	0.99	Increasing
	2018	1.00	1.00	1.00	Constant
	平均值	0.95	0.96	0.99	—
新疆	2008	1.00	1.00	1.00	Constant
	2009	0.89	1.00	0.89	Decreasing
	2010	0.78	0.83	0.94	Decreasing
	2011	0.83	0.97	0.85	Decreasing
	2012	0.71	1.00	0.71	Decreasing
	2013	0.66	1.00	0.66	Decreasing
	2014	0.97	1.00	0.97	Decreasing
	2015	0.80	0.92	0.87	Decreasing

（续）

地区	年份	综合效率	纯技术效率	规模效率	规模报酬
新疆	2016	0.76	0.88	0.86	Decreasing
	2017	0.95	0.99	0.96	Decreasing
	2018	0.84	1.00	0.84	Decreasing
	平均值	0.84	0.96	0.87	—

数据来源：由 MaxDEA8Basic 软件运行计算所得。

表 7-3 显示，5 个省份综合效率变化从高到低分别是：河南、陕西、山东、新疆和河北。其中河南与陕西并列第一，综合效率平均值均为 0.95，接近效率有效数值"1"，这说明河南、陕西肉羊养殖投入与产出比率比较好，生产资料利用情况充分，养殖主体盈利高。而河北肉羊养殖综合效率值以 0.76 排在第 5 位，与排名最高省份相差 19 个百分点，且低于 5 省份综合效率平均值 0.88，说明河北省肉羊养殖综合效率低于其他 4 个肉羊优势产区所在省份，肉羊生产能力整体水平不高。

在纯技术效率和规模效率排序中，河北省均处于最后一位。纯技术效率指标，5 个省份由高到低排名分别是：河南、陕西、新疆、山东和河北，纯效率值分别为：0.98、0.96、0.96、0.93、0.87。河北省纯技术效率值与河南省相差 11 个百分点，与 5 省份纯技术效率平均值相差 7 个百分点。规模效率指标，5 省份中规模效率值最高的是陕西 0.99，其次是山东 0.97，两省份趋近于有效状态；河北规模效率为 0.87，与最高值相差 12 个百分点，与平均值水平相差 6 个百分点。

通过以上对比发现，河北省综合效率排名、纯技术效率和规模效率指标均处于第五位，且都低于 5 个省份的平均水平。这说明河北省虽然是肉羊养殖大省，但在养殖效率上则处于中下等水平。

三、河北省肉羊养殖效率影响因素分析

（一）模型选择与介绍

Tobit 模型也称为受限因变量模型，是因变量满足某种约束条件下取值的模型。由美国经济学家 James Tobin 在 1958 年对家庭耐用品的支出情况进行分析时首次提出。在分析河北省肉羊养殖效率影响因素中，上文采用 DEA 方法所测得的肉羊养殖效率数值是在 0～1 的区间中，都在正数值上连续分布，且具有离散特点，如若采用最小二乘法对受限因变量直接回归可能会导致参数估计值有偏差，而 Tobit 可以很好地对截断数据进行处理，且可以精确地解释综合效率并对影响因素进行回归分析。所以本章采用 Tobit 模型回归来分析河北省肉羊养殖效率的影响因素。

根据 DEA－Tobit 二阶段分析方法，第一阶段运用 DEA 方法测算河北省肉羊的养殖综合效率；第二阶段基于第一阶段求得的综合效率值作为第二阶段影响因素的解释因变量，基于 Tobit 模型，运用 Stata16.0 进行回归，分析河北省肉羊养殖综合效率的影响因素。

Tobit 模型的一般表现形式是：

$$y_i = \begin{cases} \varepsilon + \beta x_i + v_i, & \varepsilon + \beta x_i + v_i > 0 \\ 0, & \varepsilon + \beta x_i + v_i \leqslant 0 \end{cases} \qquad i = 1, 2, \cdots, N$$

式中，i 代表样本观测个数，为河北省肉羊养殖主体样本数量，x_i 为影响肉羊养殖综合效率的各个因素，y_i 为河北省肉羊养殖生产的综合效率值，β 是 x_i 的待估计参数，v_i 是随机误差项，服从正态分布 $N(0, \sigma^2)$，ε 是随机干扰项。

（二）数据来源与指标解释

梳理现有畜牧和养殖领域综合效率及影响因素文献研究（罗利平，2015；秦少华，2020；丁琪，2021），结合河北省肉羊养殖现状及综合效率特征，从投入角度的内在环境因素和外部环境选择肉羊养殖影响因素的指标，分别为育种与繁育、饲料生产与管理、人工投入与使用、技术推广与应用、养殖资源与环境、物质产量与生产、政策扶持与奖励、养殖主体素质与文化水平等 8 个因素。

（1）育种与繁育因素。仔畜费占肉羊养殖总成本比重（X_1）能够直观反映肉羊养殖在良种繁育和育种工作中的技术成熟程度。在生产实践中仔畜费占肉羊养殖总成本比重越低，代表畜仔繁殖效率越高，良种繁育和育种工作技术水平越强。

（2）饲料生产与管理因素。精饲料投入占肉羊养殖总成本比重（X_2）反映了饲料生产的状况、饲料结构、饲料配比是否具有科学性。

（3）人工投入与使用因素。散养户一般没有雇工，用工数量越多代表养殖场规模越大，因此人工费用投入占肉羊养殖总成本比重（X_3）就越大。

（4）技术推广与应用因素。养殖技术运用得越好越有利于养殖技术效率的提升。

（5）养殖资源与环境因素。选取河北省羊肉产量占全国羊肉产量的比重（X_5）作为变量，观察河北省目前肉羊的生产环境是否会对综合效率产生积极影响。

（6）物质产量生产因素。粮食作物是饲料的主要来源，河北省粮食产量（X_6）的高低直接影响地区生产成本，进而对技术效率产生影响。

（7）政策扶持与奖励因素。选取国家统计局官网农业农村部对农林水事务支出中对农业方面的支出（X_7）作为国家对农业畜牧业政策性扶持指标。

（8）养殖主体素质与文化水平因素。养殖主体的文化水平越高对专业技术知识的接受能力和对新技术的应用能力越强，对养殖效率影响越积极。以农村居民家庭每百人中高中以上文化程度人数（X_8）来反映养殖主体的文化水平和对技术的接受能力。

（三）模型结果与分析

1. 模型运行结果

本研究采用 Tobit 回归估计，利用 Stata 软件，对河北省肉羊养殖影响因素进行分析，回归结果见表 7 - 4。

表 7 - 4　河北省肉羊养殖技术效率影响因素分析结果

变量	变量含义	回归系数	标准误差	P 值
X_1	仔畜费投入比重	−18.370 46***	2.663 342	0.006
X_2	精饲料投入比重	−35.447 1***	4.936 204	0.006
X_3	人工费用投入比重	−22.154 7***	3.054 469	0.005
X_4	县市级畜牧站在编人数	0.000 507***	0.000 080 3	0.008
X_5	羊肉产量比重	−0.235 63**	0.053 166 7	0.021
X_6	粮食产量	−0.000 2	0.000 135 8	0.229
X_7	国家财政农林水事务支出（农业）	0.000 203**	0.000 055 6	0.036
X_8	农村居民家庭劳动力高中以上学历人数	0.267 117**	0.060 749 2	0.022

注：***、**、* 分别代表在 1%、5% 和 10% 的水平下显著。

2. 结果分析

（1）仔畜费投入比重 X_1 对肉羊养殖效率的影响在 1% 的水平下显著。影响系数 β 值为−18.370 46，表明河北省肉羊养殖在育种和良种繁育水平上对肉羊养殖技术效率产生较大负向影响，与实际情况基本吻合。育种和繁育工作为肉羊生产提供良好的种质资源并促进肉羊繁殖扩大生产。然而仔畜费投入比重越大会导致肉羊技术效率越低，因为这代表畜仔多为购进而不是自有繁育。

（2）精饲料投入比重 X_2 在 1% 的水平下显著，影响系数 β 值为负值。说明精饲料投入比重对肉羊养殖效率产生较大负向影响，说明饲料结构不合理。过量投入精饲料还会导致肉羊消化不良、酸中毒等状况的发生，不仅浪费饲料导致成本增加，还会影响肉羊的生长健康。

（3）人工费用投入比重 X_3 在 1% 的水平下显著，影响系数 β 值为负。原因可能是目前青壮年劳动力向城市转移，雇工或散养人员多为老年人，影响科学养殖技术的普及。

（4）县市级畜牧站在编人数 X_4 在 1% 的水平下显著，影响系数 β 值为正。说明技术人员配备可以提升肉羊养殖效率。

（5）羊肉产量比重 X_5 在 5% 的水平下显著，影响系数 β 值为负，说明羊肉产量比重越高，养殖效率越低。这种情况与预期不同，原因是当前养殖规模扩大后，生产要素未得到合理配置。同时，养殖规模与技术水平、经营管理能力等不匹配，造成养殖过程中存在资源浪费严重、规模收益减少的现象。

（6）粮食产量 X_6 未通过显著性检验，表明粮食产量因素对养殖效率影响不显著。

（7）政策因素 X_7 在 5% 的水平下显著，且 β 值为正。说明政策因素对养殖技术效率为正向影响。

（8）农村居民家庭劳动力高中以上学历人数 X_8 在 5% 的水平下显著，且 β 值为正。说明较高素质养殖人员数量增加对肉羊养殖效率提升有推动作用。

3. 研究结果启示

目前来看，虽然河北省肉羊存栏量、出栏量及羊肉总产量处于高产阶段，但面对外部政策环境的压力和市场的不确定性风险，内部养殖成本的增加和投入产出不合理的问题，都对肉羊养殖效率产生极大的影响。因而，该研究结论为河北省肉羊产业向高质高效的方向发展提供了以下启示：鼓励散养农户加入养殖合作组织以扩大养殖规模，优化肉羊投入要素以降低生产成本，普及肉羊养殖技术以提高养殖效率，加强养殖人员专业素质培训以提高技术接受能力，加大相关政策扶持力度以提升市场竞争力。

参 考 文 献

《全国农产品成本收益资料汇编-2019》编辑委员会和编辑部，《全国农产品成本收益资料汇编-2019》编辑委员会和编辑部，2019. 全国农产品成本收益资料汇编 [M]. 北京：中国统计出版社.

付雪，张凤娟，赵瑞莹，2020. 山东省不同肉羊养殖模式生产效率分析 [J]. 山东农业科学，52（3）：162-167.

贾雯馨，朱天慧，等，2021.DEA 研究方法下的安徽省物流效率评价 [J]. 中国市场（18）：152-154，168.

刘建贝，2019. 河北省肉羊养殖业成本收益分析 [D]. 保定：河北农业大学.

刘娜，2021. 河北省城市居民品牌羊肉购买行为研究 [D]. 保定：河北农业大学.

刘笑，2014. 考虑非期望产出的 DEA 模型（ICCR 模型）理论及应用研究 [D]. 徐州：中国矿业大学.

秦少华，2021. 河北省肉羊养殖户生产技术效率及其影响因素分析［D］. 保定：河北农业大学.

史颖建，2020. 民勤县肉羊不同养殖模式效益评价及影响因素分析［D］. 兰州：甘肃农业大学.

王道鹏，2021. 我国城乡居民基本养老保险基金利用效率及其影响因素分析——基于 DEA - Tobit 模型［J］. 顺德职业技术学院学报，19（3）：15 - 21.

王士权，2017. 中国肉羊产业市场绩效研究［D］. 北京：中国农业大学.

王雪娇，2018. 中国肉羊生产的经济效率研究［D］. 北京：中国农业大学.

张芙蓉，2018. 陕西省散养肉羊养殖成本分析［J］. 中国农业会计（2）：52 - 55.

专题八　河北省肉羊不同养殖模式生产效率比较研究

一、研究背景和概念界定

（一）研究背景与意义

国家统计局数据显示，2021 年我国羊肉总产量达 514.08 万吨，同比增长 4.4%，在稳步增长的同时也表现出了一些问题，即我国传统的肉羊生产方式仍然以散养为主，存在生产效率较低、疫病防控难以保障、养殖成本上升与收益不稳定等问题，肉羊产业的发展依然任重而道远。如何提高肉羊生产效率成为目前中国肉羊养殖业关注的重点及热点话题。河北省肉羊养殖规模位于全国前列，但养殖方式以家庭散养为主。多样的地理环境决定了河北省肉羊养殖的品种多而杂，肉羊产业在高质量发展的道路上面临诸多问题，最需要解决的就是效率低下和效率损失问题。因此，本文对不同养殖模式下肉羊的生产效率进行测算，有助于养殖户了解成本收益构成和变动情况，为其寻求提高效率的方法和路径提供决策参考，对增加河北省养羊户收入和推动肉羊产业高质量发展具有重要的现实意义。

目前对河北省肉羊生产效率的研究比较少，且仅有的研究是对整体生产效率的分析，本文基于规模经济理论、生产效率理论、投入产出理论，分别对不同养殖模式的肉羊生产效率进行比较研究，运用 BCC 模型和 DEA - Malmquist 指数分别测算综合技术效率和全要素生产率。在理论层面将全要素生产率分析方法运用到肉羊养殖生产微观层面，丰富了肉羊产业发展的理论研究。

（二）概念界定

1. 养殖模式

养殖模式分为自繁自育和专业育肥两种。自繁自育是指养殖户自己养殖公羊和母羊，等待它们生育后代后，可以选择留下这些后代进行育肥或者直接将它们出售的养殖模式。自繁自育不需要外购羔羊，减少了羊群与外进羊接触的风险，降低了疫疾传播的风险和概率，但缺点是对繁育的技术要求较高，养殖难以形成规模。专业育肥是养殖场（户）通过购入羔羊养殖育肥，待3～5个月后出栏的一种专业化养殖模式。其优点是经营门槛较低，对技术要求较低，但需要投入更多的资金，养殖周期较为固定，其缺点是收益不稳定，容易受饲料和羊肉价格变化的影响。

2. 生产效率和全要素生产率

生产效率是指投入量固定的前提下，实际产出与最大产出两者间的比率。本文的生产效率是指肉羊养殖中的成本投入和产出收益之间的效率利用情况，以及是否在一定的投入下产出达到合理有效。该定义是广义的概念，既包括生产技术效率也包括全要素生产率。全要素生产率（total factor productivity，简称TFP）是指生产单位或部门在生产要素不变的情况下比上一年增加的产量，这部分增加的产量不能归功于生产要素的作用，而是通过技术进步等造成的。在本文中全要素生产率用于表示动态生产效率。

二、河北省肉羊成本收益情况

（一）肉羊生产成本变化情况

1. 肉羊生产总成本变动及其构成分析

肉羊生产成本主要由两部分构成：肉羊生产中消耗的物质与服务费用和人工费用。前者包括幼畜购进费、精粗饲料投入费用、医疗水电费用、死亡损失费用等，人工费用由家庭用工折价和雇佣费用组成。

2011—2020年肉羊养殖总成本呈不断上涨趋势，仅在2015年出现养殖成本下降的情况（表8-1）。十年间河北省肉羊生产成本从647.86元/只增长至1 316.89元/只，年均增长率约为7.7%。其中2011年每只肉羊物质与服务费用价格为429.86元，占总成本的66.35%，2020年为884.74元，占总成本的67.18%，物质与服务费用九年间上涨了454.88元，占总成本比例上升了0.83个百分点。2011年平均生产每只肉羊人工成本为219元，截至2020年平均每只肉羊人工成本为432.15元，上涨了213.15元，占总成本比重从33.80%降至32.82%，下降0.98个百分点。2011年到2020年物质与服务费用占总成本比重上升，人工费用占总成本比重下降，但物质与服务费用和人工费用均在上涨，这表明河北省肉羊生产成本上升主要是由物质与服务费用和人工费用共同上涨造成的，但物质与服务费用变动对成本影响相对较大，人工费用对成本影响相对较小。

表 8 - 1 2011—2020 年河北省每只肉羊生产成本变化情况

单位：元/只，%

年份	总成本	物质与服务费用	占比	人工费用	占比
2011	647.86	429.86	66.35	219.00	33.80
2012	787.28	481.80	61.20	305.48	38.80
2013	884.11	505.21	57.14	378.90	42.86
2014	883.48	464.01	52.52	419.48	47.48
2015	803.64	391.02	48.66	412.62	51.34
2016	810.92	388.62	47.92	422.30	52.08
2017	873.80	442.10	50.60	431.70	49.40
2018	1 066.62	647.35	60.69	419.17	39.31
2019	1 165.05	729.35	62.60	435.70	37.40
2020	1 316.89	884.74	67.18	432.15	32.82

数据来源：《全国农产品成本收益汇编》（2012—2021 年）。

2. 肉羊物质与服务费用构成及变动分析

肉羊生产中的物质与服务费用是由仔畜费、精饲料费用、粗饲料费用和其他费用构成，其他费用包括死亡损失费用、防疫费用、水电费用、固定资产折旧费用、燃料费用、间接费用等。图 8 - 1 显示了物质与服务费用构成的变动情况。

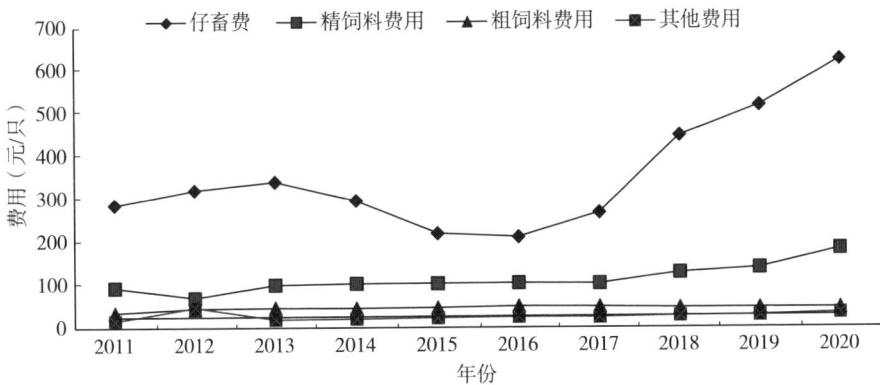

图 8 - 1 2011—2020 年河北省肉羊物质与服务费用构成
数据来源：《全国农产品成本收益汇编》（2012—2021 年）。

（1）仔畜费在 2011—2013 年出现小幅上涨，从 285.8 元/只涨至 340.26 元/只；2013—2016 年价格下降，从 340.26 元/只降至 210.85 元/只，到达最低点；2016—2020 年仔畜费大幅上涨至 623.74 元/只，羊羔购入价格到达历史最高点，同时占物质与服务费用比重达 70.5％，占总成本比重达到 47.36％，说明仔畜费用的上涨极大推动了总成本的上升。

（2）精饲料费用在 2011—2017 年缓慢上涨，2017 年后加速上涨，从 102.49 元/只涨到 182.57 元/只，2020 年占物质与服务费用的比重约为 20.64％。

（3）粗饲料费用和其他费用变动则较为稳定，且占比较低，对物质与服务费用的影响较小。由此可见，物质与服务费用的上涨主要受仔畜费价格上涨影响较大，精饲料有一定影响，而与粗饲料费用和其他费用关系不太大。

（二）肉羊生产收益变化情况

河北省肉羊生产收益主要由总产值、净利润和利润率三部分组成。

肉羊总产值整体上呈 N 形波动增长（图 8-2），在 2011 年到 2013 年上涨，2013 年到 2016 年总产值呈下降趋势，2016 年到 2020 年止跌并大幅反弹，河北省肉羊总产值在 2011 年到 2020 年总体上涨了 776.55 元/只，平均每年增幅 9.94％，低于总成本 11.47％的增幅。

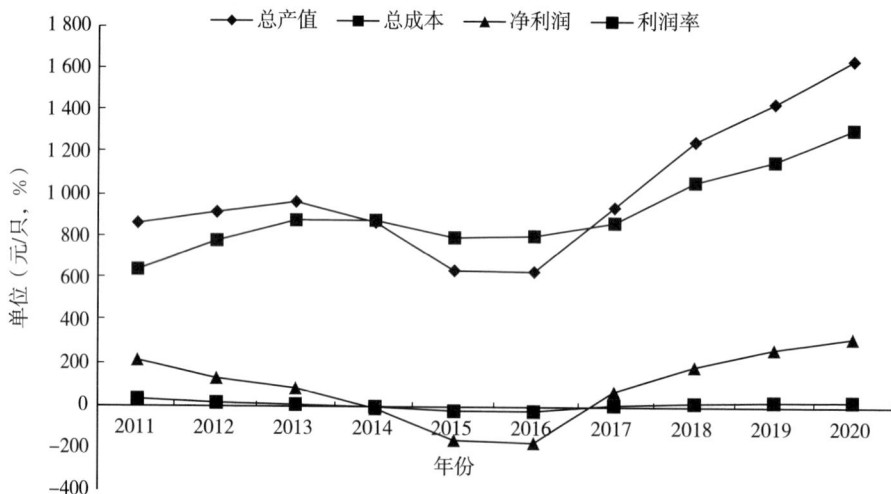

图 8-2　2011—2020 年河北省每只肉羊生产收益变化情况

数据来源：《全国农产品成本收益汇编》（2012—2021 年）。

在净利润方面，河北省肉羊生产净利润先下降后上涨，平均每只肉羊在 2011 年净利润为 219.41 元，随后一直下跌至 2016 年的 −170.35 元，其中 2014 年、2015 年、2016 年净利润分别为 −9.26 元、−158.17 元、−170.35 元，表明这三年河北省肉羊养殖存在普遍亏损的现象，随着价格的逐步回升，2017 年到 2020 年肉羊纯收益扭亏为盈，净利润涨至最高 327.93 元/只（表 8-2），农户养殖热情上涨，出栏量和羊肉产量均有所上涨。

在利润率变动方面，2011 年最高为 33.87%，2016 年最低为 −21.01%，在 2017 年后利润率逐步上升，到 2020 年利润率为 24.90%。

表 8-2　2011—2020 年河北省每只肉羊生产收益变化情况

单位：元/只，%

年份	总产值	总成本	净利润	利润率
2011	868.27	647.86	219.41	33.87
2012	921.61	787.28	134.33	17.06
2013	970.99	884.11	86.88	9.03
2014	874.22	883.48	−9.26	−1.05
2015	645.47	803.64	−158.17	−19.68
2016	640.57	810.92	−170.35	−21.01
2017	947.13	873.8	73.33	8.39
2018	1 259.24	1 066.62	192.62	18.06
2019	1 440.33	1 165.05	275.28	23.63
2020	1 644.82	1 316.89	327.93	24.90

数据来源：《全国农产品成本收益汇编》（2012—2021 年）。

（三）河北省肉羊单要素生产率变化情况

单要素生产率是指通过增加某一单位生产要素带来的整体产出增加，是研究测算肉羊产业生产效率的一种有效方法，肉羊养殖中所需投入要素通常有物质服务、劳动时间（人工）等，所以研究河北省肉羊的单要素生产率变化情况以单位劳动日生产率和单位物质与服务费用两个方面为重点展开。

1. 河北省肉羊养殖单位劳动日生产率变化分析

2011—2020 年单位劳动日总产值呈波动上升走势，单位劳动日总产值经历了上升-下降-再上升的走势，在 2011—2013 年从每日 158.44 元涨至 174.32 元，在 2013—2015 年从每日 174.32 元降至 122.48 元，2016—2020 年从每日 123.42 元涨至 341.96 元。单位劳动日净利润则是呈 V 形变动，2011—2016 年从高点 40.04 元持续下降，降至最低的 −32.82 元，这一时期肉羊养殖利润下滑严重，存在养殖亏损情况，2017—2020 年单位劳动力净利润呈上升走势，从每日利润 14.10 元涨至 68.18 元，上涨 54.08 元（表 8-3）。因此可以看出单位劳动日生产率总体上呈上升走势。

单位劳动日主产品产量总体呈上涨走势，单位劳动日主产品产量从 2011 年的 7.05 千克/日增加到 2020 年的 9.34 千克/日，在此期间总体增加了 2.29 千克/日，总体增幅为 32.48%，平均每年增幅为 3.6%，单位劳动日主产品产量的增加反映出河北省肉羊养殖业整体的进步。

表 8 - 3　2011—2020 年河北省肉羊养殖单位劳动日生产率

单位：元/日，千克/日

年份	单位劳动日总产值	单位劳动日净利润	单位劳动日主产品产量
2011	158.44	40.04	7.05
2012	168.79	24.60	7.19
2013	174.32	15.60	7.31
2014	155.00	−1.64	7.33
2015	122.48	−30.01	8.13
2016	123.42	−32.82	8.22
2017	182.14	14.10	8.17
2018	254.91	38.99	9.06
2019	285.78	54.62	8.90
2020	341.96	68.18	9.34

数据来源：《全国农产品成本收益汇编》（2012—2021 年）。

2. 河北省肉羊单位物质与服务费用生产率变化分析

根据表 8 - 4 可知，单位物质与服务费用总产值与单位物质与服务费用主产品产量走势相仿，都是经历了"下降-上升-下降"的变动，单位物质与服务费用总产值从 2011 年的 2.02 元/日下降到 2015 年 1.65 元/日，2016 年保持不变，2017 年涨至最高点 2.14 元，之后持续下降至 2020 年的 1.86 元/日。单位物质与服务费用主产品产量从 2011 年的 0.09 千克/日降至 2020 年的 0.05 千克/日，降幅为 44.44%，平均每年下降 4.94%。

单位物质与服务费用净利润呈 V 形变动，先在 2011 年到 2016 年急速下跌，从 0.51 元/日降至 −0.44 元/日，2017 年开始缓慢上升至 2020 年的 0.37 元/日。从整体上来看单位物质与服务费用生产率在总产值、主产品产量和净利润方面均呈现出下降的态势，从侧面反映出物质与服务费用的上涨。

表 8 - 4　2011—2020 年河北省肉羊生产单位物质与服务费用变化情况

单位：元/日，千克/日

年份	单位物质与服务费用总产值	单位物质与服务费用净利润	单位物质与服务费用主产品产量
2011	2.02	0.51	0.09
2012	1.91	0.28	0.08
2013	1.92	0.17	0.08
2014	1.88	−0.02	0.09
2015	1.65	−0.40	0.11

（续）

年份	单位物质与 服务费用总产值	单位物质与 服务费用净利润	单位物质与 服务费用主产品产量
2016	1.65	−0.44	0.11
2017	2.14	0.17	0.10
2018	1.95	0.30	0.07
2019	1.97	0.38	0.06
2020	1.86	0.37	0.05

数据来源：《全国农产品成本收益汇编》（2012—2021 年）。

三、河北省肉羊不同养殖模式下静态生产效率比较分析

目前学术界测算生产效率使用随机前沿法和数据包络法较多，本章综合考虑两种方法后运用数据包络法，根据调研的问卷数据，采取 DEA 模型（基于规模报酬可变的 BCC 模型）对河北省肉羊生产效率进行测算和分析。考虑到专业育肥和自繁自育两种模式下肉羊养殖周期、技术和投入产出存在不同，以及绵羊和山羊不同品种间生长重量、周期、饲料配比存在差异，导致不同养殖模式品种下肉羊生产效率存在差异，因此本部分对肉羊不同养殖模式的静态生产效率进行测算。

（一）模型简介与指标选取

DEA 模型又称数据包络分析法，由 Charnes、Rhodes 和 Cooper 在 1978 年首次提出，即基于规模报酬不变的 CCR 模型，但在实际生产生活中，很难以最优规模进行运行，因此 CCR 模型测算出技术效率和规模效率的结果较为模糊，难以对技术效率和规模效率做到有效区分。因此 Banker 等对此进行改进，提出了基于规模报酬可变的 BCC 模型。在 DEA 模型中应用较为广泛的是基于规模报酬不变的 CCR 模型和基于规模报酬可变的 BCC 模型，在此基础上后续又发展出 ERM 模型、超效率 SBM 模型以及广义 DEA 模型等。本文将采用 BCC 模型测算河北省肉羊不同养殖模式生产效率，即测算出综合技术效率（TE），并将其分解为规模效率（SE）和纯技术效率（PTE），根据分解出的效率值来判断 DEA 是否有效。

1. 基于规模报酬可变的 BCC 模型

在对肉羊生产效率进行测算时，决策单元数据 DMU 存在规模报酬可变情况，此时基于规模报酬不变的 CCR 模型并不能适用于此，而 BCC 模型在规模报酬可变的基础上，同时排除了规模效率（SE）对技术效率的影响，此时技

术效率又可称为纯技术效率（PTE），通过增加约束条件 $\sum_{l=1}^{n}\lambda_l$ 构成投入导向 BCC 模型的规划公式：

$$
\begin{cases}
\min\theta \\
\text{s. t.} \ \sum_{l=1}^{n}\lambda_l x_{il} \leqslant \theta x_{ik} \\
\sum_{l=1}^{n}\lambda_l y_{rl} \geqslant y_{rk} \\
\sum_{l=1}^{n}\lambda_l = 1 \\
\lambda \geqslant 0 \\
i = 1,2,\cdots,m;\ r = 1,2,\cdots,q;\ l = 1,2,\cdots,n
\end{cases}
\tag{8-1}
$$

规划公式的对偶模型为：

$$
\begin{cases}
\max\theta \sum_{r=1}^{s}\mu_r y_{rk} - \mu_0 \\
\text{s. t.} \ \sum_{r=1}^{q}\mu_r y_{rl} - \sum_{i=1}^{m}\nu_i x_{il} - \mu_0 \leqslant 0 \\
\sum_{i=1}^{m}\nu_i x_{ik} = 1 \\
\nu \geqslant 0;\ \mu \geqslant 0 \\
\mu_0 \text{ free} \\
i = 1,2,\cdots,m;\ r = 1,2,\cdots,q;\ l = 1,2,\cdots,n
\end{cases}
\tag{8-2}
$$

式（8-1）中 θ 值为 DEA 模型的效率值，当决策单元 $\theta=1$ 时表明 DMU 处于 DEA 有效状态，综合技术效率、纯技术效率、规模效率均在最优状态，此时的投入产出最为合理；当决策单元 θ 值小于 1 时，表明 DMU 处于 DEA 无效状态，此时投入产出不合理，需要调整投入产出来达到最优状态。BCC 模型中综合技术效率值＝规模效率值×纯技术效率值。

2. 指标选取

结合 Max DEA 8Ultra 软件的特点，在科学性、代表性的指导原则下，综合肉羊养殖实际情况，充分考虑到不同养殖模式和不同品种下的投入产出存在的差别，在指标选取和问卷设计中尽量选择较为一致的指标。本文选取的投入指标为人工费用、精饲料费用、粗饲料费用和其他物质投入费用，产出指标为全年出售所养殖的肉羊收益，即主副产品价值之和（表 8-5）。

（1）投入指标 X_1，养殖户每年从事肉羊养殖的人工费用，包括雇佣劳动力费用和家庭用工折价。雇佣劳动力费用根据全年雇佣花费（每月工资×工作月数×雇佣人数）计算，家庭用工折价因为自有劳动力工作时间、强度、内容等较为灵活，计算方式则是根据当地从事肉羊养殖行业工作平均工资×工作天数×人数计算。人工费用＝雇佣费用＋家庭用工折价，以年作为人工费用指标的总量，计算单位为万元。

（2）投入指标 X_2，每年每户投入的精饲料的费用，肉羊养殖中需要的精饲料包括豆粕、玉米、小麦麸皮、棉粕、豆饼、饲盐、钙磷等矿物质及其他配合饲料，以养殖户全年投入的精饲料来计算费用，单位为万元。

（3）投入指标 X_3，每年每户投入的粗饲料费用，肉羊养殖所需粗饲料包括各类农作物秸秆（玉米、小麦、花生、大豆等）和青干草。计算周期为年，单位为万元。

（4）投入指标 X_4，每年养殖户在肉羊养殖中投入的其他物质与服务费用，主要包括幼畜购入费用、场地租金费用、死亡损失费用、水电燃油费用、医疗防疫费用、固定资产折旧费用、保险费用等，其中自繁自育模式不需要购入羊羔，因此幼畜购入费用一般指专业育肥模式，以年为总量计算各种物质与服务费用，单位为万元。

（5）产出指标 X_5，全年出售肉羊总收益，包括主产品收入和副产品收入，主产品收入指出售幼畜收入和出售成羊收入等活羊收入或出售羊肉收入，副产品收入指出售羊皮、羊毛、羊粪等带来的经济收入。产出按年来计算总量，单位为万元。

表 8-5　肉羊养殖户投入产出统计

指标名称	变量名称	取值单位	平均值	标准差
投入指标 X_1	人工费用	万元	4.52	5.57
投入指标 X_2	精饲料费用	万元	34.37	106.38
投入指标 X_3	粗饲料费用	万元	8.43	24.13
投入指标 X_4	其他物质与服务费用	万元	67.02	244.68
产出指标 X_5	出售肉羊总收益	万元	145.35	430.29

（二）数据来源与样本特征描述

1. 数据来源

本文实证研究数据来源于河北省羊产业创新团队产业经济岗成员在 2020 年 10—12 月和 2021 年 11—12 月进行实地调查的数据，调研累计收回问卷 150 份，剔除不合格问卷 14 份，共有有效问卷 136 份，问卷有效率 90.67%。调研问卷数据来源于保定、承德、秦皇岛、邢台等肉羊主产区，其中有以绵羊育肥为主的保定唐县，也有养殖山羊数量较多的阜平县，以及采用自繁自育模式较多的承德和秦皇岛，所调研地区具有典型性和代表性。本次调研所涉及的农户家庭情况、养殖情况、社会政策与服务方面以 2020 年为基准，投入产出数据为 2017—2020 年数据。

2. 样本描述性统计分析

在年龄方面，从事肉羊养殖工作的农户年龄在 46～55 岁的居多，占总样本的 44.12%，年龄在 35 岁以下的养殖户最少，仅有 8 人，占比为 5.88%，35～45 岁的有 22 人，占比为 16.18%，55 岁以上有 46 人，占比为 33.82%，可见，肉羊养殖从业者以中老年群体为主（表 8-6）。

在受教育程度方面，养殖户文化水平普遍集中在小学及以下和初中，分别占比 33.82% 和 50.74%，高中或中专和大专及以上人数较少，分别占比为 13.24% 和 2.21%。

在养殖年限方面，养殖年限在 4 年以下的有 15 户，占总样本的 11.03%；在 4～7 年的有 63 户，占总样本的 46.32%；在 8～11 年的有 34 户，占比为 23.53%；在 11 年以上的有 24 户，占比为 17.65%，其中养殖年限最大的农户为 30 年。养殖年限在 8 年以上的占比为 41.18%。

在养殖规模方面，农户养殖数量最多的集中在 1～99 只的小规模养殖，样本数量为 64，占总样本比重为 47.06%，其次是 100～499 只的中等规模养殖，样本数为 40，占比为 29.41%，500～999 只的有 14 户，占比为 10.29%，1 000 只以上的大规模养殖有 18 户，占总样本的比重为 13.23%。

表 8-6　肉羊养殖户基本情况描述性统计

单位：个,%

受访者基本情况	类别	样本数	百分比	受访者基本情况	类别	样本数	百分比
年龄	35 岁以下	8	5.88	受教育程度	小学及以下	46	33.82
	35～45 岁	22	16.18		初中	69	50.74
	46～55 岁	60	44.12		高中或中专	18	13.24
	55 岁以上	46	33.82		大专及以上	3	2.21
养殖年限	4 年以下	15	11.03	养殖数量	1～99 只	64	47.06
	4～7 年	63	46.32		100～499 只	40	29.41
	8～11 年	34	23.53		500～999 只	14	10.29
	11 年以上	24	17.65		1 000 只以上	18	13.23
养殖品种	绵羊	82	60.29	养殖品种模式组合	绵羊自繁自育	62	45.59
	山羊	54	39.71		绵羊专业育肥	20	14.71
养殖模式	专业育肥	42	30.88		山羊自繁自育	32	23.53
	自繁自育	94	69.18		山羊专业育肥	22	13.18
是否有保险	是	51	37.5	是否培训	是	81	59.56
	否	85	62.5		否	55	40.44
是否有政策支持	是	62	45.59	是否借贷	是	47	34.56
	否	74	54.41		否	89	65.44

数据来源：根据调研数据整理。

从养殖品种和模式来看，养殖绵羊的有 82 户，养殖山羊的有 54 户，所调研的养殖户养殖绵羊比山羊多 28 户，分别占比 60.29% 和 39.71%。其中农户专业育肥的有 42 户，自繁自育的有 94 户，在总样本数量上自繁自育模式养殖多于专业育肥。从养殖品种和模式组合来看，可以分为绵羊自繁自育、绵羊专业育肥、山羊自繁自育、山羊专业育肥四种，样本数量分别是 62、20、32、22 个，分别占比为 45.59%、14.71%、23.53% 和 13.18%，其中绵羊自繁自育样本数量占比最高，为 45.59%，其他三种组合比例较为接近，样本数量总体差距不大。

在样本中有 62 户获得了政策支持，占比为 45.59%，农户肉羊养殖主要有防疫、药物、贷款、保险方面的政策支持。养殖户可在当地畜牧站免费领取或低价购买防疫药物；在保险方面有保费补贴政策，养殖户可以更低的价格为肉羊购买保险；有 51 户购买了保险，占比为 37.5%。当地银行提供贴息贷款政策给予肉羊养殖资金支持，养殖户参与借贷的占比为 34.56%。

有 59.56% 的养殖户参加过培训，培训方式是线上与线下相结合，通过电视广播以及手机等线上观看培训，也有参与畜牧站、政府、企业举办的培训会，培训的内容包括疾病的治疗与防疫、养殖、良种繁育、育肥方式、饲料配比、市场行情分析等。

（三）肉羊生产效率测算结果及分析

1. 总样本生产效率测算结果及分析

运用 Max DEA 8Ultra 版本软件对河北省肉羊养殖整体样本进行了测算和生产效率分析，结果见表 8-7。

表 8-7　肉羊养殖户总样本生产效率分析

单位：户，%

区间	TE		PTE		SE	
	数量	比重	数量	比重	数量	比重
$\theta=1$	40	29.41	61	44.85	40	29.41
$0.7\leqslant\theta<1$	43	31.62	43	31.62	79	58.09
$0.4\leqslant\theta<0.7$	45	33.09	30	22.06	15	11.03
$\theta<0.4$	8	5.88	2	1.47	2	1.47
平均值	0.764		0.854		0.895	
最小值	0.255		0.327		0.365	
最大值	1		1		1	
标准差	0.211		0.181		0.150	

注：θ 值为 DEA 决策单元效率值；TE 为综合技术效率，PTE 为纯技术效率，SE 为规模效率。

（1）综合技术效率测算结果。河北省肉羊养殖户的综合技术效率平均值为 0.764，其中最大值为 1，最小值为 0.255，标准差为 0.211，可以看出在总样本中综合技术效率值存在差异，但效率值并没有过于集中，而是呈分散分布，根据区间分布，总样本中有 40 户综合技术效率为 1，实现了 DEA 有效，占比为 29.41%，这部分养殖户达到了资源的最优配置，技术效率和规模效率均处于最优阶段。综合技术效率值介于 0.7 和 1 之间的有 43 户，占比为 31.62%，这部分养殖户虽然处于 DEA 无效阶段，但无效程度较高，处于接近效率最优状态，可以通过改进生产效率来达到生产效率最优。在总样本综合技术效率值中介于 0.4 和 0.7 之间的有 45 户，占比为 33.09%。综合技术效率值小于 0.4 的有 8 户，占比为 5.88%，处于 DEA 无效程度低的阶段，在该区间的养殖户生产效率较低，存在较大部分的效率缺失。

（2）纯技术效率测算结果。纯技术效率平均值为 0.854，最大值为 1，最小值为 0.327，标准差为 0.181；其中 44.85% 的养殖户效率值为 1，实现了纯技术效率最优，31.62% 的养殖户效率值介于 0.7~1，22.06% 的养殖户效率值在 0.4 到 0.7 区间，仅有 1.47% 的养殖户效率值在 0.4 以下，这说明调研的肉羊养殖户整体上对技术运用得较好，但技术效率仍有不足，纯技术效率均值为 0.854，仍存在 14.4% 的提升空间。

（3）规模效率测算结果。规模效率最大值为 1，最小值为 0.365，平均值为 0.895，标准差为 0.150，与综合技术效率值和纯技术效率平均值相比，规模效率均值较高，说明规模化程度较好，综合技术的提升有较大部分归功于规模效率。在区间分布上，有 29.41% 的养殖户规模效率为 1，达到了养殖规模最优，58.09% 的养殖户规模效率值介于 0.7~0.1，还可以扩大养殖规模来实现规模效率最优，有 11.03% 的养殖户规模效率值介于 0.4 到 0.7，养殖户规模效率值在 0.4 以下的占比为 1.47%，这部分养殖户规模效率值最差。

（4）综合技术效率。样本综合技术效率值为 0.764，纯技术效率值为 0.854，规模效率值为 0.895，规模效率值要高于纯技术效率值，说明拉动河北省肉羊养殖整体效率上升的很大一部分原因是规模化的作用，整体综合技术效率提升一方面需要引进先进的科学技术和管理方式；另一方面需要扩大养殖规模，利用形成的规模化和标准化的养殖来减少资源投入扩大产出。

2. 不同养殖模式下肉羊生产效率分析

对自繁自育和专业育肥两种养殖模式分别测算后取平均值对比分析，结果见表 8-8。

表 8-8　不同养殖模式下肉羊生产效率分析

养殖模式	TE	PTE	SE
全样本	0.764	0.854	0.895
自繁自育	0.741	0.854	0.868
专业育肥	0.820	0.857	0.959

数据来源：根据调研数据测算。

根据养殖模式分组来看，专业育肥综合技术效率比自繁自育高 7.9 个百分点，纯技术效率比自繁自育高 0.3 个百分点，规模效率比自繁自育高 9.1 个百分点。通过对比生产效率值可以发现，自繁自育模式的纯技术效率略低于专业育肥，说明两种模式在管理和技术水平上的差异并不大，造成综合技术效率存在差异的主要原因是在规模效率上，专业育肥模式下的养殖户养殖规模高于自繁自育模式，形成的规模效应在资金、劳动力、资源等方面得到合理的配置和利用，从而提升了规模效率。

将养殖模式与总样本对比来看，自繁自育模式生产效率值低于总样本平均值，其中综合技术效率低 2.3 个百分点，规模效率低 2.7 个百分点，纯技术效率与总样本相等。专业育肥模式高于总样本平均值，其中综合技术效率高 5.6 个百分点，纯技术效率高 0.3 个百分点，规模效率高 6.4 个百分点。

（四）自繁自育和专业育肥模式下绵羊与山羊生产效率差异分析

肉羊除了不同养殖模式生产效率有差异之外，不同品种在生长周期、重量及饲料成本等方面也有不同，所以需要对不同养殖模式和养殖品种下肉羊生产效率进行分析。对两种模式下绵羊和山羊的生产效率进行组合可分为 4 种模式：绵羊自繁自育、绵羊专业育肥、山羊自繁自育、山羊专业育肥。本节依据调研数据运用 Max DEA 8Ultra 软件，对 4 种模式进行分别测算，结果见表 8-9。

表 8-9　不同养殖模式下绵羊与山羊生产效率差异分析

单位：个，%

类别	养殖模式	养殖品种	平均值	$\theta=1$		$0.7 \leqslant \theta < 1$		$0.4 \leqslant \theta < 0.7$		$\theta < 0.4$	
				数量	比重	数量	比重	数量	比重	数量	比重
TE	专业育肥	绵羊	0.829	7	35	7	35	6	30	0	0
		山羊	0.812	9	40.91	5	22.73	8	36.36	0	0
	自繁自育	绵羊	0.744	16	25.81	23	37.10	18	29.03	5	8.06
		山羊	0.737	9	28.12	8	25	12	37.50	3	9.38

（续）

类别	养殖模式	养殖品种	平均值	$\theta=1$		$0.7{\leqslant}\theta{<}1$		$0.4{\leqslant}\theta{<}0.7$		$\theta{<}0.4$	
				数量	比重	数量	比重	数量	比重	数量	比重
PTE	专业育肥	绵羊	0.880	10	50	5	25	5	25	0	0
		山羊	0.836	11	50	4	18.18	7	31.82	0	0
	自繁自育	绵羊	0.843	23	37.10	25	40.32	13	20.97	1	1.61
		山羊	0.878	18	56.25	9	28.12	4	12.50	1	3.13
SE	专业育肥	绵羊	0.945	7	35	12	60	1	5	0	0
		山羊	0.972	9	40.91	13	59.09	0	0	0	0
	自繁自育	绵羊	0.882	16	25.81	39	62.90	5	8.06	2	3.23
		山羊	0.841	9	28.12	15	46.88	8	25	0	0

数据来源：根据调研数据测算。

注：θ 值为 DEA 决策单元效率值；TE 为综合技术效率，PTE 为纯技术效率，SE 为规模效率。

1. 综合技术效率比较分析

无论是绵羊还是山羊，专业育肥的综合技术效率高于自繁自育模式，其中绵羊专业育肥模式综合技术效率最高为 0.829，其次是山羊专业育肥，为 0.812；绵羊自繁自育模式排在第三位，综合技术效率值为 0.744，最后为山羊自繁自育，为 0.737。从 DEA 有效占比来看，实现 DEA 有效比例最高的分别是山羊专业育肥、绵羊专业育肥、山羊自繁自育和绵羊自繁自育，占比分别为 40.91%、35%、28.12% 和 25.81%。

从 DEA 无效分布情况来看，生产效率值在 0.7 到 1 区间中，绵羊专业育肥占比为 35%，绵羊自繁自育占比为 37.10%，山羊专业育肥占比为 22.73%，山羊自繁自育占比为 25%；效率值在 0.4 到 0.7 区间中，四个组合模式占比依次为 30%、36.36%、29.03% 和 37.50%；只有绵羊自繁自育和山羊自繁自育效率值在 0.4 以下，分别占比 8.06% 和 9.38%。

综上所述，绵羊专业育肥综合技术效率最好，山羊自繁自育综合技术效率值最低，且存在一些养殖户处于无效程度较高的阶段。

2. 纯技术效率对比分析

从纯技术效率来看，绵羊专业育肥的纯技术效率均值最高为 0.880，山羊自繁自育纯技术效率均值为 0.878，绵羊自繁自育纯技术效率均值为 0.843，最后是山羊专业育肥，平均值为 0.836。从实现 DEA 完全有效的样本比重来看，占比最高的组合依次是山羊自繁自育、绵羊专业育肥、山羊专业育肥、绵羊自繁自育，占比分别为 56.25%、50%、50%、37.10%。根据以上分析，四个品种模式组合整体上对技术运用较好，效率值均在 0.8 以上。根据对比分析，绵羊专业育肥在先进技术应用和科学化管理方面要好于其他模式，影响山羊专业育肥的纯技术效率的原因有两方面，一是农户养殖地区处于山区，位置偏僻交通不便，影响先进养殖技术的引进与推广；二是养殖户由放养到舍饲圈养有一个掌握育肥技术的过程。

3. 规模效率对比分析

山羊专业育肥规模效率值为 0.972，绵羊专业育肥规模效率值为 0.945，绵羊自繁自育规模效率值为 0.882，山羊自繁自育规模效率值为 0.841。从规模效率有效的样本占比情况来看，山羊专业育肥为 40.91%，绵羊专业育肥为 35%，绵羊自繁自育为 25.81%，从规模效率无效样本来看，山羊和绵羊育肥集中在无效程度低的区间，效率值缺失相对较少，而自繁自育模式存在部分样本处于无效程度高的区间，部分样本效率值缺失多。综上所述，专业育肥的规模效率值在 0.9 以上，而自繁自育规模效率值仅在 0.8 以上，说明专业育肥的肉羊规模化程度高于自繁自育，规模效率值的差异进一步影响到了综合技术效率，从而使专业育肥和自繁自育两者在综合技术效率方面产生了差异。因为自繁自育模式存在农户小规模散养的情况，这部分农户规模化和专业化程度偏低，进而拉低了自繁自育的规模效率值。农业农村部、财政部联合下发《做好 2022 年农业生产发展等项目实施工作通知》，多处涉及肉羊产业，明确支持肉羊提质增效，支持产业基础较好的养殖大县进一步扩大产业规模和全产业链发展，在政策的支持下河北省肉羊养殖规模化得到较快发展，经过测算河北省肉羊规模效率为 0.896，但仍存在 10.04% 的提升空间。

（五）肉羊规模报酬变化情况分析

根据微观经济学中的规模报酬理论，肉羊在生产过程中存在规模报酬递增、不变和递减三种情况。肉羊养殖中的规模报酬递增是指要素的投入增加量低于产出增加量，规模报酬不变是指要素投入和产出增加量相等，规模报酬递减是指投入增加量大于产出增加量。根据 DEA 模型数据整理得到了肉羊养殖户规模报酬变化情况（表 8-10）。

表 8-10　肉羊养殖户规模报酬变化情况

单位：户，%

养殖模式	规模报酬不变		规模报酬递增		规模报酬递减	
	数量	比重	数量	比重	数量	比重
全样本	41	30.15	44	32.35	51	37.50
绵羊专业育肥	7	35	4	20	9	45

（续）

养殖模式	规模报酬不变		规模报酬递增		规模报酬递减	
	数量	比重	数量	比重	数量	比重
绵羊自繁自育	16	25.81	27	43.54	19	30.65
山羊专业育肥	9	40.91	9	40.91	4	18.18
山羊自繁自育	9	28.12	4	12.50	19	59.38

数据来源：根据调研数据测算整理。

根据表 8-10 可知，全样本中规模报酬不变、规模报酬递增、规模报酬递减分别为 41 户、44 户、51 户，占全样本比例分别为 30.15%、32.35%、37.50%，其中有 30.15% 的养殖户达到了规模报酬不变，在肉羊养殖中实现了最优化生产，此时的投入和产出最为合理；32.35% 的养殖户处于规模报酬递增的状态，通过适当扩大规模，扩大投入带来产出的增加，从而提升规模效率和养殖收益；37.50% 的养殖户处于规模报酬递减状态，表明所增加投入带来增量低于产出的增量，养殖的投入资源存在浪费和低效情况，过高的投入却没有得到相应的产出，此时养殖户应及时缩小养殖规模实现向规模报酬不变、递增的转变。

进一步将养殖模式的规模报酬进行对比发现，绵羊专业育肥、绵羊自繁自育、山羊专业育肥、山羊自繁自育四种模式的规模报酬不变所占比例分别为 35%、25.81%、40.91%、28.12%，规模报酬递增占比分别为 20%、43.54%、40.91%、12.50%，规模报酬递减占比分别为 45%、30.65%、18.18%、59.38%，其中山羊专业育肥规模报酬在四种模式中情况最好，规模报酬不变所占比例最高，规模报酬递减占比最低，样本中有相对较多的养殖户处于规模报酬最优。而山羊自繁自育和绵羊专业育肥有一半左右养殖户处于规模报酬递减阶段，急需进行科学化管理与喂养，实现资源合理化利用，做到投入产出平衡发展，从而实现规模报酬递减向递增的转变。绵羊自繁自育规模报酬不变的占比仅有 25.81%，是四种模式中最低的。绵羊自繁自育规模报酬递增的养殖户最多，说明投入还没达到最大化，应适度扩大规模以提升规模效率，实现肉羊养殖规模化生产。由此分析可知，现阶段肉羊养殖目标是实现规模报酬递增、递减向规模报酬不变转化。

四、河北省肉羊不同养殖模式动态全要素生产率比较分析

为做到静态分析和动态分析相结合和更全面地了解肉羊生产效率变化情

况，下面将运用 DEA－Malmquist 指数对河北省肉羊进行动态的全要素生产变化分析。

（一）DEA－Malmquist 全要素生产率指数简介

Malmquist 在 1953 年最早提出全要素生产率指数的概念，因此这一类指数被叫做 Malmquist 指数（简称 MI），早期应用于消费行为领域的研究，1982年 Caves 等人将其应用到生产率方面的研究，构建出了投入和产出两种导向的Malmquist 指数。Färe 等人在 1992 年运用 DEA 方法计算 Malmquist 指数，这一方法结合了 Malmquist 指数与 DEA 理论，在全要素生产率测算中起到了重要作用和积极影响，他们将 Malmquist 指数分解成综合技术效率变化指数和技术变化指数两个部分。这一分解模型为后续的研究提供了基础，使得Malmquist 指数能够更细致地分析生产效率的变化。这种方法为非参数方法，生产函数 $f(x)$ 未知，只能计算 TFP 指数，即 DMU 在 t 和 $t-1$ 时期投入 x不变，产出为 y_t 和 y_{t-1}，则有：

$$y_{t-1} = TFP_{t-1} \times f(x) \qquad (8-3)$$
$$y_t = TFP_t \times f(x) \qquad (8-4)$$

通过 DEA 计算全要素生产率指数的公式为：

$$TFP \ \text{Index}(t-1,t) = \frac{TFP_t}{TFP_{t-1}} = \frac{y_t}{y_{t-1}} \qquad (8-5)$$

在涉及多个投入产出的 CRS 模型中，计算 TFP 指数，即 $MI(t-1, t)$，运用 DEA 计算的基本公式为：

$$
\begin{aligned}
MI(t-1,t) &= \frac{TFP(x_t,y_t)}{TFP(x_{t-1},y_{t-1})} \\
&= \frac{TFP(x_t,y_t)/TFP(benchmark)}{TFP(x_{t-1},y_{t-1})/TFP(benchmark)} \qquad (8-6)
\end{aligned}
$$

通过 DEA 计算出的 $MI(t-1, t)$ 为两个时期的 DMU 效率值的比值，即 DMU 在 t 时期的效率值与 $t-1$ 时期的效率值相比。R Fare 等在 1992 年采用几何平均值来计算 DMU 的 MI 指数，即：

$$
\begin{aligned}
MI(t-1,t) &= \sqrt{MI_{(t-1,t)}^{t-1} \times MI_{(t-1,t)}^{t}} = \sqrt{\frac{Score_{t-1}(x_t,y_t)}{Score_{t-1}(x_{t-1},y_{t-1})} \times \frac{Score_t(x_t,y_t)}{Score_t(x_{t-1},y_{t-1})}} \\
&= \frac{Score_t(x_t,y_t)}{Score_{t-1}(x_{t-1},y_{t-1})} \times \sqrt{\frac{Score_{t-1}(x_{t-1},y_{t-1})}{Score_t(x_{t-1},y_{t-1})} \times \frac{Score_{t-1}(x_t,y_t)}{Score_t(x_t,y_t)}} \\
&= EC(t-1,t) \times TC(t-1,t) \qquad (8-7)
\end{aligned}
$$

由上式可知全要素生产率指数可以分解为综合技术效率值（EC）和技术进步（TC），即：$MI=EC \times TC$，在此基础上于 1994 年进一步对 EC 进行了分解，将综合技术效率变化（EC）分解为纯技术效率变化（PEC）和规模效率变化（SEC），因此全要素生产率指数 $MI=PEC\times SEC\times TC$。

在实际模型运行中，测算的肉羊养殖户的 MI 指数大于 1 时，表示相比上一时期全要素生产率得到了提升，MI 指数等于 1 时表示生产率较上一时期没有变化，小于 1 表示相比上一时期生产率降低。纯技术效率数值、规模效率数值和技术进步数值变化与 MI 指数变化含义相同。

（二）数据来源与指标选取

本部分的数据来源于 2020 年 11 月和 2021 年 12 月的实地调研数据。

为测算全要素生产率指数共计选取了 5 个指标，其中投入指标 4 个，分别为人工成本投入、精饲料费用、粗饲料费用和其他物质与服务费用，人工成本包括家庭用工折价和雇佣费用，精饲料和粗饲料费用包括自有饲料和外购饲料，其他物质与服务费用包括幼畜购入、场地租金、死亡损失、水电燃油、医疗防疫、固定资产折旧、购买保险等费用，单位均为万元；产出指标 1 个，为主副产品收益，单位为万元。

（三）河北省肉羊全要素生产率测算结果及分析

1. 整体样本全要素生产率测算结果及分析

运用 DEA - Malmquist 指数分析法对河北省肉羊全要素生产率进行测算与分析，结果见表 8 - 11，计算结果分析如下：

2017—2020 年整体样本全要素生产率均值为 1.054，以年均 5.4% 的速度不断上升，这表明近年来河北省肉羊整体生产能力在稳步提升。从各年的具体情况来看，2017—2018 年增速为 6.3%，2018—2019 年增速为 4.2%，2019—2020 年增速为 5.7%，呈现平稳上升的态势。通过分解全要素生产率指数后发现，河北省肉羊生产在总体上呈现规模效率、纯技术效率提高和技术退步共存的情况，其中规模效率和纯技术效率分别以年均 3.6% 和 6.7% 的速度提升，技术进步则以每年 1.2% 的速度下降，但由于规模效率和技术效率带来的正面因素大于技术退步带来的负面因素，最终促使河北省肉羊全要素生产率指数增长和提高。

从肉羊生产的全要素生产率指数变化和增长情况看，制约河北省肉羊产业发展的关键在于技术和推广层面支持不足，主要表现在良种繁育体系不足、科学养殖技术与推广体系不健全。近几年在肉羊价格上涨的情况下，肉羊养殖收益提升，全要素生产率随之上涨，在一定程度上掩盖了肉羊产业技术创新应用不足的短板，未来一旦肉羊产业行情不好，羊价持续下降，肉羊产业的问题将暴露无遗。

表 8-11 河北省肉羊全要素生产率测算结果及分析

类别	年份	MI 指数	PEC 指数	SEC 指数	TP 指数
全样本	2017—2018	1.063	1.072	1.035	0.993
	2018—2019	1.042	1.067	1.035	0.971
	2019—2020	1.057	1.060	1.037	0.997
	平均值	1.054	1.067	1.036	0.988
自繁自育	2017—2018	1.055	1.053	1.017	1.019
	2018—2019	1.029	1.105	1.05	0.917
	2019—2020	1.044	1.077	1.051	0.972
	平均值	1.043	1.079	1.039	0.97
专业育肥	2017—2018	1.082	1.114	1.074	0.935
	2018—2019	1.071	0.982	1.002	1.092
	2019—2020	1.086	1.022	1.007	1.054
	平均值	1.08	1.039	1.028	1.027

注：MI、PEC、SEC、TP 分别表示全要素生产率指数、纯技术效率、规模效率、技术进步。

2. 肉羊不同养殖模式全要素生产率差异分析

从两种模式的全要素生产率指数看，2017—2020 年专业育肥模式和自繁自育模式的全要素生产率均实现了正增长，专业育肥模式全要素生产率指数均值为 1.08，年均增速为 8%，自繁自育模式全要素生产率指数均值为 1.043，年均增速为 4.3%，通过对比可知专业育肥模式全要素生产率高于自繁自育模式，可以看出在动态生产效率上专业育肥要好于自繁自育。

从纯技术效率方面来看，专业育肥呈 V 形走势，而自繁自育呈倒 V 形走势。专业育肥模式均值为 1.039，自繁自育模式均值为 1.079，可见自繁自育模式纯技术效率年均增速高于专业育肥模式。

从规模效率方面来看，2017—2020 年专业育肥模式规模效率均值为 1.028，年均增速为 2.8%；自繁自育模式均值为 1.039，年均增速为 3.9%，可见自繁自育模式年均增速高于专业育肥模式。在具体变动上，自繁自育的养殖规模增长速度逐年加快，由 2017—2018 年的 1.7%，到 2018—2019 年的 5%，再到 2019—2020 年的 5.1%；而专业育肥规模效率增速逐渐收窄，由 2017—2018 年的 7.4%，到 2018—2019 年的 0.2%，再到 2019—2020 年的 0.7%。综合来看，自繁自育模式规模效率提升速度要快于专业育肥模式。

从技术进步指数方面来看，自繁自育模式 TP 指数均值为 0.97，专业育肥模式 TP 指数均值为 1.027，表明自繁自育模式出现规模效率提升和技术退步并存现象，尽管适度规模经营在逐步成为养殖的最优选，但散养的肉羊养殖户仍占大部分比例，尤其是自繁自育的散养户多于专业育肥，肉羊产业取得的技术进步在散养户中推广时遇到较大困难。

（四）自繁自育和专业育肥模式下绵羊与山羊全要素生产率指数测算和分解

1. 全要素生产率指数变动分析

对四个品种模式组合的全要素生产率指数进行计算得出表 8-12。

表 8-12　不同养殖模式下肉羊全要素生产率指数及其分解

模式	年份	MI 指数	PEC 指数	SEC 指数	TP 指数
绵羊自繁自育	2017—2018	1.068	1.094	0.99	0.978
	2018—2019	1.032	1.115	1.048	0.889
	2019—2020	1.048	1.046	1.023	0.984
	平均值	1.049	1.085	1.02	0.950
绵羊专业育肥	2017—2018	1.103	1.123	1.052	0.96
	2018—2019	1.095	1.018	1.015	1.062
	2019—2020	1.104	0.995	1.005	1.097
	平均值	1.100	1.045	1.024	1.039
山羊自繁自育	2017—2018	1.03	0.975	1.068	1.099
	2018—2019	1.024	1.086	1.055	0.972
	2019—2020	1.037	1.137	1.105	0.95
	平均值	1.030	1.066	1.076	1.007
山羊专业育肥	2017—2018	1.062	1.105	1.094	0.912
	2018—2019	1.05	0.949	0.991	1.12
	2019—2020	1.069	1.046	1.009	1.015
	平均值	1.060	1.033	1.031	1.015

由表 8-12 可知，绵羊自繁自育、绵羊专业育肥、山羊自繁自育、山羊专业育肥四种模式的全要素生产率在 2017 年到 2020 年平均值分别为 1.049、1.10、1.03、1.06，平均每年增长率分别为 4.9%、10%、3% 和 6%，均经历不同程度的上涨，表明肉羊产业的生产效率和生产水平在逐步提升，其中绵羊专业育肥以平均每年 10% 的增长率居于首位，山羊专业育肥以平均每年 6% 的增长率排在第二位，绵羊自繁自育平均每年增长 4.9%，排在第三位，最后是山羊自繁自育，平均每年增长率为 3%。

表 8-13　肉羊全要素生产率及其分解指数增长率变化情况

单位:%

养殖模式	年份	MI 指数增长率	PEC 指数增长率	SEC 指数增长率	TP 指数增长率
绵羊自繁自育	2017—2018	6.80	9.40	−1.00	−2.20
	2018—2019	3.20	11.50	4.80	−11.10
	2019—2020	4.80	4.60	2.30	−1.60
绵羊专业育肥	2017—2018	10.30	12.30	5.20	−4.00
	2018—2019	9.50	1.80	1.50	6.20
	2019—2020	10.40	−0.50	0.50	9.70
山羊自繁自育	2017—2018	3.00	−2.50	6.80	9.90
	2018—2019	2.40	8.60	5.50	−2.80
	2019—2020	3.70	13.70	10.50	−5.00
山羊专业育肥	2017—2018	6.20	10.50	9.40	−8.80
	2018—2019	5.00	−5.10	−0.90	12.00
	2019—2020	6.90	4.60	0.90	1.50

根据表 8-13 可知,绵羊自繁自育的全要素增长率变动呈浅 V 形,在 2017—2018 年增长率为 6.8%,2018—2019 年降至 3.2%,2019—2020 年升至 4.8%,增长幅度先下降后上升。绵羊专业育肥全要素生产率指数增幅则保持稳定,以每年 10% 左右的幅度上涨。山羊自繁自育全要素增长率 2017—2018 年为 3%,2018—2019 年为 2.4%,2019—2020 年为 3.7%,总体增长较为平稳。山羊专业育肥全要素增长率在 2017—2018 年为 6.2%,2018—2019 年为 5%,2019—2020 年为 6.9%,可以看出山羊专业育肥以每年 5% 以上的增速增长。

2. 全要素生产率分解指数变动分析

(1)自繁自育模式下绵羊全要素生产率指数分解。绵羊自繁自育的全要素生产率指数均值为 1.049(表 8-12),通过对全要素生产率指数进行分解,纯技术效率平均值为 1.085,规模效率平均值为 1.023,技术进步平均值为 0.95,可以发现纯技术效率和规模效率均值大于 1,二者为全要素生产率的增长做出了贡献,而技术进步指数小于 1,自繁自育模式下的绵羊技术出现退步影响全要素生产率指数的增长。

从时间变动上来看,2017—2018 年自繁自育模式下绵羊的纯技术效率增长率为 9.4%,规模效率增长率为 −1%,技术进步增长率为 −2.2%(表 8-13)。2018—2019 年纯技术效率增长率为 11.5%,规模效率增长率为 4.8%,技术

进步增长率为 -11.1%。2019—2020 年纯技术效率增长率为 4.6%，规模效率增长率为 2.3%，技术进步增长率为 -1.6%。纯技术效率在三年内保持着稳定增长，规模效率从负增长变为正增长，而技术进步一直是负增长，说明绵羊自繁自育模式存在技术退步的情况，但是肉羊养殖技术效率转化和规模化保持较为稳定的增长。

（2）专业育肥模式下绵羊全要素生产率指数分解。根据表 8-12 可知，2017—2020 年绵羊专业育肥的全要素生产率指数均值为 1.1，其中纯技术效率均值为 1.045，规模效率均值为 1.024，技术进步指数均值为 1.039，纯技术效率、规模效率、技术进步均大于 1，以每年 4.5%、2.4%、3.9% 的速度增长，说明绵羊专业育肥的发展较为均衡，肉羊养殖生产技术每年都在进步，且技术效率转化在提高，专业育肥的养殖规模也在稳定提升，进一步推动了绵羊专业育肥的全要素生产率的提升。

从时间变动上来看，绵羊专业育肥的纯技术效率和规模效率有下降的趋势，在 2017 年、2018 年分别为 1.123 和 1.052，2018 年、2019 年分别为 1.018 和 1.015，2019 年、2020 年分别为 0.995 和 1.005，绵羊专业育肥纯技术效率从 2017—2018 年的 12.3% 的正增长变为 2019—2020 年的 0.5% 的负增长，而规模效率的增速下降严重，表明绵羊专业育肥养殖规模增长有限，缺乏动力。技术进步指数则是持续增长，2017—2018 年为 0.96，2018—2019 年为 1.062，2019—2020 年为 1.097。由此可以看出，在 2017—2018 年绵羊专业育肥的全要素生产率增长主要是通过纯技术效率和规模效率来拉动的，之后两年技术进步带来的正面效应抵消了纯技术效率和规模效率指数下降带来的负效应，依靠技术进步带动全要素生产率的增长。

（3）自繁自育模式下山羊全要素生产率指数分解。从 2017—2020 年指数均值来看，山羊自繁自育的全要生产率指数均值为 1.03，其中纯技术效率均值为 1.066，规模效率均值为 1.076，技术进步指数均值为 1.007，纯技术效率和规模效率分别以每年 6.6% 和 7.6% 的速度增长，而技术进步增速仅为 0.7%，说明近年来山羊自繁自育依靠技术进步带来的生产效率提升有限，纯技术效率和规模效率拉动了山羊自繁自育的生产效率，带动了肉羊产业发展。

从时间变动上来看，山羊自繁自育的纯技术效率在 2017—2018 年为 0.975，相比上年下降 2.5%，2018—2019 年为 1.086，增长率为 8.6%，2019—2020 年为 1.137，增长率为 13.7%，可以看出纯技术效率经历先下降后增长。在 2017 年到 2020 年规模效率分别为 1.068、1.055、1.105，规模效率值均大于 1，说明近三年的规模效率实现了持续增长。而技术进步的变动则与纯技术效率和规模效率变动截然不同，技术进步经历了先增长后下降的变化，2017—2018 年技术进步指数为 1.099，同比增长 9.9%，2018—2019 年技术进步指数为 0.972，同比下降 2.8%，2019—2020 年技术进步指数为 0.95，同比下降 5%。

（4）专业育肥模式下山羊全要素生产率指数分解。在平均值方面，山羊专业育肥全要素生产率均值为 1.06，全要素生产率平均以每年 6% 的速度增长，其增长主要来源于纯技术效率、规模效率和技术进步共同作用，其中纯技术效率均值为 1.033，平均每年增长 3.3%，规模效率均值为 1.031，平均每年增长 3.1%，技术进步均值为 1.015，平均每年增长 1.5%，说明专业育肥模式下的山羊生产效率增长较为平衡稳定，通过提升育肥、饲养等方面的科学技术投入，改善生产技术效率、组织管理方式，以及持续扩大养殖规模都可以提高山羊专业育肥全要素生产率。

从时间变动上来看，纯技术效率和规模效率变动较为相似，均是先上升后下降，在 2017—2018 年分别为 1.105 和 1.094，纯技术效率和规模效率同比分别增长 10.5% 和 9.4%，2018—2019 年分别为 0.949 和 0.991，相比上年分别下降 5.1% 和 0.9%，2019—2020 年分别为 1.046 和 1.009，这一年实现了 4.6% 和 0.9% 的正增长。而技术进步则与纯技术效率和规模效率走势相反，在 2017—2018 年指数为 0.912，说明以 8.8% 的速度在退步，2018—2019 技术进步指数为 1.12，实现了 12% 的正增长，2019—2020 年技术进步指数为 1.015，增幅减弱至 1.5%，但仍保持增长。表明山羊专业育肥缺乏稳定的增长动力源泉，因此需要避免技术进步、技术效率、规模效率出现大幅度上下波动，促进全要素生产率的稳定提升。

五、研究结论及启示

（一）研究结论

根据实地调研的数据，运用 DEA - Malmquist 指数法对河北省肉羊不同养殖模式的全要素生产率进行了测算和分解，得出以下结论：

（1）在全要素生产率测算方面，2017—2020 年河北省肉羊全要素生产率平均以每年 5.7% 的速度保持稳定增长。从不同养殖品种来看，专业育肥模式均值为 1.08，自繁自育模式均值为 1.043，专业育肥模式的增长速度大于自繁自育模式。从不同养殖模式下各品种来看，四种养殖品种模式组合的全要素生产率数值均大于 1，排名依次是绵羊育肥、山羊育肥、绵羊自繁自育、山羊自繁自育，平均值分别为 1.10、1.06、1.049、1.03，年均分别增长 10%、6%、4.9%、3%。

（2）在全要素生产率指数分解方面，自繁自育模式出现纯技术增长与技术退步并存情况，专业育肥模式则是技术拉动型增长，从不同养殖模式和品种组合来看，2017—2020年绵羊自繁自育模式纯技术效率以年均8.5%的速度上升，规模效率以年均2%的速度上升，技术进步则以4%的速度衰退；2017—2020年绵羊专业育肥的纯技术效率、规模效率、技术进步以每年4.5%、2.4%、3.9%的速度增长；2017—2020年山羊自繁自育纯技术效率和规模效率分别以年均6.6%和7.6%的速度增长，而技术进步的年均增速仅为0.7%；2017—2020年山羊专业育肥增长主要来源于纯技术效率、规模效率和技术进步共同作用，平均每年增长3.3%、3.1%、1.5%。

（3）总的来说，2017—2020年河北省肉羊产业全要素生产率总体保持稳定增长，生产技术效率有所提升，不同养殖模式下技术效率存在差异，在品种相同的情况下专业育肥模式的生产率要高于自繁自育模式，在养殖模式相同的情况下绵羊的生产率要高于山羊。

（二）政策启示

1. 积极培育优良品种，推进良种繁育体系建设

目前河北省肉羊养殖存在品种混杂现象，需要科研机构和养殖企业共同合作，利用现代化培育技术，积极引进外来优秀品种，改良和培育本土特色品种，在本地优良品种和引进品种的基础上培育出"产肉率高、肉质鲜美、抗病性强"的优良品种，针对自繁自育和专业育肥两种养殖模式的特点，有针对性地选育相符合的优良品种，推进两种模式协同发展，提高肉羊养殖经济效益。

2. 合理配置生产要素投入，降低肉羊生产成本

目前河北省肉羊综合技术效率、纯技术效率、规模效率均存在效率损失，各类生产要素尚未达到最优水平，主要问题在于饲料投入成本在持续上升，影响了其他资源的配置使用，因此需要通过饲料的调整，研究饲料本地化进而替代高价的饲料，达到降低成本的目的。

3. 加大技术创新和推广力度，提高肉羊生产技术效率水平

本文研究结论是河北省肉羊综合技术效率为0.766，在不同养殖模式下均存在技术效率损失，主要原因是技术推广不足。一方面需要加强科技创新和攻关，重点解决"肉羊优良品种培育、饲料科学配比、管理与饲养、高效育肥、自繁自育"等环节的技术难题；另一方面应加强科技推广力度，培养一批扎根于基层的畜牧业技术人员，对养殖户进行多层次多方面的培训，以提高肉羊养殖的科技应用水平，提高河北省肉羊生产技术效率。

参 考 文 献

高鸿业，2000.20世纪西方微观和宏观经济学的发展［J］.中国人民大学学报（1）：4-11.

金绍荣，任赞杰，慕天媛，2022. 农业保险、农业全要素生产率与农业经济增长 [J]. 宏观经济研究 (1)：102-114，160.

李军，金海，2020.2019 年肉羊产业发展概况、存在问题及对策建议 [J]. 中国畜牧杂志，56 (3)：160-166.

刘亚夫，2020. 河北省农业生产效率研究 [D]. 兰州：兰州财经大学.

刘月，孙洪新，敦伟涛，陈晓勇，2019. 河北省羊品种资源调查报告 [J]. 今日畜牧兽医，35 (12)：14，59-61.

秦少华，2021. 河北省肉羊养殖户生产技术效率及其影响因素分析 [D]. 保定：河北农业大学.

王雪娇，肖海峰，2017. 不同养殖模式下肉羊生产技术效率和全要素生产率分析 [J]. 农业经济与管理 (3)：90-98.

王雪娇，肖海峰，2018. 我国肉羊生产的全要素生产率增长及其收敛性分析 [J]. 农林经济管理学报，17 (2)：185-193.

薛平，韩昕儒，张丽丽，王秀东，2021. 中国肉羊生产空间集聚特征及影响因素——基于省级面板数据 [J]. 农业经济与管理 (6)：117-126.

祝宏辉，徐光艳，2019. 肉羊生产效率及其影响因素研究——基于 DEA—SFA 方法对新疆肉羊生产率的分析 [J]. 价格理论与实践 (9)：63-66.

专题九 河北省羊肉价格分析报告（2021—2022年）

一、河北省羊肉市场价格变化趋势

（一）河北省活羊与羊肉价格走势

1. 活羊价格走势分析

2016 年秋季后河北省活羊价格开始呈现上升趋势，2017 年秋季河北省活羊价格上行态势明显，2020 年活羊价格上升趋势变缓。2021 年河北省活羊价格呈下降趋势，但除了 10 月和 11 月，整体活羊价格均高于或与其他年份持平，2022 年活羊价格与 2020 年和 2021 年相比呈下跌趋势，整体表现出季节性价格波动的特征，活羊价格平均在 28.52 元/千克（图 9-1）。

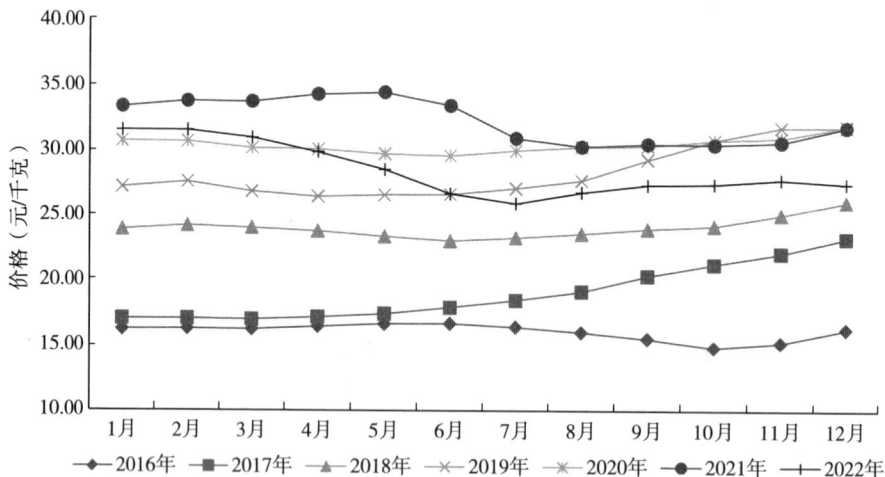

图 9-1 河北省 2016—2022 年活羊集贸市场月度价格变动比

数据来源：河北省畜牧总站。

2021 年一季度，河北省活羊价格保持在 33 元/千克以上，其中二月份春节期间羊肉价格略有上升。活羊价格同比上升，1—3 月份活羊价格同比分别上涨 5.6%、10.13% 和 11.62%，1 月和 2 月份活羊环比价格分别上涨 4.6% 和 1.26%，3 月份环比下降 0.27%。二季度，活羊价格高于上年同期，但较一季度价格有所下降，同时表现出季节性价格波动的特征。2021 年入夏以来羊肉价格呈下降趋势，活羊价格同比高于上年，4—6 月份活羊价格同比分别上涨 10.63%、15.69% 和 13.68%，4 月份和 6 月份活羊价格环比分别上涨 1.54% 和 0.55%，5 月份环比下降 4.82%。三季度，河北省活羊价格有所下降，同比分别上涨 3.16%、0.1% 和 0.53%，7 月份和 8 月份活羊价格环比分别下降 7.47% 和 2.07%，9 月份环比有所上升，为 0.69%。四季度，河北省活羊价格 10 月和 11 月份同比低于上年，分别下降 4.48%、1.03%，10 月份环比下降 0.16%。但是 12 月份河北省活羊价格同比高于上年，同比增长 0.94%，环比增长 1.4%（表 9 - 1）。

表 9 - 1　河北省 2021 年活羊月度价格变动

单位：元/千克,%

月份	2021 年	2020 年	同比增减	环比增减
1	33.39	31.62	5.60	4.60
2	33.81	30.7	10.13	1.26
3	33.72	30.21	11.62	−0.27
4	34.24	30.12	10.63	1.54
5	34.43	29.76	15.69	−4.82
6	32.77	29.62	13.68	0.55
7	30.97	30.02	3.16	−7.47
8	30.33	30.30	0.1	−2.07
9	30.54	30.38	0.53	0.69
10	30.49	31.92	−4.48	−0.16
11	30.68	31.00	−1.03	0.62
12	31.11	30.82	0.94	1.4

数据来源：根据河北牧业微信公众平台数据，河北畜牧总站数据整理得出。

2022 年一季度，河北省活羊价格同比下降，1 月、2 月、3 月活羊价格同比分别下降 5.42%、6.63% 和 8.07%，2 月、3 月活羊环比价格分别下降 0.03% 和 1.81%。二季度，活羊价格较一季度价格有所下降，且远远低于上年同期。入夏以来羊肉价格呈下降趋势。活羊价格同比低于上年，4 月、5 月、6 月活羊价格同比分别下降 12.68%、17.05% 和 18.49%，4 月、5 月、6 月活羊环比价格分别下降 3.55%、4.48% 和 6.48%。三季度，河北省活羊价格继续呈下降趋势，同比分别下降16.18%、11.61%和10.31%，7月活羊价格环比下降2.81%，8月和9月环比有所上升，分别为3.27%和2.16%。四季度，河北省活羊价格有所上升，但同比低于上年，分别下降9.94%、9.39%和11.64%，10月和11月环比有所上升，分别为0.26%和1.24%，12月环比下降1.12%（表9-2）。

表9-2　河北省2022年活羊月度价格变动

单位：元/千克，%

月份	2022年	2021年	同比增减	环比增减
1	31.58	33.39	-5.42	1.51
2	31.57	33.81	-6.63	-0.03
3	31.00	33.72	-8.07	-1.81
4	29.90	34.24	-12.68	-3.55
5	28.56	34.43	-17.05	-4.48
6	26.71	32.77	-18.49	-6.48
7	25.96	30.97	-16.18	-2.81
8	26.81	30.33	-11.61	3.27
9	27.39	30.54	-10.31	2.16
10	27.46	30.49	-9.94	0.26
11	27.80	30.68	-9.39	1.24
12	27.49	31.11	-11.64	-1.12

数据来源：根据河北牧业微信公众平台数据，河北畜牧总站数据整理得出。

2. 羊肉价格走势分析

2000年至2006年羊肉价格平稳上升，2007年至2014年羊肉价格上升趋势明显。2014年小反刍疫病暴发后，羊肉价格受到影响，开始呈下降趋势。2017年秋冬季全国肉羊生产开始恢复，但是恢复速度较慢。随着消费量逐年上升，河北省羊肉供需也出现偏紧的情况，价格上行态势较明显。2017年下半年羊肉价格回升速度加快。2019年受非洲猪瘟影响，猪肉供给不足，羊肉作为替代品需求量增加，价格持续上升。2021年和2022年受猪肉价格下跌等因素的影响，河北省羊肉价格呈现下降趋势（图9-2）。

2021年一季度河北省羊肉价格2月份春节期间有所上涨，3月份略有下降，但羊肉价格下跌幅度有限，或基本保持不变。1月、2月、3月价格同比上升，分别上涨7.71%、9.55%和9.86%，1月和2月羊肉价格环比分别上涨4.72%和2.75%，3月环比下降0.2%。二季度河北省羊肉价格稳中有降。4月、5月、6月价格同比上升，分别上涨11.81%、13.60%和8.88%，4月

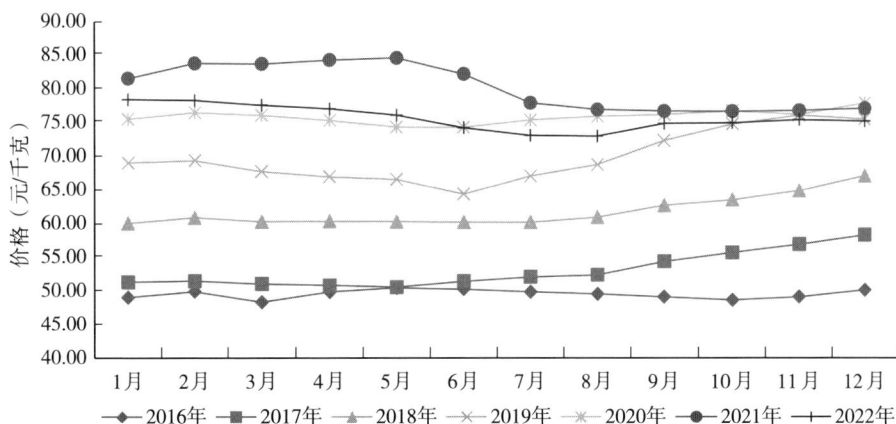

图 9-2 河北省 2016—2022 年羊肉集贸市场月度价格变动比

数据来源：河北畜牧总站。

和 5 月羊肉价格环比分别上涨 0.73% 和 0.26%，6 月环比下降 4.18%。三季度羊肉价格同比上升。7 月、8 月、9 月羊肉价格同比分别上涨 3.14%、1.33% 和 0.72%，环比分别下降 5.20%、1.26% 和 0.29%。四季度河北省羊肉价格 10 月、11 月同比上升，同比分别上涨 0.42%、0.79%。12 月河北省羊肉价格同比下降 1%。10 月河北省羊肉价格环比减少 0.8%，但 11 月和 12 月环比有所上升，分别为 0.79% 和 0.39%（表 9-3）。

表 9-3 河北省 2021 年羊肉月度价格变动

单位：元/千克,%

月份	2021 年	2020 年	同比增减	环比增减
1	81.47	75.64	7.71	4.72
2	83.71	76.41	9.55	2.75
3	83.54	76.04	9.86	−0.20
4	84.15	75.26	11.81	0.73
5	84.37	74.27	13.60	0.26
6	80.84	74.25	8.88	−4.18
7	77.84	75.47	3.14	−5.20
8	76.86	75.85	1.33	−1.26
9	76.64	76.09	0.72	−0.29
10	76.58	76.26	0.42	−0.80
11	76.72	76.12	0.79	0.79
12	77.02	77.80	−1.00	0.39

数据来源：根据河北牧业微信公众平台数据，河北畜牧总站数据整理得出。

2022 年一季度河北省羊肉价格同比低于 2021 年，分别下降 3.82%、6.56% 和 7.19%，2 月和 3 月羊肉价格环比分别下降 0.18% 和 0.88%。二季度河北省羊肉价格同比分别下降 8.52%、9.89% 和 8.29%，4 月、5 月、6 月羊肉价格环比分别下降 0.71%、1.23% 和 2.49%。三季度羊肉价格继续呈下降趋势，且低于上年同期。7 月、8 月、9 月羊肉价格同比分别下降了 6.19%、5.14% 和 2.41%，7 月和 8 月环比分别下降 1.51% 和 0.15%，9 月环比上升 2.58%。四季度河北省羊肉价格较三季度有所上升，但略低于上年同期，10 月、11 月、12 月同比分别下降 2.21%、1.81% 和 2.47%。10 月和 11 月河北省羊肉价格环比分别增加 0.13% 和 0.59%，但 12 月环比下降 0.28%（表 9 - 4）。

表 9 - 4　河北省 2022 年羊肉月度价格变动

单位：元/千克

月份	2022 年	2021 年	同比增减	环比增减
1	78.36	81.47	-3.82	1.74
2	78.22	83.71	-6.56	-0.18
3	77.53	83.54	-7.19	-0.88
4	76.98	84.15	-8.52	-0.71
5	76.03	84.37	-9.89	-1.23
6	74.14	80.84	-8.29	-2.49
7	73.02	77.84	-6.19	-1.51
8	72.91	76.86	-5.14	-0.15
9	74.79	76.64	-2.41	2.58
10	74.89	76.58	-2.21	0.13
11	75.33	76.72	-1.81	0.59
12	75.12	77.02	-2.47	-0.28

数据来源：根据河北牧业微信公众平台数据，河北畜牧总站数据整理得出。

（二）河北省与肉羊产业主产区羊肉价格走势比较分析

1. 河北省与中原优势肉羊产区羊肉价格走势比较分析

中原优势肉羊产区主要包括河北、山东、河南、安徽和江苏，这些区域肉羊养殖基础较好，肉羊加工企业较多，但规模较小且分散，肉羊的饲养、屠宰、加工与销售基本采用传统方式，标准化生产和产业化经营体系尚未建立，舍饲圈养的养殖成本较高。对比这些区域带骨羊肉价格，河北省羊肉价格普遍低于山东、安徽、江苏、湖北四省，具有明显的价格优势，与河南省羊肉价格走势基本一致（图 9 - 3）。

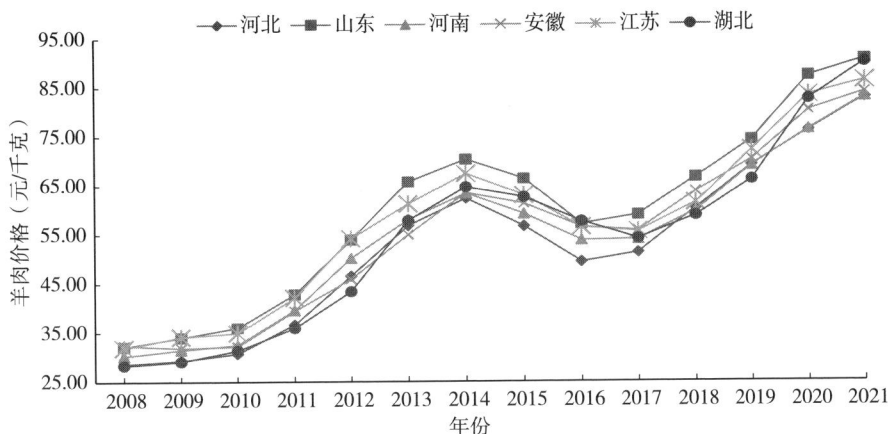

图 9-3　2008—2021 年河北省与中原优势产区主产省带骨羊肉价格对比
数据来源：全国畜牧总站、中国畜牧兽医信息网。

2. 河北省与中东部农牧交错带肉羊优势产区价格走势比较分析

中东部农牧交错带肉羊优势产区主要包括内蒙古、辽宁、吉林、黑龙江、山西。该区域粮食生产条件较好，精饲料和秸秆资源丰富，羊肉加工能力较强，所产优质绵羊肉具有广阔的市场发展前景，适合发展农牧结合型养羊业，是我国主要的肉羊产区，但气候寒冷，羊羔越冬困难，对养殖技术和设施建设要求较高。该区域与中原优势肉羊产区平均羊肉价格基本一致，对比该区域带骨羊肉价格，河北省羊肉价格普遍低于东北三省的辽宁、吉林和黑龙江，与山西省羊肉价格走势基本一致，但高于内蒙古（图 9-4）。

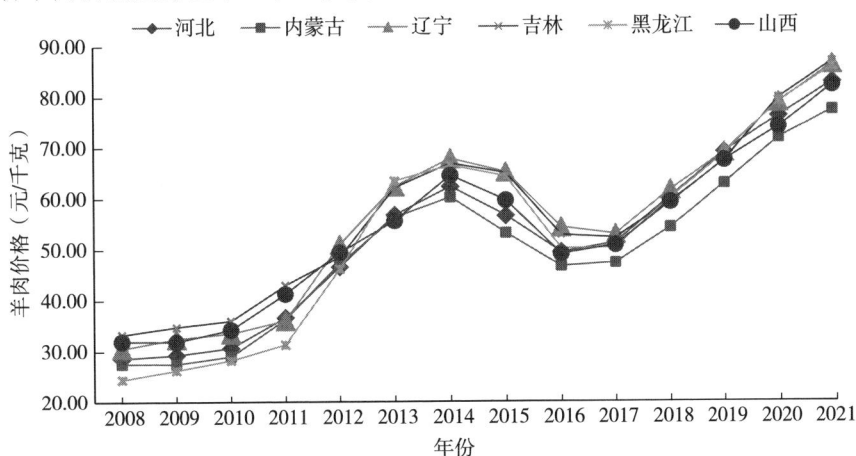

图 9-4　2008—2021 年河北省与中东部农牧交错带优势产区主产省带骨羊肉价格对比
数据来源：全国畜牧总站、中国畜牧兽医信息网。

3. 河北省与西北肉羊优势产区羊肉价格走势比较分析

西北肉羊优势产区主要包括新疆、甘肃、宁夏和陕西。该区域是我国传统的肉羊产区，羊肉品质好，清真品牌享誉国内外市场。但气候寒冷，超载过牧，生态与资源负荷较大，养羊设施落后，出栏率低，不宜扩大养殖规模。该区域在四大肉羊优势产区中平均羊肉价格最低，对比该区域带骨羊肉价格，近五年，河北省羊肉价格低于陕西，但高于新疆、甘肃、宁夏（图 9-5）。

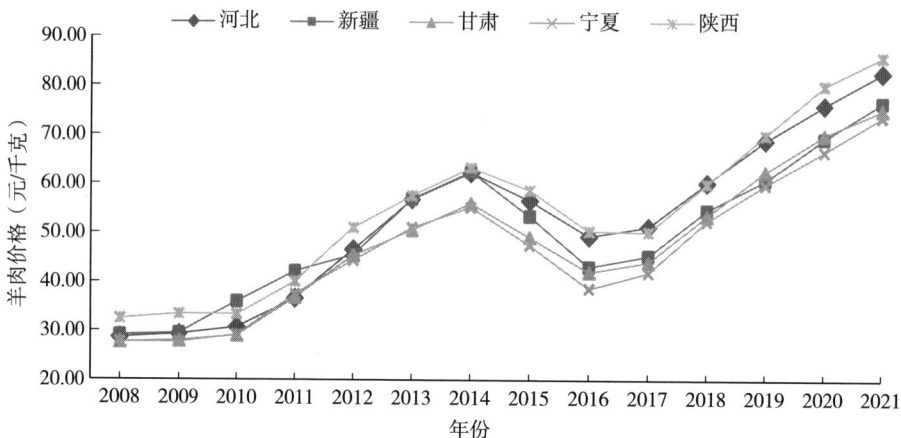

图 9-5　2008—2021 年河北省与西北优势产区主产省带骨羊肉价格对比
数据来源：全国畜牧总站、中国畜牧兽医信息网。

4. 河北省与西南肉羊优势产区羊肉价格走势比较分析

西南肉羊优势产区主要包括四川、云南、贵州、湖南和重庆。该区域是我国新兴肉羊产区，以山羊养殖为主，肉羊生产潜力大。但肉羊养殖技术较落后，草原草山草坡和农作物秸秆资源开发利用程度较低，饲养分散，气候湿热，防疫难度大，基础设施差。该区域在四大肉羊优势产区中平均羊肉价格最高，对比该区域带骨羊肉价格，河北省羊肉价格普遍低于四川、云南、贵州和湖南四省，与重庆市羊肉价格走势基本一致（图 9-6）。

（三）河北省羊肉价格与北京市、天津市比较分析

河北省紧邻京津，具有较好的对接京津市场的区位优势。对比河北省与天津、北京带骨羊肉集贸市场的价格，2008—2018 年河北省活羊的集市价格低于北京和天津，2019 年以来河北省羊肉的集市价格高于北京，但低于天津（图 9-7）。

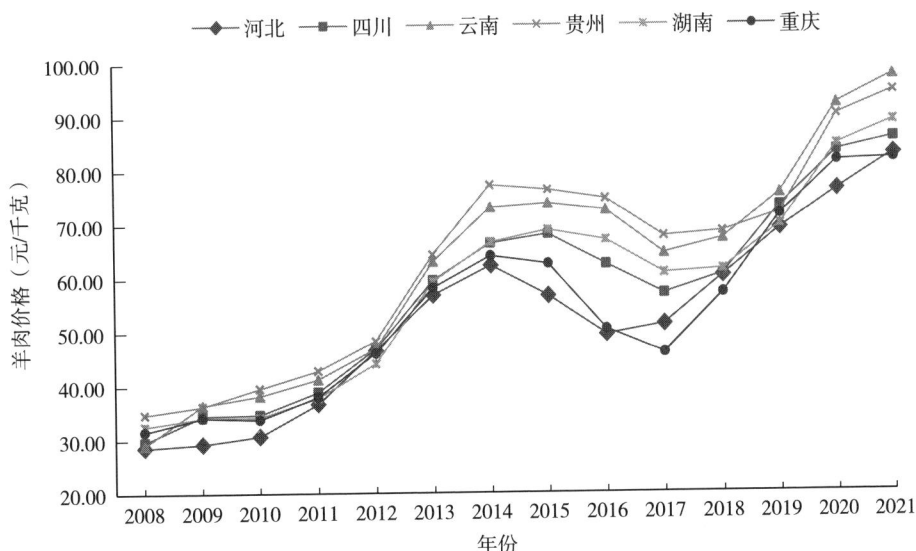

图 9 - 6　2008—2021 年河北省与西南优势产区主产省带骨羊肉价格对比
数据来源：全国畜牧总站、中国畜牧兽医信息网。

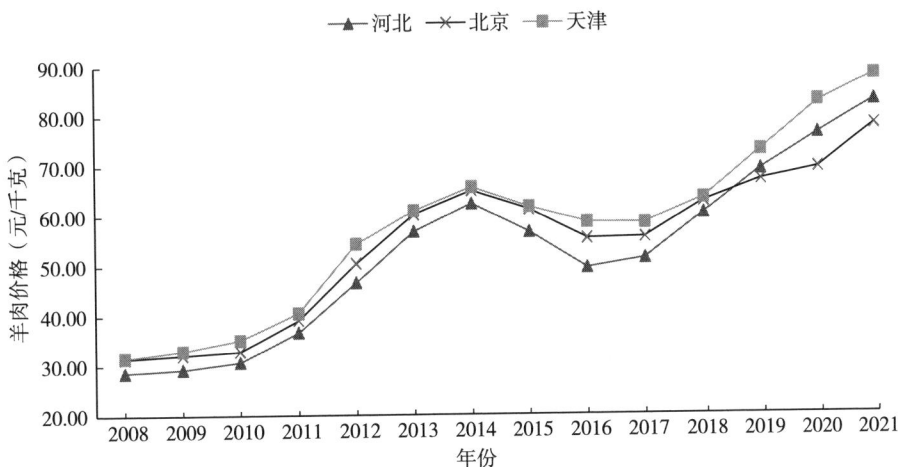

图 9 - 7　2008—2021 年河北省与北京和天津带骨羊肉年平均价格走势比较
数据来源：全国畜牧总站、中国畜牧兽医信息网。

（四）河北省与全国主产省份羊肉批发市场价格比较分析

对比 2021 年河北省与全国主产省份批发市场羊腿肉的价格，河北省羊肉的批发市场价格整体高于内蒙古、河南、新疆和宁夏（表 9 - 5）。

表 9-5　2021 年河北省与全国主产省份羊腿肉批发市场月度价格对比

单位：元/千克

月份	石家庄市桥西蔬菜中心批发市场有限公司	内蒙古东瓦窑农副产品批发市场有限责任公司	河南万邦国际农产品物流股份有限公司	乌鲁木齐北园春（集团）有限责任公司	宁夏吴忠市鑫鲜农副产品市场有限公司
1	85.95	77.68	80.81	77.77	72.57
2	87.14	81.61	80.79	85.32	76.00
3	87.00	84.00	79.05	85.26	76.39
4	87.00	84.00	80.4	85.2	78.07
5	84.61	84.00	81.29	82.74	77.19
6	79.87	82.80	75.87	79.33	76.77
7	78.00	78.00	73.00	78.00	72.15
8	75.77	78.00	71.55	77.48	72.52
9	75.00	76.13	69.63	74.07	72.00
10	75.00	76.00	68.61	73.56	72.00
11	75.00	76.00	69.64	71.50	72.00
12	75.00	76.00	73.00	74.63	72.00

数据来源：根据商务部网站全国羊腿肉批发市场价格日报价整理得出。

对比 2022 年河北省与全国主产省份批发市场羊腿肉的价格，河北省羊肉的批发市场价格整体略高于内蒙古和宁夏，略低于河南（表 9-6）。

表 9-6　2022 年河北省与全国主产省份羊肉批发市场月度价格对比

单位：元/千克

月份	石家庄市桥西蔬菜中心批发市场有限公司	内蒙古呼市东瓦窑农副产品批发市场有限责任公司	河南万邦国际农产品物流股份有限公司	宁夏吴忠市鑫鲜农副产品市场有限公司
1	75	76	73	72
2	75	76	68	72
3	75	74	73.5	72
4	69	74	73.5	72
5	69	68	74	60
6	69	68	72	60
7	69	68	72	62
8	71	68	72	64
9	71	72	74	70
10	71	70	74	70
11	71	70	73.5	66
12	71	70	74	66

数据来源：农业农村部网站。

二、河北省羊肉市场价格变化的影响因素分析

（一）供求不平衡

1. 供给阶段性偏紧

（1）生产规模增速缓慢。2000—2022 年，河北省羊存栏量呈下降趋势，受禁牧和环保政策限制、疫病风险、养殖成本上升、自然灾害、市场风险等因素的影响有 11 年出现了负增长，2019 年羊存栏量由负增长变为正增长。羊出栏量和羊肉产量增速缓慢，2001 年、2003 年、2011 年和 2017 年羊出栏量出现负增长，且 2011 年负增速是 2000 年以来的最低值。2020 年以来受疫情、非洲猪瘟等因素的影响，肉羊生产规模增长缓慢（表 9 - 7）。

表 9 - 7　河北省 2000—2019 年羊存栏量、出栏量和羊肉产量

单位：万只，%，万吨

年份	羊存栏量		羊出栏量		羊肉产量	
	数量	增速	数量	增速	数量	增速
2000	1 676.6	—	1 511.5	—	24.6	—
2001	1 639.5	−2.21	1 502.7	−0.58	25.4	3.25
2002	1 572.5	−4.09	1 609.6	7.11	28.1	10.63
2003	1 594.3	1.39	1 591.6	−1.12	29.3	4.27
2004	1 664.5	4.40	1 615.8	1.52	31.5	7.51
2005	1 679.1	0.88	1 695.5	4.93	33.7	6.98
2006	1 552.6	−7.53	1 726.4	1.82	35.37	4.96
2007	1 580.6	1.80	1 785.6	3.41	24.3	−31.30
2008	1 610.8	1.91	1 938.7	8.57	26.5	9.05
2009	1 556.1	−3.40	2 047.2	5.60	28.02	5.74
2010	1 397.8	−10.17	2 127.0	3.90	29.31	4.60
2011	1 443.2	3.25	2 031.0	−4.51	28.41	−3.07
2012	1 397.2	−3.19	2 047.6	0.81	28.7	1.02
2013	1 435.6	2.75	2 076.9	1.43	29.1	1.39
2014	1 503.0	−4.69	2 155.7	0.38	30.4	4.47
2015	1 425.1	−4.58	2 216.1	2.80	31.7	4.28
2016	1 359.8	−4.40	2 259.7	1.97	32.37	2.11
2017	1 228.1	−9.69	2 168.9	−4.02	30.09	−7.04
2018	1 179.6	−4.00	2 201.4	1.50	30.54	1.50
2019	1 194.9	1.30	2 234.5	1.50	31.0	1.60

（续）

年份	羊存栏量		羊出栏量		羊肉产量	
	数量	增速	数量	增速	数量	增速
2020	1 270.3	6.31	2 265.8	1.40	31.3	0.97
2021	1316	3.60			33.9	8.31
2022	1 418.7	7.80			36.9	8.85

数据来源：《河北农村统计年鉴》（2001—2020 年）、《中国统计年鉴》（2021—2023 年）。

（2）生产能力相对较低。羊两年产 3 胎、年产活 3 羔的繁殖力很难在短时间内突破，同时羊的世代间隔近 24 个月，羊的繁殖数量不会在短期内有大幅度提高。另外，羊的平均胴体体重尽管在 2016 年达到了 14.95 千克/只，但基数较小，羊肉产量不可能在短期内有太大的提升空间。生产规模增速缓慢和生产能力相对较低导致市场上羊肉的供给量偏紧，伴随羊肉消费量的日益增长，进而引致羊肉价格上涨。

2. 需求量显著提升

随着城乡居民收入水平的提高，食品消费结构不断优化，羊肉消费特征明显去季节化、去区域化，羊肉量需求显著增加。2015—2021 年，河北省城镇居民家庭人均羊肉消费量从 1.9 千克增加至 2.2 千克，增加了 0.3 千克，年均增长率为 2.47%；2015—2021 年，农村居民家庭人均羊肉消费量从 0.8 千克增加至 1.1 千克，增加了 0.3 千克，年均增长率为 5.45%，高于城镇 2.98 个百分点。城乡居民人均羊肉消费量的差距在逐渐缩小（图 9-8、表 9-8）。

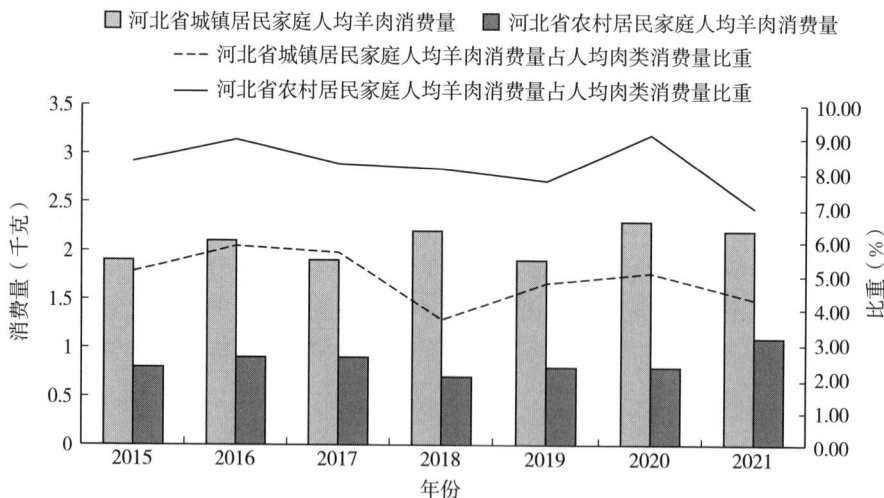

图 9-8　2015—2021 年河北省城乡居民家庭人均羊肉消费量及所占人均肉类消费量比重
数据来源：《中国统计年鉴》（2016—2022 年）。

表 9 - 8　2012—2021 年河北省羊肉产量占肉类产量的比重

单位：万吨，％

年份	肉类产量	猪肉产量及占比		牛肉产量及占比		羊肉产量及占比	
2012	442.9	259	58.48	55.3	12.9	28.7	6.48
2013	448.8	265.3	59.11	52.3	11.65	29.1	6.48
2014	468.1	281.2	60.07	52.4	11.19	30.4	6.49
2015	462.5	275	59.46	53.2	11.5	31.7	6.85
2016	457.7	265.4	57.99	54.3	11.86	32.4	7.08
2017	474.2	291.5	61.47	55.6	11.73	30.1	6.35
2018	466.7	286.3	61.35	56.5	12.11	30.5	6.54
2019	443.4	241.9	54.56	57.2	12.9	31	6.99
2020	419.2	226.9	54.13	55.6	13.26	31.3	7.47
2021	464.3	265.7	57.26	55.8	12.02	33.9	7.3

数据来源：《中国统计年鉴》（2013—2022 年）。

（二）成本刚性上升

1. 环保政策的影响

受禁牧环保政策的影响，羊的养殖方式由过去分散饲养、放牧为主向舍饲养殖转变，养殖成本增高。同时，粪污资源化利用政策也增加了成本。

2. 生产资料价格增幅过快

根据《全国农产品生产成本收益资料汇编》（2011—2020）的相关数据，2010—2017 年，河北省散养肉羊总成本一直维持着全国最低水平，其中差距最大的年份为 2012 年，河北省散养肉羊总成本比全国最高水平低了 596.66 元/只。虽然具有成本优势，但是近年来仔畜费用、饲料费用以及人工成本的持续上涨推动了羊产业生产成本的上升，尤其是饲料费用的增加导致养殖成本增长过快。

从玉米价格看，2022 年全国玉米价格整体呈上升趋势，河北省玉米价格由 1 月份的 2.77 元/千克上升至 12 月份的 2.93 元/千克（图 9 - 9）。全国玉米价格最低的地区主要集中在东北地区。调研发现，河北省很多肉羊养殖户从东北地区购入玉米。

从豆粕价格看，2022 年河北省豆粕价格与全国豆粕价格均呈季节性波动上升趋势，整体走势趋同。河北省豆粕价格由 1 月份的 3.67 元/千克上升至 12 月份的 4.96 元/千克（图 9 - 10）。

生产资料成本增加导致养殖成本增加，从而影响养殖收益。根据对 2022 年河北省三季度的调研可知，断奶羔羊（16 千克左右）价格 700 元左右，育肥羊平均销售价格为 26 元/千克，育肥利润 150～180 元。据对国家核心育种

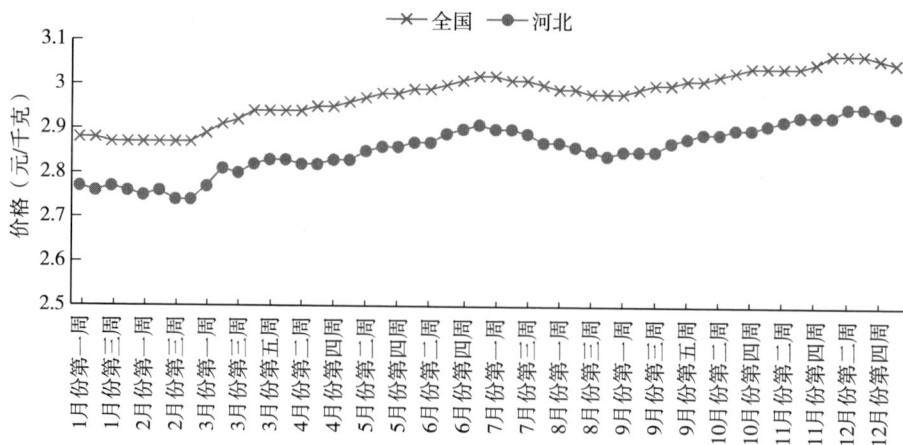

图 9-9　2022 年河北省玉米周度价格与全国比较

数据来源：中国畜牧兽医信息网。

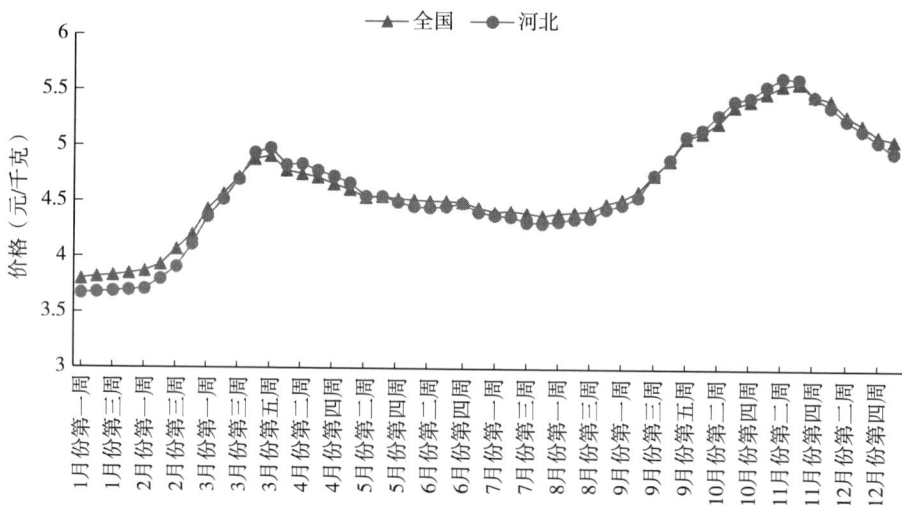

图 9-10　2022 年河北省豆粕周度价格与全国比较

数据来源：中国畜牧兽医信息网。

场志豪科技有限公司的调查可知，自繁自育出售 20 千克羊苗亏损 300 多元，出售 55 千克育肥羊亏损 200 元左右。总体来看，育肥羊行情较差，养殖成本持续高位，养殖效益不佳。

3. 技术水平低导致成本增加

从长期发展来看，随着生态环境保护和养殖模式变化，养殖成本不断攀升，行业可持续发展压力加大。一方面养殖户饲养管理问题导致羊疫病防治费用增加；另一方面疾病防治、饲料调配、秸秆综合利用及智能化、设施化养殖水平较低等，导致饲养成本加大，降低了养殖效益。

（三）替代畜产品的影响

2020年我国生猪价格处于历史最高位。根据农业农村部发布的每周生猪出场价格数据测算，2020年全年平均生猪出场价格为34.19元/千克，同比上升45.55%。进入2021年以来，随着生猪产能的逐渐恢复，猪肉价格连续下跌，受此影响，羊肉需求减少。

（四）进口羊肉对羊肉价格的影响

我国羊肉进口远大于出口，进口量呈增长趋势，但与产量相比，我国羊肉贸易仅占产量的很小一部分，属于典型的生产大国，贸易小国。国内羊肉供给增长无法满足消费者需求的上涨，再加上肉羊生产周期长，繁殖率低，无法快速供应市场，所以只能依靠进口填补羊肉供需缺口。2022年我国羊肉进口量为35.84万吨，进口额为20.79亿美元。长期来看，国内羊肉供应偏紧，共建"一带一路"国家贸易市场逐步拓宽，国外价格优势依然持续，羊肉进口量将保持增长（图9-11）。

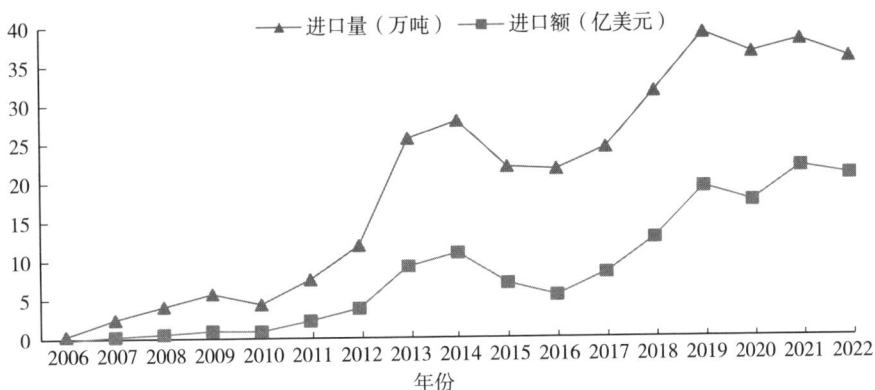

图9-11　中国2006—2022年羊肉净进口量与净进口额

数据来源：中国海关总署。

三、促进河北省羊肉市场价格长期稳定的政策建议

（一）建设疫病防控与应急储备体系

虽然疫情有所好转，但还是要警惕疫情反弹。应提高养殖场（户）饲草料储备库等设施化装备水平；实施布病、小反刍兽疫等重大肉羊疫病防治计划，开展种羊场疫病监测和净化工作，对区域肉羊养殖场（户）、交易市场、屠宰场进行排查监测，完善区域疫情联防联控体系，构建疫病防控培训体系。引导

规模养殖场（户）做好饲料、疫苗、药物等物品储备等。

（二）推进适度规模化养殖

我国肉羊养殖仍以农户小规模养殖为主，但规模化养殖是未来羊产业发展的必然趋势。我国肉羊的规模化养殖正在由注重养殖户数量增加的粗放发展阶段向注重养殖户数量和养殖规模同时扩大的发展阶段过渡。但养殖规模要结合自然资源禀赋，充分分析市场和自身发展条件，实现适度规模化养殖。母羊和幼畜以农户散养为主，规模化养殖场以育肥为主。形成中小养殖户和规模化养殖场并存的养殖结构。

（三）提高饲养管理的技术水平

建议在科学定位、模式确定、品种选择、高效繁殖、饲料开发、营养调控、疫病防控、产品营销和粪污资源化利用等方面推广新技术、新方法，提升羊饲养管理水平，提高羊的生产能力。提高机械化水平，增加羊场机械清粪、饲喂和羊肉屠宰加工厂机械分割、包装等设施设备，降低雇工依赖和成本。加大对中小羊场（养殖户）基层技术人员的培训力度，提高其在生产中发现问题和解决问题的能力。

（四）充分利用金融工具的支持作用

引导各类金融机构增加对养殖场户的贷款规模和授信额度，创新金融担保机制，采取联户担保、专业合作社担保等方式，为养殖场户提供信用担保服务，支持养殖场的规模化生产。建议成立养殖发展基金，在产业处于低谷期时，通过发展基金对产业进行调控，推动产业健康发展。同时强化金融保险的政策支持，增强养殖户和企业抵御市场风险的能力。

参考文献

姜安印，曹颖，陈云霞，2018. 我国羊肉市场价格周期性波动及价格预测研究［J］. 当代畜牧（27）：1-6.

李珍，赵慧峰，2024. 畜产品价格动态溢出效应研究——基于羊肉市场批发价格数据的分析［J］. 价格理论与实践（1）：1-5.

刘玉凤，王明利，胡向东，等，2014. 基于市场模型的我国羊肉供需研究［J］. 中国畜牧杂志，50（14）：16-22.

马雪明，2022. 当前我国消费市场形势分析与展望［J］. 商业文化（17）：16-17.

孙海燕，2024. 我国肉羊产业链市场价格传导机制研究［J］. 饲料研究，47（1）：181-187.

专题十　保险支持政策对河北省肉羊产业扶贫效果评价

一、研究背景和概念界定

（一）研究背景与意义

2016 年，由中国保监会与国务院扶贫办联合发布的文件《关于做好保险业助推脱贫攻坚工作的意见》为保险扶贫提供了政策支持。2016 年 3 月出台了《关于金融助推脱贫攻坚的实施意见》，指出要通过保险政策为农业生产过程提供风险保障，降低农业风险。同年 5 月，多个部门联合发布了文件《贫困地区发展特色产业促进精准脱贫指导意见》，再次强调了保险扶贫的重要性，指出地方保险公司可以开发特色农业保险以支持当地特色产业的发展，还可通过保险来为贫困户增信以此来助推保险扶贫的发展。2019 年 10 月，《关于加快农业保险高质量发展的指导意见》中，扩大了农业保险的覆盖面，让保险更好地惠及优势产业发展。

河北省扶贫任务较重，曾有 62 个贫困县，很多地区经济基础较差。肉羊产业由于其养殖技术含量低、不需要花费太多的劳动，易于管理等特点，成为了产业扶贫中的重点项目，对农户脱贫增收有很大帮助。但是肉羊养殖过程中存在着各方面的风险，这些风险来临时，可能导致返贫的出现。政府财政拨款的救助能力也有限，不能及时救助到每个农户，保险政策作为一种能够分散农户风险的工具，为农户提供保障的措施，对于肉羊产业扶贫的发展有重大的影响作用。本文通过研究保险政策对河北省肉羊产业的扶贫效果，发现存在的问题，提出相关对策建议，对推动河北省肉羊产业发展，实现长效脱贫具有重要的现实意义。

（二）概念界定

1. 贫困户

我国政府将生活在社会保障基准线以下的家庭或个体定义为贫困户。这些被认定的贫困户通常既缺少生活必需品，又缺乏物质资料。贫困户的初次识别是 2013 年底，直到 2014 年底识别结束，完成档案建立，后称为建档立卡贫困户。目前，我国脱贫攻坚目标任务已经全部完成。因此，本文所提到的贫困户都为之前的建档立卡贫困户。

2. 肉羊产业扶贫

产业扶贫是通过发展地方特色产业来带动当地经济发展的扶贫开发过程。肉羊产业扶贫是具有肉羊养殖传统的贫困地区利用当地肉羊养殖优势，通过养殖大户、养殖合作社、养殖企业带动贫困户参与到肉羊产业中，或雇佣贫困户在养殖场打工，政府出资让贫困户入股在年底分红，或者给予建档立卡贫困养殖户养殖补贴等，帮助贫困户增收脱贫。

3. 保险政策支持肉羊产业扶贫

将肉羊等畜牧产业纳入地方性保险补贴范围内，主要指地方政府与当地保险公司合作开办有补贴的肉羊保险，减轻养殖户的参保负担，助推肉羊产业扶贫发展。另外保险补贴的支持也提高了贫困户贷款的可获得性，部分地区银行会根据贷款者有保单做抵押作为放贷的依据。具体如图 10-1 所示，保险既能增加养殖户对产业的投入，又能为其兜底风险，从而有效提高养殖户的收入。

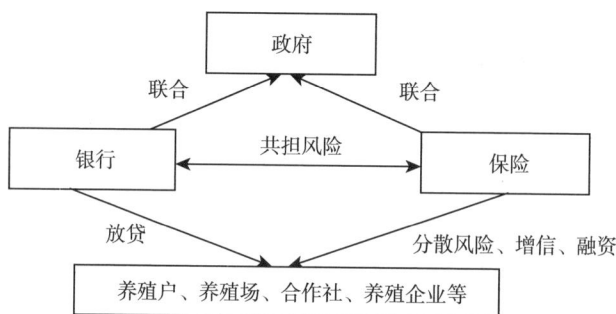

图 10-1 政府银行保险养殖户合作发展

本文所提到的保险政策是基于产业扶贫背景出台的，根据实地调研走访，非贫困县享受不到肉羊保险财政补贴以及保险单抵押贷款贴息等政策优惠。因此，本文主要调研贫困县养殖户和龙头企业。龙头企业通过联贫带贫机制，带动没有劳动力或者资金匮乏的贫困户稳定脱贫。

二、保险政策与河北省肉羊产业扶贫现状

（一）河北省肉羊产业扶贫现状

河北省张家口、承德、保定的 22 个县属于燕山-太行山区特困连片区，其

中参与到产业扶贫的共有 12 个县，这些地区包括河北省的主要肉羊产业扶贫主产区——阜平和围场（表 10-1）。

表 10-1　河北省产业扶贫项目分布地区

县域	产业扶贫项目
张北县	马铃薯、蔬菜（甜菜）
沽源县	蔬菜、马铃薯
尚义县	肉鸡、杂粮杂豆（燕麦）
康保县	肉鸡、油料（亚麻）
隆化县	肉牛、蔬菜
丰宁满族自治县	肉牛、蔬菜
围场满族蒙古族自治县	马铃薯、肉羊
阜平县	食用菌、肉羊
涞源县	肉鸡、生猪、食用菌（黑木耳）
赤城县	蔬菜、生猪
蔚县	生猪、杂粮
怀安县	驴、生猪

资料来源：河北省扶贫产业成效评估工作方案。

河北省在贫困地区开展产业扶贫工作，坚持因地制宜原则，因人因户因村施策，突出地方特色，创新性地发展了以下产业扶贫模式：

一是"龙头企业＋养殖基地＋贫困户"的肉羊产业扶贫模式。龙头企业建设属于自己的养殖基地，培训养羊贫困户，统一配备饲料和兽药，提供技术指导等，龙头企业统一购买羊保险。贫困户可以利用企业的养殖场地进行养殖，然后向龙头企业缴纳极低的养殖基地管理费；贫困户还可以在龙头企业打工，获得养殖收入。该模式以龙头企业为主导，充分发挥了龙头企业自身的规模优势和经济实力优势。

二是贫困户入股合作社模式。该模式指贫困户入股合作社，年底根据入股比例进行分红。贫困户没有资金入股，政府在初期为每个贫困户补贴 6 000 元，然后贫困户将这部分钱入股到养殖合作社，年底合作社要给贫困户保底 300 元分红再加上利润分红，让贫困户稳定增收。此外，贫困户也可以参与到养殖中，获取劳务收入。该模式把给予贫困户的补贴与合作社的发展深入结合，解决贫困户饲养技术难题，真正做到了精准扶贫。

（二）保险政策支持肉羊产业发展情况

1. 保险扶贫政策支持情况

（1）国家层面。从 2012 年起，国家相继颁发了 5 个相关政策文件（表 10 - 2）。

表 10 - 2　保险扶贫政策文件

文件名	相关内容
《关于做好保险业助推脱贫攻坚工作的意见》（2016）	为保险扶贫提供了政策支持
《贫困地区发展特色产业促进精准脱贫指导意见》（2016）	强调创新保险扶贫政策与体制，满足贫困人口的保险需要
《中共中央　国务院关于打赢脱贫攻坚战三年行动的指导意见》（2018）	强调支持研发新的农业保险品种，扩大贫困地区的涉农产品保险保障范围，加大保险业在产业扶贫中的作用
《关于 2021 年银行业保险业高质量服务乡村振兴的通知》（2021）	引导保险机构创新开发，增加投入，推动保险扶贫的发展
《国务院关于促进乡村产业振兴的指导意见》（2019）	巩固脱贫成果，大力发展农村特色产业，为农业农村现代化和乡村全面振兴奠定坚实基础

除了政策文件上的支持，保费的补贴也越来越高，保险产品覆盖了主要大宗农产品，尤其畜牧业方向加入了肉牛肉羊等农产品。补贴区域扩大至全国，中央以及地方财政农业保险保费补贴相加总和超过 80%。除了中央直接补贴，地方财政也根据地方养殖特色对一些农产品保险予以补贴。目前，各类有补贴的扶贫农业保险产品已达 1 099 个，扶贫农业保险已经累计为贫困户提供风险保障 3.5 万亿元，通过保费减免等方式向贫困群众让利 15.2 亿元。

（2）河北省层面。河北省共有 62 个贫困县，49 000 余个行政村，建档立卡村占比约为 15%，大约有 7 366 个，贫困人口达到了 485.5 万。截至 2020 年 2 月，河北省贫困县全部"摘帽"。2016 年，河北省扶贫办发布《河北省保险业助推脱贫攻坚工作实施意见》，提出将农业保险尽可能全覆盖，探索一种"政保联办"保险扶贫模式，贫困县可根据当地实际财政情况，设立保险扶贫款。政府和保险机构按协商比例共享保费收入，分担风险赔偿款，政府设立的保险扶贫款补贴的对象主要是政策性险种之外的保险品种，一般情况下补贴参保农户应缴保费的 70%。此外还要将河北省特色农产品"成本价格损失险""产品责任保险"向其他地区推广。除了直接开办特色保险外，还完善了农村金融体系，利用保单为贫困户增信，贫困人口可以通过农业保险保单质押进行贷款，拓宽了其融资途径。

2. 肉羊产业保险政策支持情况

保险支持肉羊产业扶贫的核心是在贫困户养羊过程中遭遇自然灾害、牲畜疾病死亡、市场价格波动等风险后，保险公司要对贫困户予以赔付，减少其损失，提高抗风险的能力。保险的介入可以为养殖户增信，养殖户通过保险单办理抵押贷款。养殖户获得一定的贷款金额，可以继续扩大养殖规模，增加养殖收入。河北省保险扶贫依托产业扶贫开展，因此保险也是在产业扶贫模式下为养殖户提供风险保障。

河北省部分地区有地方财政补贴的肉羊保险，养殖户达到一定养殖规模可以自己购买肉羊保险，政府会补贴 $60\%\sim80\%$ 的保费，养殖户仅承担剩余部分。河北省各贫困县在实施肉羊产业扶贫保险政策过程中，创新性地形成了"政府担保贷款＋贫困户＋合作社或企业带动"＋"肉羊保险"的保险扶贫模式。该模式下，一是政府建立一个平台将扶贫资金集中在一起，这些资金只能用于对养殖户的补贴以及产业发展的基础设施建设。二是建立一个合作机制，由银行、政府、养殖企业、贫困户、保险公司签订合作协议。贫困户可以选择自己养殖也可以委托合作社或龙头企业养殖，委托养殖的贫困户在年底可以得到分红，平时可以在合作社或者龙头企业打工。三是建立防控风险机制，即贫困户购买肉羊后由政府与企业共同出资参与保险，如果肉羊死亡，保险公司根据死亡肉羊重量予以赔偿，整个养殖过程以及款项都由政府机构进行监督。通过这种模式，使得扶贫资金能够有效利用，贫困户不遭受任何损失，还解决了龙头企业的资金不足问题，实现双赢和长效持久脱贫。

（三）保险政策支持肉羊产业扶贫典型模式案例

1. 河北肉羊产业"阜平模式"

（1）"阜平模式"发展背景。阜平县是我国深度贫困县之一，全县 209 个村中 164 个为贫困村。阜平县大力发展当地特色产业，根据地方特色走适合阜平发展的产业扶贫道路。阜平是太行黑山羊的传统养殖基地，阜平县走出了一条"金融扶贫，农险先行"的扶贫道路，当地政府联合中国人民保险阜平分公司推出了成本价格保险，使得肉羊保险有了地方财政补贴。

（2）"阜平模式"保险实施内容。成本价格保险的责任范围主要包含死亡责任和价格责任。不仅将一些疾病疫病造成肉羊死亡的风险因素纳入赔付范围内，还拓展到了市场价格风险。价格责任主要指当保险肉羊的市场价格低于羊羔成本以及饲养成本时，保险公司按差价予以赔付。保险金额的核算是将每只肉羊羊羔成本与饲养成本相加所得。保险公司规定免赔率为 5%，即保险公司赔付 95%。两种责任损失的赔偿金额计算方法不同，死亡责任的赔偿金额是其肉羊羊羔成本加上饲养成本与尸重所对应的赔偿比例的乘积再减去保险公司免赔部分。尸重所对应的损失赔偿比例详见表 10 - 3。价格责任的赔偿金额是每只肉羊的羊羔成本与饲养成本的和再减去其销售价格以及保险公司免赔部分。

表 10 - 3　不同尸重范围每只肉羊饲养成本损失赔偿比例

单位：千克，%

尸重范围	赔偿比例
15（含）～20 千克（不含）	8
20（含）～25 千克（不含）	23
25（含）～30 千克（不含）	38
30（含）～35 千克（不含）	50
35（含）～40 千克（不含）	62
40（含）～45 千克（不含）	73
45（含）～50 千克（不含）	84
50（含）～55 千克（不含）	95
55 千克（含）以上	100

保费的补贴情况，阜平人保公司在 2020 年调整了保费价格，肉羊保险保费金额为 108 元/只，其中政府为养殖户补贴 60%，养殖户自己承担 40%。另外阜平县开展了一种全新的"基础保障＋商业补充"形式，"基础保障"是养殖户仅享受由国家补贴的保费所带来的 60%保险赔付。"商业补充"是养殖户可以根据自身经济情况额外投保，以获得更高额度的保险赔偿金，提高保险保障程度。

（3）保险政策支持肉羊产业扶贫运行方式。运行方式如图 10 - 2 所示。

一是"联办共保"保险扶贫模式。即当地政府与中国人民保险财险公司合作，在保费收入与理赔金额上五五分。政府为养殖户补贴一部分保费，一方面能够提升保险公司的赔付能力；另一方面减轻了养殖户的费用负担使得他们更乐于养殖，有效促进保险扶贫工作。二是阜平县开展了"基础保障＋商业补充"的保险缴纳方式，上文已介绍。在这种模式下，贫困养殖户可以直接参与不用承担任何费用，最后直接享受国家补贴的那部分保障。同样养殖大户或者合作社在自身条件允许的情况下可以再承担一部分保费以此获得更高保障。三是阜平县探索出了"保险先行、贷款跟进"的金融保险扶贫机制。该机制主要是政府、银行以及保险的三方协作，政府提供政策支持及信用担保、银行提供贷款支持、保险公司提供信用风险保障。

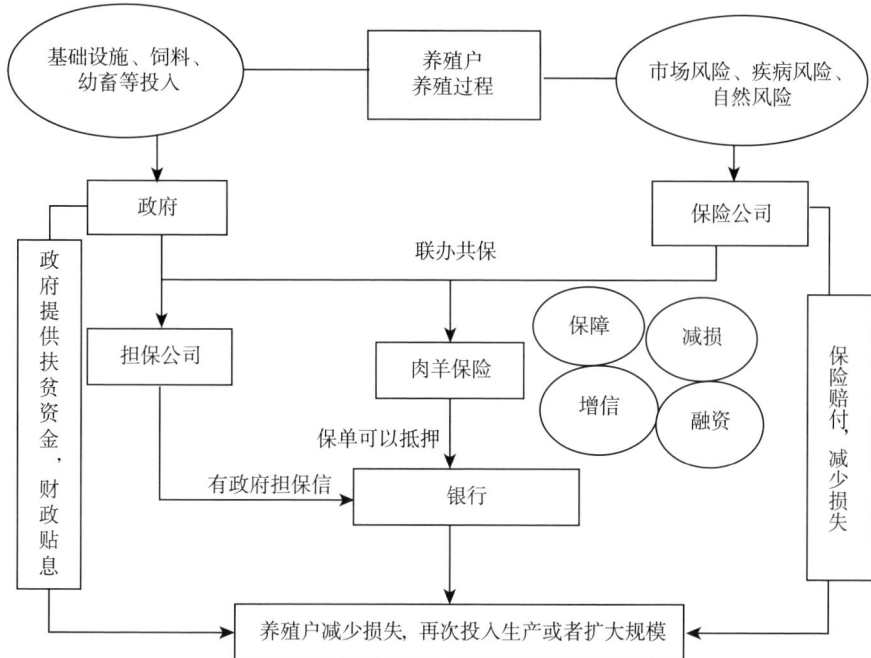

图 10-2　阜平县联办共保促进肉羊产业扶贫作用机制示意图

　　(4)"阜平"模式取得的成效。该模式取得了显著成效，保险的介入使扶贫资金的效能实现了最大化。保险扶贫的优势在于其具有以小撬大、定向保障、持续稳定的特点。阜平利用财政扶贫专项资金，对参与肉羊保险的养殖户给予60%的保费补贴，减少了养殖户的投入，又为其提供了风险保障。自2015年以来，阜平扶贫资金补贴达到了近300万元，保险保障金额达到了7 735万元，为1 069户肉羊养殖户进行了理赔，赔付金额超164.3万元。保险补贴政策的参与除了为许多肉羊养殖户恢复生产提供了保障，还能够为其增信，增加养殖户的融资渠道，也能够降低银行放贷风险。实际调研显示，由于保险兜底政策的实施，从2015年起，新发展起来的新型农业经营主体——肉羊养殖合作社已经有50余家，这些合作社成功带动贫困户500余人实现稳定脱贫，阜平县人均可支配年收入由2012年底的3 262元增长到2019年底的9 800元（图10-3）。

　　2. 河北围场"龙头企业＋养殖户"模式

　　(1)围场产业扶贫发展情况。围场是河北省面积最大的县，河北省十个深度贫困县之一，是国家扶贫开发工作重点县。当地的"木兰围场"是清代皇家猎苑，自古就有良好的畜牧业养殖环境，肉羊产业成为了脱贫致富的首要选择。

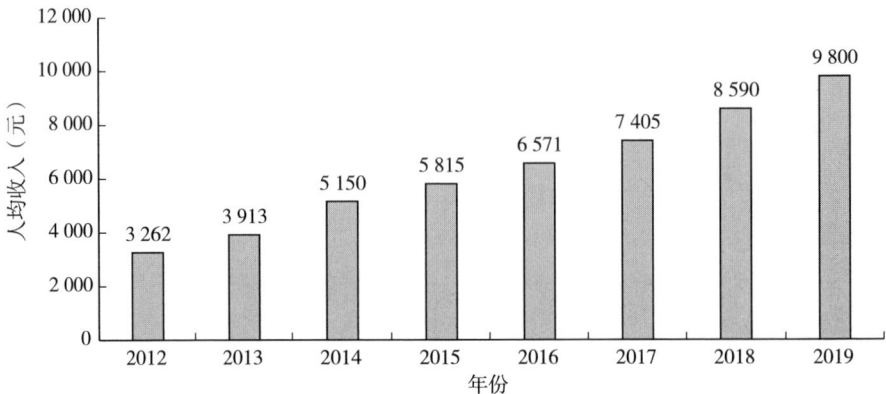

图 10-3　阜平县历年农村人均收入

数据来源：《河北农村年鉴》。

　　围场肉羊产业扶贫模式主要依托天津食品集团在承德落地的以产业助力当地脱贫的"津承百万只优质肉羊产业化项目"。该项目创新实施百万只肉羊"五个一批"养殖扶贫模式，主要为"投母收羔""入企就业""入股分红""寄养托管"和"订单收购"。"投母收羔"方式主要指企业将优质母羊采取份养的方式发给贫困户以及养殖大户饲养，贫困户或者养殖大户两年内需要向企业分别偿还 2 只或者 2.5 只优质公羊羔，企业也会以高出市场的价格回收其余羔羊，贫困户和养殖大户还完羊羔之后母羊可以归其所有，所生产的羊羔也可以向企业售卖。"入企就业"方式是有劳动能力的贫困户可以到企业务工获得养殖收入，一般会到育肥场或者扩繁场等工作。"入股分红"指政府给每个贫困户 6 000 元的补贴供他们入股公司，然后公司要给贫困户连续五年每年分红600 元，最后一次性将本金全部归还给贫困户。"寄养托管"指国家给企业一笔扶贫资金供其购买优质母羊，公司将养殖这些母羊所获得的收益给一批年龄大的贫困户每年分红。"订单收购"指公司向贫困户收购饲料，双方预先签订合同，贫困户通过种植青贮玉米供公司养殖使用，公司给贫困户每亩地590 元。

　　（2）保险政策支持肉羊产业扶贫运行方式。围场满族蒙古族自治县政府出台了《关于扶持百万只优质肉羊产业化建设项目实施意见》，主要采取羔羊补贴、贷款贴息以及羊只保险的扶贫模式。"羔羊补贴"中针对的是月龄7～8 个月的羊，每只羊保费 40 元，当地政府补贴 30 元，肉羊养殖户承担10 元。对因病死亡的羊，每只最高赔付 800 元。依托在津垦奥企业的养殖户不需要自己参保，由企业统一为这些肉羊参保，这样极大地减轻了养殖户的资金压力，最大限度地降低养殖过程中所面临的风险。"贷款贴息"指养殖户可以通过保险单办理抵押贷款，进一步扩大养殖规模。"羊只保险"是对养殖户的最后兜底，一旦出现损失，保险公司对养殖户给予一定的赔付，不会出现返贫现象。

（3）围场肉羊产业扶贫所带来的成效。截至 2020 年 2 月，围场成功实现全面脱贫，贫困发生率大大降低，到 2020 年，只有 0.28%。围场"津承百万只肉羊全产业链项目"已带动 2 507 户贫困户稳定脱贫增收，并持续带动了当地饲草种植、屠宰、加工、销售等一系列产业经济发展。其中保险的介入还给羊养殖户提供了风险保障，极大地减少了养殖户的损失，让养殖户快速恢复生产。2020 年底围场城乡居民可支配收入分别达到了 29 300 元和11 200 元。

（四）保险政策对肉羊产业扶贫存在的不足

1. 保险支持肉羊产业保障程度有待提高

河北省农业保险发展报告中有关主要农产品的保障情况如图 10 - 4 所示。可以看出粮、棉、油、糖和生猪、奶牛等主要农产品保障水平均处于较高水平。但是肉羊保险的保障水平还相对较低，截至 2019 年底，其保障水平只有2.27%，保障广度为 5.47%，保障深度为 41.57%，较奶牛、生猪等畜产品来说相差较大。其原因是肉羊保险还未纳入政策性保险，仅在一些贫困县开展了地方政府财政补贴，大部分地区是商业性肉羊保险，养殖户参保率较低，赔付率也相对较低。

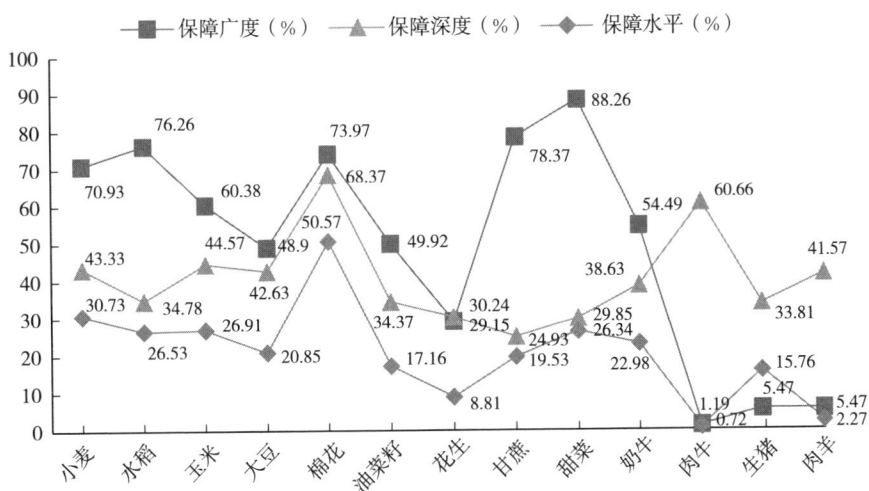

图 10 - 4　河北省主要农产品保险保障水平、广度和深度

数据来源：《河北省农业保险发展报告》。

2. 保险政策覆盖面不广

河北省肉羊产业保险政策支持是依托扶贫政策出台的，仅在贫困地区实施。非贫困县的肉羊保险还是商业性保险，养殖户参保积极性不高。因此保险政策的覆盖面还是相对较窄。

3. 贫困户参与积极性不高

受历史条件、开放程度、教育水平等因素影响，部分贫困户思想观念、致富本领、创业技能相对落后，存在"等、靠、要"的思想，发展产业脱贫增收的愿望不强，热情不高，仍需加以正面引导。实地调研发现，许多养殖户不愿意相信政策，不愿意参与到保险中来，风险防范意识不强，没有充分认识到保险保障的重要性。

三、保险政策对肉羊养殖主体扶贫效果分析

（一）数据来源与样本特征描述

1. 数据来源

本文实证研究所用数据来自课题组 2020 年 10—12 月在河北省保定、承德等地实地调研的数据。充分考虑了河北省肉羊产业以及保险政策实施的特点，选取了保定阜平和承德围场作为典型样本。在两个县随机抽取具有养羊经验的养殖户、养殖合作社以及龙头企业负责人（为了统一指标，下文统一称为养殖户）。除贫困户外，还选择了非贫困户，即联贫带贫的养殖大户或合作社负责人等。本文所涉及的受访养殖户共 185 户，剔除重要指标缺失的样本后，有效样本为 174 个，样本有效率为 94.05%。其中，在 2016 年后受到保险政策支持的有 80 户，未受到保险政策支持的有 94 户。贫困户有 104 人，非贫困户有 70 人。调研过程中在受访养殖户 2015—2020 年连续 6 年的数据中选择了 2015 年和 2020 年两年（共 348 个样本）的肉羊养殖以及保险政策支持情况进行了分析。

2. 样本特征描述

表 10 - 4　被调查养殖户基本特征

单位：人，户，元，%

受访者基本情况	类别	样本数	百分比
年龄	25 岁及以下	2	1.1
	26～35 岁	14	8.0
	36～45 岁	44	25.2
	46～55 岁	78	44.8
	55 岁以上	36	20.6

（续）

受访者基本情况	类别	样本数	百分比
受教育程度	小学及以下	56	32.1
	初中	88	50.5
	高中	28	16.0
	大专及以上	2	1.1
家庭属性	建档立卡户	78	44.8
	一般农户	96	55.1
家庭人口数	1 人	34	19.5
	2 人	35	20.2
	3 人	65	37.3
	4 人及以上	40	23.0
养殖数量	10 只及以下	12	6.8
	11~100 只	50	28.7
	101~500 只	64	36.7
	501~1 000 只	36	20.6
	1 000 只以上	12	6.8
家庭人均收入	1 000 元以下	7	4.0
	1 001~3 000 元	53	30.5
	3 001~6 000 元	34	19.5
	6 000~10 000 元	35	20.1
	10 000 元以上	45	25.9

由表 10-4 可知，被调查者的个人特征方面，大多数养殖户年龄为中老年人，45 岁以上占比 65.4%。在受教育程度上，养殖户文化程度普遍偏低，小学初中学历占比达到了 82.6%。在家庭属性中，建档立卡户近一半。

（二）DID 模型的建构

对政策实施效果进行评价，常用的研究方法有双重差分法（DID）。该方法在政策效果研究方面具有一定的实用性和重要性，在政策实施效果的定量分析上，得到了广泛使用。该方法能够将政策实施前后与政策是否实施进行有机结合，还能够排除处理变量外的其他因素的干扰。

为了排除其他影响产业发展的政策因素的干扰，本文拟采用双重差分模型，其优点是可以控制外生因素的影响。任何一项政策实施前，各个样本之间都存在某些差异，因此只单一的横向来对比的话不够严谨，本文利用双重差分模型有效地控制了样本的事前差异，将政策真正影响的因素分离出来，得出相对正确的结论。

产业扶贫是为了贫困户脱贫，因此本文分析保险政策对肉羊产业扶贫影响以肉羊养殖户是否受到保险政策支持（包括参与有政府补贴的肉羊保险以及通过保险单抵押的金融贷款或者被参与保险的合作社联贫带贫等各项与保险有关的政策支持）为界，效果分析以养殖户的收入增加和损失减少为标准。首先，构造出"受到保险政策支持养殖户"的"实验组"和"没受到保险政策支持养殖户"的"对照组"。其次，控制其他相关因素的影响。最后，比较受到保险政策支持前后"实验组"和"对照组"之间的收入增长差距以及损失减少差距，从而检验保险政策对产业扶贫的长效持久脱贫效果。基于此，建立了如下双重差分基础模型：

$$Y_{it} = \beta_0 + \beta_1 farmer_{it} + \beta_2 time_{it} + \delta did_{it} + \varepsilon_{it} \qquad (10-1)$$

式中，i 和 t 分别表示保险政策和年份，Y_{it} 是被解释变量，代表养殖户的收入水平以及损失情况，又设置了两个虚拟变量，用 $farmer_{it}$ 反映选取的样本是否为参与了政策的养殖户，若是赋值1，否则为0，β_1 反映"实验组"和"对照组"的不同。同理，若年份是实施保险政策之后，$time_{it}$ 就赋值为1，否则就为0，β_2 反映时间对"实验组"和"对照组"带来的共同冲击。设定一个交叉项 did，亦 $farmer_{it} \times time_{it}$，即参与了保险政策，能够反映保险政策对养殖户收入和损失的真正影响，其系数是本文的重点研究对象。当 $farmer_{it}$ 和 $time_{it}$ 同时被赋值为1时，保险政策（did）才赋值为1，其他情况均为0。其中 ε_{it} 是随机误差项。

通过对基础模型的分析，本文将样本分为了四大类。如表10-5所示，分别为保险政策实施前的实验组（$farmer_{it}=1$，$time_{it}=0$，$did_{it}=0$），保险政策实施后的实验组（$farmer_{it}=1$，$time_{it}=1$，$did_{it}=1$），保险政策实施前的对照组（$farmer_{it}=0$，$time_{it}=0$，$did_{it}=0$），保险政策实施后的对照组（$farmer_{it}=0$，$time_{it}=1$，$did_{it}=0$）。

表10-5 保险政策实施前后实验组和对照组之间的变化

	保险政策实施前	保险政策实施后	变化
对照组	β_0	$\beta_0+\beta_2$	β_2
实验组	$\beta_0+\beta_1$	$\beta_0+\beta_1+\beta_2+\delta$	$\beta_2+\delta$
变化	β_1	$\beta_1+\delta$	δ

以上，我们已经得到实验组和对照组农户各自收入变动的模型，对于对照

组的养殖户，$did=0$，模型可以表示为：

$$Y_{it} = \beta_0 + \beta_2 time_{it} + \varepsilon_{it} \qquad (10-2)$$

因此对照组的养殖户在受到保险政策支持前后的收入分别为：

$$Y = \begin{cases} \beta_0，当 time = 0，保险政策实施前 \\ \beta_0 + \beta_2，当 time = 1，保险政策实施后 \end{cases}$$

由此可见，对照组养殖户的收入平均变动为：$diff1 = (\beta_0 + \beta_2) - (\beta_0) = \beta_2$。

对于实验组养殖户，$did=1$，模型可以表示为：

$$Y_{it} = \beta_0 + \beta_1 farmer_{it} + \beta_2 time_{it} + \delta did_{it} + \varepsilon_{it} \qquad (10-3)$$

因此实验组养殖户在保险政策实施前后的收入分别为：

$$Y = \begin{cases} \beta_0 + \beta_1，当 time = 0，保险政策实施前 \\ \beta_0 + \beta_1 + \beta_2 + \delta，当 time = 1，保险政策实施后 \end{cases}$$

由此可知，实验组中养殖户的收入平均变动：$diff2 = (\beta_0 + \beta_1 + \beta_2 + \delta) - (\beta_0 + \beta_1) = \beta_2 + \delta$

最后可以算出保险政策对养殖户收入的净影响为：$diff = diff2 - diff1 = \delta$，即模型中 did 的参数 δ，是差异中的差分估计值，代表了保险政策的效果。由此我们能够更加精确衡量出保险政策前后对两组养殖户收入的净影响程度。

为了控制其他因素的影响，采用固定效应模型：

$$Y_{it} = \beta_0 + \beta_1 farmer_{it} + \beta_2 time_{it} + \delta did_{it} + \mu X_{it} + \varepsilon_{it} \quad (10-4)$$

该模型中 X_{it} 是一组可观测的影响养殖户收入的控制变量，包括养殖户年龄、受教育程度、劳动力等变量。

另外只进行 DID 模型评估的话，准确度较低。因此本文使用 PSM-DID 方法对样本进行匹配，对实证结果进行稳健性检验，这样会使得结论更有说服力。

（三）变量选择

（1）被解释变量。本文需要度量的被解释变量是养殖户收入。养殖户收入包括人均纯收入、人均养殖纯收入、人均种植纯收入、人均务工收入以及人均补贴收入（包括分红收入和国家政策性的补贴）。保险的目的是减少损失，因此也要对养殖户饲养肉羊的直接死亡损失进行解释。

（2）主要的解释变量。用虚拟变量（$farmer$）来表示养殖户是否受到保险政策支持，若参与了则赋值 1，否则为 0。用虚拟变量"保险支持年份"（T）表示养殖户受到保险政策支持的年份。受到保险政策支持之后赋值为 1，否则为 0。交叉项 did 是两者的乘积。

（3）控制变量。控制变量主要包括：①个人特征（性别、婚否、年龄、文化程度）。由于调研中的农户大都为男性并且已婚，因此剔除了性别和婚否两个变量，仅选取了年龄和文化程度变量。②家庭特征（家庭人口数、农业劳动力占比、是否建档立卡）。③养殖特征（养殖年限、养殖数量、养殖面积）。养殖数量之间差异较大，本文对养殖数量做了对数处理。具体的数据变量及赋值含义如表 10-6 所示。

表 10-6　相关变量含义

变量名称	代码	单位	测量方法
人均收入（万元）	*income*	万元	实际数据
人均养殖收入（万元）	*income*1	万元	实际数据
人均种植收入（万元）	*income*2	万元	实际数据
人均务工收入（万元）	*income*3	万元	实际数据
人均补贴收入（万元）	*income*4	万元	实际数据
养殖损失（万元）	*loss*	万元	实际数据
年龄	*age*	岁	实际数据
受教育年限	*education*	年	实际数据
劳动力占比	*labour*	%	实际数据
是否建档立卡	*poor*	—	二分类变量（是=1，否=0）
养殖时间	*time*	年	实际数据
养殖数量	*lognumber*	—	实际数据
是否听过防疫讲座	*antiepidemic*	—	二分类变量（是=1，否=0）
是否有贷款	*lone*	—	二分类变量（是=1，否=0）
是否有养殖补贴	*subsidy*	—	二分类变量（是=1，否=0）

（4）时间段选取。河北省肉羊保险补贴政策于 2015 年正式开始，跟踪调查农户的数据时段为 2013—2020 年。但是大多数养殖户受到保险政策支持是在 2016 年之后，因此本文选取的养殖户是在 2016 年之后受到保险支持的养殖户。保险政策稳定推进后，养殖户收入稳定是在 2020 年。因此本文选取养殖户参与保险政策前的 2015 年数据以及养殖户参与保险政策后的 2020 年数据，通过对照组与处理组在两期的收入以及损失变化分析保险政策的效果。

（四）样本数据情况

下面对本文所采取的数据用 Stata15.0 进行描述性统计，主要列示保险政策开展前后实验组与对照组样本的数据特征情况（表 10-7）。

表 10-7　肉羊保险补贴开展前后参保养殖户与未参保养殖户数据特征

单位：万元

| 变量 | 2015 年 | | | | 2020 年 | | | |
| | 参保养殖户 | | 未参保养殖户 | | 参保养殖户 | | 未参保养殖户 | |
	均值	标准差	均值	标准差	均值	标准差	均值	标准差
income	1.48	1.80	1.29	0.93	2.74	1.55	2.06	1.34
*income*1	0.83	1.21	0.68	0.84	1.98	1.45	1.34	1.10
*income*2	0.65	1.89	0.25	0.40	0.88	2.37	0.47	0.98
*income*3	0.20	0.34	0.36	0.54	0.43	0.43	0.39	0.53
*income*4	0.02	0.04	0.02	0.06	0.05	0.03	0.07	0.09
loss	2.64	6.09	2.22	5.29	1.77	3.48	1.93	6.94
age	44.95	8.77	49.23	8.07	49.95	8.77	54.22	8.07
education	7.88	2.52	7.18	1.97	7.88	2.52	7.18	1.97
labour	0.57	0.25	0.59	0.29	0.57	0.25	0.59	0.29
poor	0.42	0.50	0.48	0.50	0.42	0.50	0.48	0.50
time	2.93	4.32	7.95	8.78	7.86	4.39	12.93	8.80
lognumber	2.66	0.72	1.81	0.64	2.47	1.03	1.96	0.47
antiepidemic	0.84	0.37	0.55	0.50	0.84	0.37	0.55	0.50
lone	0.86	0.35	0.30	0.46	0.86	0.35	0.30	0.46
subsidy	0.51	0.50	0.55	0.50	0.79	0.41	0.72	0.45

资料来源：根据 Stata15.0 软件估计整理。

由表 10-7 可知，保险政策开展前后，受到政策支持养殖户比未受到政策支持养殖户的养殖收入以及肉羊养殖死亡损失情况都得到了一定的改善，前者的收入从 2015 年的 0.83 万元涨到 2020 年的 1.98 万元，肉羊死亡损失则从 2015 年的 2.64 万元下降到 2020 年的 1.77 万元。后者的收入从 2015 年的 0.68 万元上涨到 2020 年的 1.34 万元，肉羊死亡损失则从 2015 年的 2.22 万元下降到 2020 年的 1.93 万元。虽然养殖收入以及养殖死亡损失的变化可能存在其他方面影响，比如通货膨胀、市场风险等，但受到政策支持养殖户的养殖收入 0.83 万元大于未受到政策支持养殖户的养殖收入 0.68 万元，养殖死亡损失 2.64 万元也明显大于未受到支持的 2.22 万元，说明控制组与处理组之间的收入和损失差异可能存在"分组效应"的影响，即政策实施前两组本身存在一些差异。从其他控制变量中可以看到在养殖数量以及养殖时间上两组也有明显差异。由于样本数据特征反映出的"分组效应"的存在，这也表明本研究有进行肉羊保险补贴政策效果稳健性检验的必要性和合理性。

（五）模型估计结果及分析

1. 保险政策实施前后影响养殖户收益的因素分析

由表10-8的组内均值和组间均值差结果可知：

（1）保险支持肉羊产业扶贫后，受到保险政策支持的养殖户（以下简称保险支持户）比保险支持肉羊产业扶贫前人均总收入增加了1.257万元，保险未支持户人均总收入增加了0.780万元，保险支持户比未支持户人均总收入增加了0.673万元，did 估计值为0.477万元。这反映了保险政策支持后养殖户人均总收入比未支持户增长快。

（2）保险支持户人均养殖收入比保险支持前增加了1.146万元，保险未支持户人均养殖收入增加了0.659万元，保险支持户比未支持户人均养殖收入增加了0.638万元，did 估计值为0.488万元。这反映了保险支持肉羊产业扶贫后，保险支持户人均养殖收入比未支持养殖户增长得快。

（3）人均种植收入的 did 估计值为负，为−0.299万元。这表示保险支持肉羊产业发展会减少农户对种植业的投入，进而减少种植收入。这与实际调研是相符的，养殖户表示，发展养殖后会相应减少种植生产。另外还有部分养殖户将种植的作物直接用于肉羊饲养，没有计入收入中，也进一步减少了种植收入。

（4）保险支持后，受支持户比之前人均务工收入增加了0.225万元，未受支持户比之前增加了0.031万元，受支持户比未受支持户增加了0.038万元，did 估计值为0.193万元。这说明保险政策在一定程度上能够促进农户就业，龙头企业会雇用贫困户在养殖场打工，并在年底分红，从而增加养殖户务工收入。

表 10-8　模型估计结果

收入项目	年份	保险未支持户	保险支持户	did
人均总收入	2015	1.287	1.483	0.196
	2020	2.067	2.740	0.673
	$Diff$	0.780	1.257	0.477
人均养殖收入	2015	0.682	0.833	0.151
	2020	1.341	1.979	0.638
	$Diff$	0.659	1.146	0.488
人均种植收入	2015	0.247	0.681	0.434
	2020	0.397	0.532	0.134
	$Diff$	0.15	−0.149	−0.299

（续）

收入项目	年份	保险未支持户	保险支持户	did
	2015	0.358	0.202	−0.156
人均务工收入	2020	0.389	0.427	0.038
	Diff	0.031	0.225	0.193
	2015	0.053	0.047	−0.006
人均补贴收入	2020	0.187	0.191	0.004
	Diff	0.134	0.144	0.010
	2015	1.933	1.780	−0.153
损失	2020	1.963	1.474	−0.489
	Diff	0.03	−0.306	−0.336

（5）人均补贴收入保险支持前后差别不大。国家精准扶贫工作开展以来，农户补贴收入持续增加，在没有保险政策之前，农户也有各项补贴。受到保险政策支持后补贴收入增加更为明显，既有保费的补贴，又有年底分红等。

（6）针对养殖损失，保险支持肉羊产业扶贫后，受支持户家庭养殖总损失比保险支持前减少了 0.306 万元，未受支持户养殖损失没有明显变化。受支持户比未受支持户损失减少了 0.489 万元。did 估计值为−0.336 万元。说明保险支持能够有效减少养殖户损失。

2. 基准回归结果

为了对上述结果进行验证，本文先对保险政策对肉羊养殖户各项收入和损失的影响进行回归，得出基准回归结果（表 10 - 9），加上控制变量后再次进行回归，得出表 10 - 10。

在不加入控制变量的情况下，除了第五列人均补贴收入的交互项 did 不具有统计性显著外，其他养殖户人均收入的交互项 did 都通过了显著性检验。其中人均总收入、人均养殖收入和人均务工收入的交互项 did 的系数为正，说明保险政策促进了养殖户这些收入的增加。这与陈晓安（2013）的研究结果一致。

种植收入的交互项 did 的系数为负，这是因为选取的农户有很多是在国家大力支持地方特色产业后而开始参与肉羊养殖。根据实地调研情况，部分养殖户表示从事养殖后减少了种地面积，因此种植业收入减少。

保险政策对农业收入整体产生正向影响。保险政策对养殖户的补贴收入不具有统计性显著，但呈正向影响。人均补贴收入的时变效应 dt 系数在 5% 的水平下显著。这是因为每年的分红收入相对比较少，国家的政策性补贴是随着时间的增长而增加的，与保险支持没有太大的关系，即随着我国补贴政策的逐步完善，农民得到的补贴会越来越多。保险政策能够减轻养殖户的肉羊养殖损失，且影响显著。说明保险介入确实可以给养殖户带来风险保障，能够有效减少肉羊死亡损失。

表 10 - 9　回归结果

变量	(1) 收入	(2) 收入 1	(3) 收入 2	(4) 收入 3	(5) 收入 4	(6) 损失
du	0.196	0.151	0.434**	−0.156**	−0.006	−0.153**
	(0.90)	(0.85)	(0.190)	(0.071 2)	(0.43)	(4.83)
dt	0.780*	0.658	0.150	0.031 6	0.134**	0.03
	(3.59)	(3.72)	(0.189)	(0.070 8)	(9.69)	(0.57)
did	0.477***	0.488***	−0.299*	0.193*	−0.010	−0.336**
	(1.55)	(1.94)	(0.269)	(0.101)	(0.050)	(2.78)
Constant	1.287**	0.682	0.247*	0.358***	0.022 3**	2.207
	(8.38)	(5.46)	(0.134)	(0.050 1)	(5.39)	(1.52)
Observations	348	348	348	348	348	348
R^2	0.13	0.16	0.016	0.032	0.37	0.10

注：① *、**、***分别表示在10%、5%和1%的水平下显著；②括号内为 *t* 值（以下表格同，不再单独注明）。

加入控制变量后，模型仍然显著，且每一项收入的交互项 *did* 的估计值的显著性和表 10 - 10 相似。

养殖户的年龄与人均补贴收入呈显著正相关。意味着养殖户年龄越大，得到的补贴收入就越高。这与事实相符，养老保险以及五保户的补贴在农户到达一定年龄后发放。

养殖户的受教育时间与人均总收入和人均养殖收入呈显著正相关。这表示养殖户的文化水平越高，越容易接受先进的科学养殖技术，越会积极参加养殖防疫等相关讲座，进而对国家产业扶贫政策理解更深，适应社会的能力更强，更容易获得收入。

表 10 - 10　加入控制变量的回归

变量	(1) 收入	(2) 收入 1	(3) 收入 2	(4) 收入 3	(5) 收入 4	(6) 损失
did 估计值	0.225***	0.272***	−0.001 33*	0.089 5*	0.015 7**	−0.702**
	(0.985)	(0.608)	(0.172)	(0.065 2)	(0.007 90)	(3.01)
age	0.003 59	0.012 5	0.001 89	0.005 27*	0.002 27***	−0.135
	(0.031 2)	(0.028 6)	(0.008 08)	(0.003 06)	(0.000 371)	−1.54

（续）

变量	(1) 收入	(2) 收入1	(3) 收入2	(4) 收入3	(5) 收入4	(6) 损失
edu	0.006 27**	0.027 7*	−0.007 62	0.007 03	0.000 108	−0.612
	(0.120)	(0.112)	(0.031 8)	(0.012 1)	(0.001 46)	−1.77
$labour$	−0.319	−0.346	−0.012 8	0.134***	−0.008 85**	0.333
	(0.293)	(0.276)	(0.078 2)	(0.029 6)	(0.003 59)	−0.39
$poor$	−2.482***	−1.710***	−0.623***	0.032 5	0.007 74	−0.585
	(0.534)	(0.504)	(0.143)	(0.054 0)	(0.006 55)	−0.36
$time$	−0.026 3	0.018 5	−0.006 87	0.003 00	−0.000 348	−0.107*
	(0.037 4)	(0.032 1)	(0.009 08)	(0.003 44)	(0.000 417)	(−1.08)
$number$	0.001 36***	0.001 39***	−7.73e−05	1.24e−05	−5.13e−07	0.003**
	(0.000 188)	(0.000 174)	(4.91e−05)	(1.86e−05)	(2.25e−06)	(5.01)
$antiepidemic$	0.964*	0.342	0.310**	0.006 38	0.002 80	−2.583*
	(0.575)	(0.527)	(0.149)	(0.056 5)	(0.006 84)	(−1.58)
$lone$	−0.215	−0.965*	0.126	0.021 3	−0.012 5*	3.337*
	(0.631)	(0.522)	(0.148)	(0.055 9)	(0.006 78)	(2.00)
$subsidy$	0.765**	0.912*	0.124	−0.033 9	0.017 6***	6.435
	(0.524)	(0.492)	(0.139)	(0.052 7)	(0.006 39)	−1.79
$cons$	2.096	0.833	0.476	−0.312	−0.064 6**	11.813
	(2.186)	(2.006)	(0.568)	(0.215)	(0.026 1)	−1.95
$Observations$	348	348	348	348	348	348
R^2	0.343	0.321	0.087	0.084	0.184	0.170

注：*、**、***分别表示在10%、5%和1%的水平下显著。

　　养殖户家庭劳动力人数与人均务工收入呈显著正相关，与人均补贴收入呈负相关。说明劳动力人数越多，越有能力实现收入的增加，能够获取的收入机会也越多，因此国家的政策补贴就会减少。

　　养殖户的家庭是否为建档立卡户与人均总收入、人均养殖收入以及人均种植收入都呈显著负相关。尽管国家的产业扶贫政策倾向建档立卡户，但是这些农户的年龄都是相对比较大的并且受教育年限较少，因此他们对政策理解不到位，不敢扩大养殖规模，贷款时也会因年龄而受限，外出打工机会也少。因此建档立卡户的收入相对会比普通农户低，但总体上来说，保险政策在一定程度上促进了农户收入增加。

　　养殖数量与人均养殖收入呈显著正相关，与人均种植收入呈显著负相关。

养殖规模越大的养殖户承担的风险越大，但是他们一般都会参加保险，保险政策会减少损失，总体来说养殖收入是增加的。养殖规模越大，说明家庭收入来源主要靠养殖，因此就会减少种植业的投入，人均种植收入下降。

养殖户是否听过防疫讲座与人均总收入、人均养殖收入和人均种植收入都呈显著正相关。养殖户经常参加讲座会减少风险事故的发生，有效增加种植养殖收入。

养殖户是否有养殖补贴与人均总收入、人均养殖收入以及人均补贴收入呈显著正相关。在养殖初期，国家都会根据羊棚和养殖数量给予一定补贴。养殖补贴会增强养殖户的养殖信心，也会促使养殖户扩大养殖规模，增加养殖收入以及补贴收入，进而增加总收入。

肉羊养殖户的经营管理水平对肉羊死亡损失产生较大影响。养殖户的养殖年限对肉羊死亡损失的影响为负，且在10%水平下显著，说明养殖户从事养殖的时间越长，养殖经验越丰富，肉羊死亡率越低。养殖数量对肉羊死亡损失的影响显著为正，养殖规模越大，承担的风险越大，发生死亡损失的可能性越大。

3. 稳健性检验

考虑到前面所提到的样本选择偏差以及时间效应等问题的影响，did 的估计结果可能有偏差，需要进一步进行匹配倍差回归。采用 PSM - DID 方法来进行稳健性检验。实验组与对照组除了在是否受到保险政策支持方面存在差异外，在其他方面应该有尽可能的相似性，如果其他特征差异较大，则仅使用 did 模型，可能会导致估计结果有偏。为了克服 did 模型的不足，本文先使用 PSM 为受到政策支持的农户"找到最相似"的从未受到政策支持的农户，以减少模型的选择性偏差，增强两组的可比性。由于 $diff$ 命令仅能用于处理"核匹配"，因此本文选择的是核匹配（kernel matching）方法。然后再使用 did 对上述经过匹配后的样本进行估计。具体结果如表 10 - 11 所示。

从表中可以看出，保险政策对肉羊养殖户的总收入、养殖收入、务工收入以及补贴收入的交叉项系数都为正，对种植收入以及肉羊养殖户损失的交叉项系数为负。且显著性水平与上述实证结果基本一致，说明上述结论具有准确性。

表 10 - 11　稳健性检验结果

变量	(1) 收入	(2) 收入1	(3) 收入2	(4) 收入3	(5) 收入4	(6) 损失
did 估计值	0.573** (4.23)	0.578** (4.89)	−0.014** (−0.08)	0.086* (−0.76)	0.012* (−0.79)	−0.824** (3.13)

（续）

变量	（1）收入	（2）收入1	（3）收入2	（4）收入3	（5）收入4	（6）损失
age	−0.018	−0.024	0.001	0.002	0.002**	0.087
	−0.98	−1.52	−0.12	−0.45	(3.86)	(−0.91)
edu	−0.095	−0.082	−0.019	0.01	0.00	−0.979**
	−1.33	−1.32	−0.89	−0.77	(0.00)	(2.66)
labour	−0.236	−0.436**	0.118*	0.085*	−0.011	1.589
	−1.3	(2.78)	(2.15)	(2.53)	(2.45)*	(−1.7)
poor	−1.518**	−1.114**	−0.458**	0.082	0.006	0.328
	(4.68)	(3.96)	(4.67)	(−1.37)	(−0.8)	(−0.2)
time	−0.013	−0.013	0.005	−0.007	−0.001	−0.057
	−0.64	−0.77	−0.79	(−1.77)	(2.28)*	(−0.55)
number	0.006**	0.006**	0.00	0.00	0.00	0.012**
	(7.90)	(9.81)	−1.29	(−1.25)	(−0.08)	(3.15)
antiepidemic	0.395	0.263	0.151	0.043	0.006	0.546
	(−1.19)	(−0.91)	(−1.5)	(−0.7)	(−0.73)	(−0.32)
lone	−0.978**	−0.971**	−0.07	0.053	−0.007	2.001
	(2.70)	(3.09)	(−0.64)	(−0.79)	(−0.82)	(−1.07)
subsidy	2.361*	2.276*	0.309	−0.057	−0.025	−2.763
	(2.19)	(2.44)	(−0.95)	(−0.29)	(−0.95)	(−0.5)
cons	3.255*	3.179**	0.261	−0.055	−0.039	0.002
	(2.58)	(2.91)	(−0.69)	(−0.24)	(−1.29)	(0.00)
Observations	260	260	260	260	260	260
R^2	0.42	0.47	0.12	0.11	0.26	0.19

注：*、**、***分别表示在10%、5%和1%的水平下显著。

四、保险政策对河北省肉羊产业扶贫整体效果分析

（一）肉羊养殖户的满意程度

保险政策对肉羊产业扶贫的效果评估，养殖户的满意度是最重要的一部分，也标志着政策的效果水平。

1. 养殖户对肉羊保险的满意情况

由表 10 - 12 可知，86.8％的养殖户认为保险在肉羊养殖中起到很大的作用，能够有效防范风险，降低养殖过程中的损失。但有 35.1％的养殖户认为肉羊保险不能满足需求，他们希望肉羊保险中可以增添价格险。对于保费的设置，由于所调研的地区肉羊保险都有政策补贴，养殖户仅承担一小部分，大部分养殖户都认为是合理的。

表 10 - 12　养殖户对肉羊保险的满意情况

单位：人，％

问题	分类	人数	占比
保险对肉羊养殖的帮助程度	大	96	55.2
	一般	55	31.6
	小	23	13.2
肉羊保险是否能够满足需求	是	113	64.9
	否	61	35.1
肉羊保险保费设置是否合理	是	125	71.8
	否	49	28.2

2. 养殖户对肉羊产业扶贫的满意情况

由表 10 - 13 可知，有 66.7％的养殖户对肉羊产业扶贫持满意态度。这些养殖户有合作社负责人、养殖大户或者被联贫带贫的建档立卡户。部分不满意的养殖户认为肉羊产业投入资金较多，又不愿意与大户合作，自己养殖遇到了资金困难。

表 10 - 13　养殖户对肉羊产业扶贫的满意情况

是否对肉羊产业扶贫满意	人数	占比
满意	116	66.7％
不满意	58	33.3％

3. 养殖户对保险政策支持肉羊产业扶贫的评价

由表 10 - 14 可知，56.32％的养殖户对保险支持肉羊产业扶贫持肯定态度，认为保险具有正向促进作用，他们经历了羊价下跌、羊疾病等，切实得到了保险扶贫带来的红利。8.04％的人认为作用不大，原因是部分人因没有实际得到保险支持而有不满心理，部分人是在参与肉羊保险后肉羊死亡率不高便退出，觉得保险用处不大。

表 10 - 14　养殖户对保险支持产业扶贫的看法

您觉得保险对肉羊 产业扶贫的作用	不大	一般	较大	非常大
人数	14	62	78	20
占比	8.04	35.63	44.83	11.49

（二）保险政策对肉羊产业扶贫的直接效果

保险政策对肉羊产业扶贫的直接效果可以体现在保险的覆盖率、保险责任范围、保障水平等方面。一是在覆盖率上，除了建档立卡户，还包含了贫困地区的非贫困人口以及贫困边缘人口，阜平和围场两个县都为国家级贫困县，参与到保险政策中的既有建档立卡户也有非建档立卡户，能够覆盖到大部分有参保意愿的人群。但是肉羊保险还并未普及到全省范围。二是在保险责任范围上，阜平县率先开办的成本价格险其保障责任范围既包含了疾病险又包含了价格险，为养殖户提供兜底保障。三是在保障水平上，就调研过程中养殖户的反应来看（表 10 - 15），认为保障水平达到一般以及较高的占比超过了 70%，但是 25.7% 的养殖户认为其保障水平较低和非常低，是因为保费缴纳较高以至于觉得保障水平较低，或者因为保险的责任范围不够完善。

表 10 - 15　养殖户对保险保障水平的评价

单位：人，%

保险保障水平	人数	占比
非常低	11	6.2
较低	34	19.5
一般	65	37.3
较高	61	35.0
非常高	3	1.7

（三）保险支持肉羊产业扶贫的可持续发展能力

我国已经实现全面脱贫，下一步工作是巩固脱贫成效，要看其是否具有可持续性。可持续性可以从以下两方面来衡量，一是养殖户是否愿意继续参与养殖业，二是保险带来的扶贫成效能否持续。调查显示有 63.2% 的养殖户愿意继续扩大规模（表 10 - 16），没有意愿扩大规模的养殖户表示不会放弃养殖业，只是因为年龄或者资金的原因而不愿意扩大。通过实证分析已经得出，保险政策能够有效增加养殖户收入并且降低其养殖损失，这在一定程度上保障养殖户能够继续生产，不至于因为亏损严重而返贫。在保险带来的扶贫成效能否持续方面，政府与保险公司的合作机制，放大了扶贫资金的杠杆，使得保险机构的经营也具有可持续性。总的来讲，保险政策对肉羊产业扶贫的成效是可持续的。

表 10 - 16　养殖户扩大养殖规模的意愿

单位：人，%

是否有意愿扩大养殖规模	人数	占比
有	110	63.2
没有	48	27.5
看情况	16	9.1

五、研究结论

经研究，得出以下结论：

一是保险政策能有效增加养殖户收入。参保养殖户与未参保养殖户相比，家庭收入等都有了显著的增加，其中养殖收入和务工收入增加明显，这是因为龙头企业的带动使得许多养殖户有了养殖场打工收入和分红收入。

二是保险政策能有效降低养殖户损失。龙头企业的带动使得养殖场（户）疾病防疫能力增强、饲养管理水平提高，有效降低了养殖死亡率。

三是技术培训能加强保险扶贫效果。技术培训讲座能够提高养殖户养殖技术、风险识别能力以及应对风险能力，能够有效降低养殖户的损失。这能够与保险扶贫的效用相叠加，减少养殖户的风险发生率，降低肉羊的死亡率，能够有效增加养殖户收入，对于长效脱贫有重要意义。

四是保险政策覆盖面有待提高。政策性肉羊保险只在贫困县实施，还未普及到普通县，一些非贫困地区享受不到肉羊保险的补贴。

五是应加大对建档立卡户保险政策支持力度。建档立卡户总体各项收入相比普通农户来说增加不明显。

六是保险支持肉羊产业扶贫模式需要推广。两种比较典型的模式为阜平模式和围场模式，阜平模式主要体现在具有当地特色的成本价格保险，既能防范疾病风险又能防范市场风险。围场模式是"政银企户保"合作特色，两地各具特色。

参考文献

蔡进，禹洋春，邱继勤，2019. 国家精准扶贫政策对贫困农户脱贫增收的效果评价——基于双重差分模型的检验 [J]. 人文地理，34（2）：90‐96.

陈晓安，2013. 财政补贴后的农业保险对农民增收的效果 [J]. 金融教学与研究（4）：75‐81.

冯文丽，商宝庆，2021. 助推乡村振兴战略实施的河北省特色农业保险发展思路 [J]. 中国保险（2）：14‐17.

黄祖辉，陈露，李懿芸，2020. 产业扶贫模式及长效机制瓶颈与破解 [J]. 农业经济与管理（6）：25‐32.

蒋涛，2021. 普惠金融政策对产业结构优化的影响研究 [D]. 蚌埠：安徽财经大学.

梁来存，2021. 政策性农作物保险的扶贫效应评价——基于短期预期收入变化的视角 [J]. 湘潭大学学报（哲学社会科学版），45（1）：65‐70.

刘子罡，朱航，等，2021.2019 年锡林郭勒盟肉羊天气指数型保险浅析——以内蒙古西乌珠穆沁旗为例 [J]. 灾害学，36（1）：230‐234.

吕紫薇，2020. 精准扶贫视角下青海省保险扶贫发展研究 [D]. 西宁：青海大学.

童天天，周一鸣，2021. 多维贫困视角下社会保险减贫效应研究 [J]. 宏观经济研究（8）：134‐150.

王韧，何正达，等，2021. 相对贫困治理中的金融扶贫创新研究 [J]. 农业经济问题（4）：59‐70.

邢成举，李小云，史凯，2021. 巩固拓展脱贫攻坚成果：目标导向、重点内容与实现路径 [J]. 西北农林科技大学学报（社会科学版），21（5）：30‐38.

许旭红，2019. 我国从产业扶贫到精准产业扶贫的变迁与创新实践 [J]. 福建论坛（人文社会科学版）（7）：58‐65.

薛凤蕊，乔光华，苏日娜，2011. 土地流转对农民收益的效果评价——基于 DID 模型分析 [J]. 中国农村观察（2）：36‐42，86.

张帆，2019. 乡村振兴战略中金融扶贫长效机制的构建 [J]. 农业经济（10）：75‐76.

张伟，黄颖等，2020. 贫困地区农户因灾致贫与政策性农业保险精准扶贫 [J]. 农业经济问题（12）：28‐40.

周黎安，陈烨，2005. 中国农村税费改革的政策效果：基于双重差分模型的估计 [J]. 经济研究（8）：44‐53.

周稳海，赵桂玲，尹成远，2014. 农业保险发展对农民收入影响的动态研究——基于面板系统 GMM 模型的实证检验 [J]. 保险研究（5）：21‐30.

周志敏，薛凤蕊，赵慧峰，2021. 特色农业保险助力畜牧产业扶贫的作用机理及对策建议——以阜平县成本价格保险为例 [J]. 北方金融（4）：13‐17.

Orley Ashenfelter, 1978. What Is Involuntary Unemployment?　[J]. Proceedings of the American Philosophical Society, 122 (3): 122‐130.

专题十一　唐县与国内主产省优势县肉羊产业竞争力比较分析

　　唐县是全国羔羊育肥大县、华北地区最大的肉羊养殖基地，唐县肉羊产业正处于从"有量无品"向"稳量提质"跃升阶段，遇到了一些深层次问题，亟需找出自身的竞争优势与不足之处，找准发展方向。本专题通过对唐县与国内主产省优势县肉羊产业发展的比较分析，探究唐县肉羊产业发展的不足之处，借鉴国内主产省优势县肉羊产业发展的经验，为唐县肉羊产业高质量发展提供决策参考。

一、国内典型主产省优势县肉羊产业竞争力分析

　　本文选取了在全国较为知名的几个养羊优势县作为研究对象，主要包括宁夏盐池县、山西怀仁市、内蒙古巴彦淖尔临河区和山东利津县。

（一）宁夏盐池县"品牌建设推动产业高质量发展"

　　宁夏盐池县位于西北肉羊优势产区，是"盐池滩羊"核心产区和国家级种质资源保护区，被誉为"中国滩羊之乡"，"盐池滩羊"和"盐池滩羊肉"是国家地理标志保护产品。全县滩羊饲养量稳定在 320 万只以上，规模化养殖比例达 90%，品牌价值为 106.82 亿元，全产业链产值达 80.1 亿元，农民人均可支配收入 50% 以上直接来自滩羊养殖。盐池县充分发挥区域资源禀赋优势，全力打造"盐池滩羊"区域公用品牌，以品牌建设为核心竞争力，推进盐池滩羊产业高端化、绿色化、智能化、融合化发展。品牌建设阶段及具体措施如下：

　　1. 品牌创建阶段，积极申报农产品地理标志认证

　　盐池滩羊能成为农产品地理标志，离不开两大因素：一是得天独厚的自然地理条件，盐池县境内拥有独特的自然气候条件和丰富的草场资源，生长着甘草、黄芪、苦豆子、百里香等 175 种中草药饲草，58.9% 的草是饲养牲畜的优

质牧草，当地的咸盐水质富含矿化度，使得盐池滩羊的膻味非常小。二是传承悠久的历史人文因素，滩羊在盐池县有着悠久的养殖历史，当地人民不仅"事畜牧""尚畜牧"，而且"善畜牧"。滩羊品种的形成距今已有二百多年的历史，是宁夏"五宝"之一，是被列入全国 15 个地方保护品种的优质羊种之一。盐池县政府依托地域资源文化优势，积极申报地理标志产品认证，2005 年，"盐池滩羊"被注册为地理标志证明商标，2008 年"盐池滩羊肉"通过农业部农产品地理标志认证，2016 年"盐池滩羊"被批准为地理标志保护产品。

盐池滩羊虽然认证了地理标志，但发展还存在很多问题：一是整体规模小，标准化程度低；二是销售以客商上门收购为主，产品附加值低，定价话语权较弱；三是本地养殖户之间相互压价，内耗严重；四是管理混乱，存在假冒伪劣且维权困难等问题。当时的盐池滩羊虽有优异品质，却也难逃市场低谷。困境之下，盐池县政府、县农牧局明确了以品牌建设为抓手，整合盐池滩羊产业资源，实现羊肉优质优价、牧民脱贫致富。由此，盐池滩羊的品牌化之路才真正发轫。

2. 品牌全面建设阶段，夯实产业发展基础促进产业转型升级

从宏观顶层设计上，一方面，盐池县制订盐池滩羊产业发展实施方案。盐池县从 2009 年出台《关于进一步加快滩羊产业发展意见》至今，每年印发《盐池县滩羊产业发展实施方案》，坚持一张蓝图绘到底。累计整合资金 5 亿元以上，对全县标准养殖棚圈建设、种公羊投放、基础母羊繁育、优质牧草种植、青贮池建设、青黄贮饲料制作、品牌宣传、市场开拓、信贷担保基金、养殖保险、动物防疫等环节进行大力扶持。另一方面，盐池县制订盐池滩羊品牌战略规划。2016 年，盐池县邀请专业团队，梳理盐池滩羊所处地理环境和文脉禀赋，提出抓住先天的独特性，突出区域性特征，创造具有独特差异化、专属性强的个性品牌，打造富有地域特色的单品类区域公用品牌的品牌化发展路径，编制《"盐池滩羊肉"区域公用品牌战略规划》《盐池滩羊品牌 2021—2025 战略规划》，形成以品牌经济为主导的、可持续的、新型的品牌产业经济模式。

从中观产业发展上，采取了以下措施：

建立标准化生产体系。盐池县以养殖基地、良繁基地和饲草基地标准化建设为目标，按照"品种良种化、生产规模化、养殖设施化、管理规范化、防疫制度化、粪污处理无害化、信息数据化"的要求，加强先进工艺、设备和技术的引进和推广，打造盐池滩羊产业的全链条标准化体系。具体包括：制定《盐池滩羊标准化生产技术规范》，建立"核心群＋选育群＋扩繁群"三级良种联合繁育体系，研发盐池滩羊专用配方饲料与饲喂技术，推行"村党支部＋企业（协会、合作社）＋农户"标准化生产基地建设模式，建设滩羊种羊场，打造

标准化养殖示范村、示范场、生态牧场和规模化养殖园区。

提升精深加工能力。为把滩羊价值做到最大化，盐池县一方面做好传统肉类加工，另一方面充分研制开发滩羊的"衍生品"。该县推广应用了 28 项滩羊加工产业规范，研发了 36 种滩羊肉系列产品、22 种滩羊附属二毛裘皮系列产品和 26 种滩羊毛系列产品，依托龙头企业投资建设精深加工项目（宁夏盐池正源农业发展有限公司 3 200 吨盐池滩羊肉精深加工项目；该县第一个预制菜、方便食品深加工项目），着力发展冷鲜分割肉、调理肉制品、熟肉制品三大类肉制品。除传统肉类食品外，还研发了羊皮画、羊油肥皂等创新产品，不断延伸产业链条。在加工羊肉过程中，为全县的盐池滩羊佩戴耳标，实施全程可追溯（盐池县鑫海食品有限公司：采用 RFID 技术，每只羊有自己专属的耳标和二维码，牧场有全程录像监控，连通加工环节，对产品批次直接追溯管理，所有羊肉以及滩羊的饲养、屠宰、生产、物流运输、销售等环节实现全程可追溯），保证加工制品的品质。

完善营销模式。由滩羊集团公司牵头，整合滩羊肉加工、销售等企业，在县、乡、村三级协会配合下，采取整村推进的方式，与农户、家庭农场、农民合作社签订订单收购协议；在全国开设销售点 226 家，打入各大城市 153 家连锁超市、262 家餐饮企业，产业畅销全国 28 个省级行政区 50 多个大中城市，与京东生鲜、盒马鲜生签订战略合作协议，授权百家零售商铺许可使用"盐池滩羊"，入驻本来生活网、山姆会员店，滩羊产业联合体与上海西鲜记电子商务公司联合打造"西鲜记"产品品牌，形成了"企业直销店＋品牌专卖店＋零售店＋超市专柜＋网络电商"的销售模式；面向"大厨""吃货"两大核心群体开展社群营销；面向高端消费群体，通过私人定制、线上认养、公开拍卖、直播带货等创新手段，丰富销售渠道。

实行"区域公用品牌＋企业品牌＋产品品牌"三牌联育。依托"盐池滩羊"这个区域品牌，该县打造了昫盐、宁鑫、百草滩羊等企业品牌和产品品牌 75 个，其中"宁鑫"滩羊获得"中国十佳肉类品牌"。继 G20 杭州峰会入选国宴食材后，县政府在多个大城市召开品牌推介会，借助各大峰会的影响力宣传盐池滩羊肉；邀请专业团队拍摄盐池滩羊区域公用品牌形象宣传片，扩大品牌影响力；由中共盐池县委宣传部、盐池县文学艺术界联合会、盐池县农业农村局联合编印《中国·盐池滩羊文化大观》，展示盐池滩羊文化的深厚底蕴。

此外，县政府还专门成立了国有独资的盐池滩羊产业发展集团有限公司作为"盐池滩羊"的品牌运营主体。公司下设 4 个全资子公司，开展滩羊收购进口和出口的统一工作，逐步实现盐池滩羊在购销价格、市场开拓、品牌宣传、营销策略、生产标准和饲草料使用上的"六统一"。

3. 品牌影响力形成阶段，强化品牌保护和风险防控

为加强品牌保护，盐池县出台了《加强全区地理标志产品保护工作的意见》和《"盐池滩羊"地理标志证明商标使用管理办法》，不断完善"盐池滩羊"商标使用管理办法，严格许可使用管理；对授权专卖店进行"定期＋不定期"检查，并评星定级，奖优汰劣，规范市场运营；建设滩羊专用屠宰场，从源头实施监管，逐步杜绝假冒现象，维护品牌声誉。盐池县还成立了103家县乡村协会（县级1家，乡镇8家，村级94家），发挥协会在行业管理、服务、协调等方面的作用，维护行业整体利益，帮助稳步提升滩羊肉价格。

为加强风险防控，盐池县政府与企业共同融资成立中民融盐担保公司，实行精准放贷，创新设立滩羊肉价格保险等险种，为滩羊产业健康发展保驾护航。

盐池县通过举办全国乡村春晚、民俗嘉年华等活动，发展文旅产业，筹措各方资金建设集滩羊文化展示中心、滩羊研究院、牧草业研究院、盐池农特产品展销中心、电商分拣、冷链物流等为一体的滩羊产业融合发展示范园，形成集特色餐饮、休闲旅游、特色民宿、农产品精深加工、冷链物流、文化创意等功能为一体的产业综合体，助力打造盐池滩羊"百年品牌"和全国高端羊肉加工研发基地，加速盐池滩羊一二三产业深度融合发展。

（二）山西怀仁市"全循环产业链推动产业转型升级"

山西省怀仁市位于中东部农牧交错带肉羊优势产区，是全国最大的育肥羊供应基地之一，是全国草牧业全产业链养羊发展模式先进县，也是首批国家级农产品质量安全县，还被誉为"中国北方养羊第一县"，"怀仁羔羊肉"是山西乃至全国第一个以"羔羊肉"命名的地理标志证明商标。怀仁市与唐县都是全国羔羊育肥大县，两县有着相似资源禀赋和发展经历。怀仁市从羔羊育肥大县，到构建起"玉米全消化、羊肉全加工、羊粪全处理"的全循环产业链条，日益推动怀仁羔羊产业集群发展，不断提升产业竞争力，为唐县羊产业转型升级提供了可供借鉴的经验。怀仁羔羊产业发展阶段与具体措施如下：

1. 产业发展初期，依托肉羊行业协会认证怀仁羔羊肉地理标志

怀仁市地处桑干河上游，晋蒙农牧交错区，饲草料资源丰富，"贩羊、养羊"历史悠久。20世纪80年代，怀仁市一些村里的能人开始贩羊宰羊，但单打独斗的经营模式无法使羊产业做大，村民增收步子缓慢。2009年，当地县委、县政府鼓励全县有志人士创业发展羔羊养殖，带动了一大批养羊大户和合作社的发展，还形成了以南小寨村为典型的养殖大村。随着养殖规模的扩大，合作社、屠宰加工企业等经营主体日益多元化，羊产业逐渐成为当地的主导产业，怀仁市成为全国育肥大县。这与唐县羊产业发展非常相似。但是育肥过程中的羊源以及羊肉品质稳定性的问题逐渐凸显。2010年底该市成立了怀仁肉

羊行业协会，协会架起了政府与生产经营者沟通的桥梁，定期对生产经营者开展技术培训与交流，并将生产经营者的需求反映给政府。2011 年，由怀仁市肉羊行业协会牵头，认证了怀仁羔羊肉地理标志，使怀仁羔羊肉拥有了品质的"身份证"，有助于保证怀仁羔羊肉的原产地域和特定品质，怀仁市步入了羊产业转型升级的发展阶段。

2. 产业转型升级阶段，优化产业链布局形成集群效应

首先，地方政府在技术、产业规划和资金上给予支持。该县所有的政策和要素资源都倾向于羊产业的发展，为当地羊产业发展搭建了良好的平台。技术上，重视良种繁育、疫病防控、质量安全监管，同时强化技术培训，由过去注重羔羊育肥，到开始重视种质资源繁育，培育出"杜京""杜寒"等体型高大、生长速度快、出肉率高且具有自主知识产权的优良新品种，编印了《肉羊养殖实用技术手册》，保证了羊源的供给稳定和品质，形成技术创新优势；产业规划上，划分了繁殖、育肥、屠宰三大产业带，建设了优质种羊繁殖示范区、育肥羊示范园区和交易市场，提升了当地羊产业规模化和标准化水平；资金上，县财政重视基础母羊补贴，整合各类支农资金和吸收社会力量发展肉羊产业，各级银行等金融机构也为养殖户提供支持。

其次，把发展肉羊养殖加工作为推动产业转型升级的重要途径。怀仁市建设了家园兴、仁福、金沙滩、朔美羊、嘉鑫等 25 家与羊产业相关联的加工企业，依托龙头企业，一方面，按照统一规划、统一建设、统一养殖、统一配料、统一防疫、统一销售、分户养殖的"六统一分"的管理模式，采取"企业＋合作社＋养殖户"的产业发展模式，实现养殖、加工、销售一体化经营；另一方面，重视深加工制品的研发生产，先后研究开发出了速冻分割、熟食调理、方便休闲等 33 个系列 168 个品种的高附加值羊肉产品，肉羊年屠宰加工能力达 600 万只。伴随肉羊加工业的发展，怀仁市逐渐形成了以羔羊育肥为龙头的饲草种植加工、屠宰加工、肠衣加工、羊绒加工、有机肥加工等较为完整的产业链，构建起了"玉米全消化、羊肉全加工、羊粪全处理"的全循环产业链条，形成规模经济优势和交易成本优势。

最后，多渠道拓宽营销网络提高市场影响力。该县在当地建有肉羊交易市场，在全国 30 多个城市设立了羊肉直销点和销售中心，在天猫等电商平台建起 51 家旗舰店，产品远销北京、天津、内蒙古、新疆等全国 30 多个地区。依托大数据打造了晋北肉类出口平台，平台集农产品交易、农业数据采集公布、羊肉价格指数发布、产业服务、产品溯源、招商引资、金融服务于一体，致力于成为北方最有活力的羊肉交易集散地和信息数据交换中心。同时，该县推出"怀仁市首届农产品年货节"及"怀仁特色产业一日游"精品旅游线路，以超市的形式对外展示销售怀仁羔羊肉等本地农特产品。通过举办"山西·怀仁羔羊肉交易大会""中国怀仁羔羊肉品鉴大会"宣传销售当地羊肉产品。依托羊文化，发展牧家乐，建设羊文化博物馆，带动了牧旅融合。

3. 加强品牌建设阶段，提升产业竞争力

该县重视品牌建设，推行地理商标与产品商标互促推动品牌建设，形成品牌溢价优势。区域品牌"怀仁羔羊肉"被认证为国家地理标志证明商标和山西省著名商标，先后荣获"畜牧产业优质品牌奖""创新科技奖""放心产品奖"以及"最佳美食"等奖项。依托"怀仁羔羊肉"这个地理标志，该县羊肉龙头加工企业加强产品品牌的培育，先后注册了"塞外鲜""大材地""朔美·引羊""桑干河""黄花梁"等10余个羔羊肉系列产品品牌并注册了相关商标，还注册了"珂泰"牌商标发展绿色羊肉。

（三）内蒙古巴彦淖尔临河区"做强肉羊精深加工业实现产业提质增效"

世界羊肉看中国，中国羊肉看内蒙（古），内蒙（古）羊肉看巴盟。内蒙古巴彦淖尔位于中东部农牧交错带肉羊优势产区，是全国首个"家家种草、户户养羊、四季出栏、均衡上市"的肉羊生产、加工、销售集散地，也是全国最大的肉羊集散地与肉羊产业加工集群，被誉为"中国羊都"。临河区是全国县级最大的"四季出栏、均衡上市"肉羊养殖基地和集散中心，已形成从饲草料种植到肉羊养殖，再到精深加工的全产业链。其中，肉羊屠宰加工企业占全市肉羊屠宰加工企业的78%；年屠宰加工能力达1 000万只，分割加工羊产品120余种，生产羊肉10万吨。

其实，巴彦淖尔市多年来羊肉加工基本处于屠宰分割阶段，造成羊肉产品同质化竞争严重，精深加工程度低，副产物和特色精优产品深度开发严重滞后。屠宰加工企业长期处于同质竞争的价格竞争性厮杀，而不是产品品质和特性的竞争，抵御市场风险能力弱，企业发展后劲不足。为了解决整个问题，巴彦淖尔市按照产业集群化发展的思路，积极打造从肉羊养殖到精深加工的全产业链，重点突破肉羊产品精深加工与副产品综合利用技术研发瓶颈。计划到2024年，培育20家左右在全国具有较强影响力的食品加工龙头企业，建成国内一流的现代食品精深加工产业集聚区，巴彦淖尔农高区农畜产品加工产业总产值达到83.9亿元。临河区按照市里的这一发展思路，在肉羊养殖标准化规模化的基础上，近几年也着力发展肉羊加工业，不断延伸产业链条，提升产业竞争力，具体措施如下：

1. 打造肉羊精深加工产业集群

通过培育澳菲利、美洋洋、草原宏宝、草原鑫河、小肥羊等一批知名肉羊精深加工领军企业，引进全球领先冷鲜羊肉生产加工技术体系与保鲜技术（小

肥羊公司是目前国内唯一可以生产保鲜期达到45天的冷鲜羊肉的企业），扶持企业发展羊肉精细分割和精深加工，实现肉羊由传统分割、包装出售，向冷鲜肉、小包装、细分割方向发展。加强冷冻、熟肉、发酵制品、有机羊乳制品的开发，向多品种、系列化、全营养、精包装方向发展。借助全国第一个羊畜产品电子交易平台——内蒙古羊畜产品交易中心，生产的冷鲜、冷冻分割羊肉及羊副产品远销北京、上海、广州等30多个省市，并且出口阿联酋、以色列等国家，此外，还是奥运会、亚运会、上海世博会羊肉产品主要供应地区。

2. 建立肉羊产品加工全程可追溯系统

对接巴彦淖尔农高区农业大数据平台，建设肉羊产品质量可追溯系统，集成应用电子标签、条码、传感器网络、移动通信网络等追溯技术，实现肉羊产品质量全程可追溯管理，促进肉羊产品的数字化物流。

3. 提升肉羊产品精深加工科技创新能力

与中国农业科学院、江南大学、内蒙古农业大学等教学科研机构签署战略合作协议，以企业为主体联合组建肉羊产品精深加工联合实验室、肉制品营养与安全公共实验室、现代食品科技创新中心等创新平台，合作建设食品精深加工与装备示范基地，以提高肉羊产品精深加工科技研发水平。

4. 开发高附加值加工业产品

延伸肉羊产业链，发展副产品精深加工的肉羊产业链体系，包括开发羊血、羊油、羊骨、羊胎盘等羊肉附属产品，开发血红素、骨素、胎盘素等高附加值产品。如草原鑫河公司与中国农业大学任发政院士团队合作，研发羊胎盘和羊血等生物提取技术；美洋洋公司与中国农科院合作，研发骨素提取、油脂精炼技术。

5. 培育品牌羊肉加工制品

通过培育巴美肉羊（我国第一个拥有自主知识产权的肉羊专用品种、优良品种）、巴彦淖尔羊肉地理标志区域品牌，借助"天赋河套"农产品区域公用品牌的品牌效应（带动了当地畜产品整体溢价10%以上），打造富川有机羊肉、草原宏宝、美洋洋等企业品牌，面向高端消费群体，生产特色高品质羊肉产品。

（四）山东利津县"现代农业产业园促进产业创新发展"

山东省利津县位于中原优势肉羊产区，2022年利津县肉羊出栏突破300万只，年出栏总量达到305.85万只，存栏量、出栏量稳居山东省第一，初步形成了集基础母羊繁育、标准化养殖、屠宰深加工、饲料加工、资源综合利用于一体的循环经济产业集群。该县的盐窝镇是"中国肉羊育肥基地"，有"山东肉羊产业第一镇"的称号。2019年以来，针对肉羊产业布局散、档次低、链条短、监管难等问题，东营市、利津县、盐窝镇三级共同发力，依托

"黄河口滩羊"优质品种，打造全国单体规模最大、标准化程度最高、产业链条最长、综合带动效益最强的肉羊产业第一高地——黄河口滩羊产业园，推动产业园全面迈进3.0时代。基于产业园建设，创新产业发展模式，实现当地羊产业高质量发展。园区建设情况及具体创新措施如下：

1. 园区建设情况

黄河口滩羊产业园肉羊存栏量达140万只，年出栏量300万只。从事肉羊养殖、购销、运输、屠宰加工和兽药、饲料经营的群众达到1.8万人，全产业链年产值60亿元。目前，养殖方面，黄河口滩羊产业园已建设高标准羊舍400栋，迁入散养户350户，年出栏量在100万只以上。园区二期建设重点实施项目：①牧光互补项目，建设3.0版本高标准羊舍79栋，采取牧光互补、高床养殖，实现粪污日产日清，光伏发电项目预计可实现年发绿电3 000万度，年收益1 200万元，减排二氧化碳2 800吨。②基础母羊繁育项目，探索"基因选种—精准营养—高效繁育—规模养殖"规范化生产模式，建设基础母羊繁育基地。③16万吨/年反刍饲料生产项目，新上饲料生产线5条，主要生产全价颗粒料、精补颗粒料、浓缩料等绿色高效反刍饲料，已实现年生产各类饲料9.6万吨，年销售收益1.6亿元。④150万只/年肉羊屠宰深加工和冷链物流储运项目，瞄准肉羊产业加工短板，实施规划总投资2.3亿元的150万只/年肉羊屠宰深加工、冷链物流储运等2个重点项目，力争达到储存规模8 000吨、年吞吐量24万吨。⑤微生物有机肥加工项目，预计将建成年产有机肥5万吨、生物有机肥5万吨以及复合微生物液态肥1.5万吨的有机肥生产基地。

2. 创新产业发展模式

园区建设过程中，创新了系列产业发展模式，具体如下：

第一，创建"8＋1＋N＋C"运营模式。8即园区流转的土地每亩向群众支付土地流转金800元；1即为提供流转土地村集体免费提供一栋高标准羊舍用于经营或租赁，增加村集体收入；N即鼓励周边群众到园区租棚自主经营或打工务工，多渠道增加群众收入；C即通过云商平台，将政府、村集体、小农户、企业和社会紧密连接，实现各方利益共享、多元共融。

第二，采取"大管理，小经营"的园区生产经营管理模式。园区采取"大管理，小经营"的管理模式，"大管理"就是必须在园区内服从管理公司统一管理，园区内水、电、废、环卫全由产业园负责，羊棚内水、电等配套齐全，技术员专门为羊搭配"营养餐"，还有自动投喂车喂养，羊群饮用的全部是矿物质丰富的矿化水和盐水。"小经营"就是自己买饲料，但是必须得符合园区准入要求，坚决不允许使用抗生素、不合格饲料。养殖户交租金就能使用高标准羊舍，只负责养羊，一个3.15亩的棚租金一年3万元，能养900～1 000只羊，标准化养殖能够提升滩羊品质，每只羊盈利200元左右。园区剪羊毛的、卖饲料的、兽医等配套的社会化服务齐全，一个电话就能上门服务，非常方便。园区附近的屠宰加工企业上门收羊，生产的产品主要是白条羊和二次分割的精分割产品，白条羊日屠宰量 1 000 多只，主要销往上海、合肥、武汉、天津等地。分割产品主要针对商超和餐饮连锁做定制化服务，解决了当地养殖户出羊难问题，提高了羊的附加价值。

第三，探索配套金融保险模式。为解决黄河口滩羊发展的金融配套服务问题，利津县建立了"畜牧养殖产业集群贷款"新模式，由县财政设立风险补偿基金，牵头辖区内银行对接省农担公司，推出"黄河口滩羊贷"，实行整村授信、无须抵押担保，单户贷款最高额度 300 万元，贷款综合成本最低可至 4%左右。为提高黄河口滩羊养殖户抗风险能力，利津县推行肉羊特色保险，通过保险公司实施"共保模式"，设立普惠金融服务站，财政资金和养殖户出资按照 6∶4 的比例为肉羊入保险，为每只羊入保 25 元，养殖户承担 10 元、政府补贴 15 元，最高赔付 680 元，最大限度降低养殖户的风险。

第四，创新市场营销模式。创新"企业订单养殖＋网上平台交易＋协议统购"模式，打造云商交易、产品溯源、黄河口滩羊产业互联网三大平台，与河南雨轩集团签订总额 10 亿元的百万只黄河口滩羊购销协议，实现"靶向"养殖、订单销售、线上交易；在全国率先采用 5G 物联网、区块链等新技术、新业态，与华为、京东联合搭建云商交易平台；黄河口滩羊产业园上线"羊买买"肉羊电商交易平台，可实时监控园区最新动态及生产数据，平台将采集的羊只信息、数量、品种等放到平台以后，让客户通过 VR 看羊，根据自己的需求下订单，为养殖户和客户之间架起了信息沟通的桥梁。

二、唐县与国内主产省优势县肉羊产业竞争力比较分析

（一）唐县肉羊产业较国内主产省优势县的优势分析

1. 短期育肥技术全国领先，育肥模式不易效仿

唐县是华北地区最大的肉羊养殖基地，全国羔羊育肥大县，育肥技术国内领先，育肥模式突出表现为"羔羊异地调入、高精料强度育肥"，养殖户有丰富的养羊经验。

2. 屠宰产能大，具有紧邻京津市场的区位优势

唐县有国富唐尧、瑞丽、振宏等 5 家大型龙头屠宰加工企业，年屠宰羊只数量 450 余万只，日均屠宰量 5 000 只，屠宰产能覆盖全国多个市场，是华北地区最大的屠宰加工基地。唐县肉羊产业主要服务于京津市场，是北京新发地主要的肉羊屠宰供应基地，加工的羊肉产品占北京地区市场份额的 30%以上，其销往北京新发地市场的羊胴体占当地羊胴体总量的 90%以上，超过当地市

场容量的 50%。

3. 市场营销网络遍布全国，形成"买全国、卖全国"的销售局面

唐县是短期育肥，养殖户从内蒙古、东北、山西等冷凉地区购入羔羊，经过育肥后出栏，出栏后的活羊主要销往内蒙古、新疆、山东、广东、北京等地，部分活羊回流到内蒙古、东北等购入地，屠宰加工后的羊酮体及羊肉产品主要销往北京、天津、上海、辽宁、新疆、广州、四川、陕西、浙江等全国近20 个省市区，年销售额 160 亿元以上，形成了"买全国、卖全国"的唐县特有模式。

4. 粪污资源化利用链条完整，粪污利用率 100%

唐县羊粪污的资源化利用链条较完整，已形成"多点分散养殖—第三方组织（中介）收集、运输—有机肥加工企业发酵处理加工—统一外销"模式，全县年粪污产生量约 100 万吨，现年处理粪污 100 万吨，粪污利用率 100%。生产有机肥 80 万吨，其中，6.5 万吨有机肥为本地消纳，绝大部分外销东北、内蒙古、海南、山东等。

（二）唐县肉羊产业较国内主产省优势县的劣势分析

1. 地方优良品种发展滞后，肉羊品种利用问题突出

良种是肉羊产业提质的"芯片"，更是畜牧业高质量发展的"源头"，案例优势县都非常重视地方优良品种的培育。唐县的育肥羔羊来源于全国各地，种类繁多，呈现出品种种类、个体大小及免疫情况不一等问题，造成育肥羊肉品质参差不齐的现象。

2. 精深加工不足，副产品利用率较低

案例优势县都非常重视提高羊肉的精深加工水平和副产品的研发力度。唐县羊肉产品加工程度低，主要以羊胴体为主，分割品和其他加工产品占整体销售量的比例不足十分之一，酱卤、罐头、预制菜肴等肉制品目前在唐县的加工比例较低，头蹄、羊皮、羊血、羊骨等副产品一般都作为低端副产物廉价出售，甚至直接扔掉。

3. 品牌知名度低，产品同质化严重

品牌建设是推动肉羊产业高质量发展，提升产业竞争力的核心要素之一。案例优势县通过区域公用品牌与企业品牌、产品品牌互促推进品牌建设，提升了当地肉羊产业的知名度。唐县虽然培育了青坡上、青青羊、瑞得丽等企业品牌，但由于羊源比较杂，育肥技术趋同，造成产品同质化，品牌知名度较低。

4. 线上销售建设不足，销售渠道单一

线上销售的优势在于突破了传统线下销售地理空间的限制。案例优势县都非常重视线上销售网络和大数据市场交易平台的建设。唐县虽然市场营销网络遍

布全国，但主要以线下销售为主，直接面向市场，对接商超和客户，或通过羊贩销往全国各地，线上销售和大数据市场交易平台建设滞后，销售方式比较单一。

5. 产业融合程度不深，产业增值收益低

产业融合有助于延伸肉羊产业链和价值链。案例优势县通过打造"种—养—繁—加—销—餐饮/旅游"的全产业链条，推进肉羊产业融合发展。虽然唐县肉羊养殖规模大，屠宰产能大，羊胴体加工量大，但在羊历史文化和美食文化打造、与羊产业结合的乡村旅游及文创产品建设上相对滞后，产业融合深度有待提高。

三、国内主产省优势县肉羊产业发展的经验启示

通过对比分析唐县与国内主产省优势县肉羊产业发展的优势和劣势，总结国内主产省优势县肉羊产业发展的经验，为唐县肉羊产业高质量发展提供决策参考。

（一）加强顶层设计，精准施策，坚持一张蓝图绘到底

产业发展需要通过顶层设计明确发展方向、重点和路径。要充分考虑本地资源禀赋、产业发展实际、产业市场空间等因素，对产业发展进行周密规划和科学评估，找出问题，科学施策，循序渐进，坚持一张蓝图绘到底，才能确保产业规划发展的连续性和稳定性。

比如山东利津县盐窝镇，几十年来始终把肉羊产业作为全镇的主导产业，逢会必研究肉羊产业，逢调研必看肉羊产业，持续培育，特别是县委决定规划建设黄河口滩羊产业园后，全镇科学谋划建设肉羊标准化健康养殖示范基地项目，彻底改变了传统养殖模式存在的"散、乱、污"等问题，加快提升了肉羊产业竞争力。盐池县从2009年出台《关于进一步加快滩羊产业发展意见》至今，每年印发《盐池县滩羊产业发展实施方案》，持续投入各类项目资金在"盐池滩羊"标准化生产、品牌宣传保护、质量追溯、市场开拓等关键环节予以重点扶持，推进滩羊产业高质量发展。

唐县肉羊产业发展正处于转型升级的关键期，在稳定育肥全国地位的同时，要因地制宜，做好顶层设计，找准市场定位和发展的重点方向，坚持育肥为本，加强品种利用，做好发展地方优良品种的规划和准备，重点发展加工业，培育影响力美誉度高的品牌，且科学评估、持续投入，确保肉羊产业的可持续发展。

（二）夯实产业发展基础，补齐短板，提升产业链现代化水平

产业基础能力是对产业发展起基础性作用，影响和决定产业发展质量、产

业链控制力和竞争力的关键能力。肉羊产业发展基础涉及肉羊生产、加工、销售产业链各环节的基础设施、技术、组织主体、运行模式等方方面面，要结合自身产业发展实际，补齐短板，才能优化产业链条，提升产业链韧性。

比如，山西怀仁市，之前作为育肥大市，在地方优良品种培育和品种利用、深加工和品牌建设等方面发展滞后，自2011年认证怀仁羔羊肉地理标志后，开始将产业政策支持重心倾向于种质资源繁育、龙头企业培育、产业链条延伸、精深加工发展、品牌创建、交易市场建设等产业发展短板，实现了种养循环经济发展和产业集群的形成。内蒙古巴彦淖尔羊肉加工长期重视屠宰分割，造成羊肉产品同质化现象严重，竞争力不强，为补齐羊肉加工的短板，该县统筹推动肉羊精深加工全产业链的建设，重点突破肉羊产品精深加工与副产品综合利用技术研发瓶颈，实现了肉羊产业的提质增效。山东利津县针对肉羊产业布局散、档次低、链条短、监管难等问题，依托"黄河口滩羊"优质品种，筹划打造了全国单体规模最大、标准化程度最高、产业链条最长、综合带动效益最强的肉羊产业第一高地——黄河口滩羊产业园，通过现代产业园的建设，补齐短板，促进了产业的创新发展。

唐县目前肉羊产业发展的短板主要在加工业上，羊肉加工品主要是羊胴体，精深加工能力和副产品利用率低，但是短期内唐县的深加工分割制品竞争不过内蒙古等肉羊产业强县，可以考虑面向家庭消费，优先发展熟食制品、中央厨房、预制菜等羊肉制品，侧重冷鲜肉加工制品的发展，加大对头蹄、羊皮、羊骨等副产品的研发。

（三）实施品牌战略，打造地方特色品牌，增强市场竞争力

畜牧业发展受宏观政策、地方资源禀赋和承载能力影响，发展规模都会受到一定的限制，因此，在提高标准化养殖水平保障质量和品质的前提下，实施品牌战略，提高品牌溢价能力是增收的重要途径。

比如，宁夏盐池县以品牌建设为核心竞争力，突出区域性特征，创造具有独特差异化、专属性强的个性品牌，打造富有地域特色的单品类区域公用品牌的品牌化发展路径，分阶段、全方位打造"盐池滩羊"品牌。品牌创建阶段，依托地域资源文化优势，积极申报农产品地理标志认证；品牌全面建设阶段，制订品牌战略规划，从建立标准化生产体系、提升精深加工能力、完善营销模式、实行"区域公用品牌＋企业品牌＋产品品牌"三牌联育等方面不断夯实产业发展基础，实现产业转型升级；品牌影响力形成阶段，强化品牌保护和风险防控，推进产业融合。山西怀仁市现在已经成为羔羊育肥大县，具备了一定规模的养殖加工产业基础后，将重心放到了品牌建设上，通过"怀仁羔羊肉"地理标志区域公用品牌的培育，推行地理商标与产品商标互促，推动品牌建设，

提升了产业竞争力。内蒙古巴彦淖尔在提高肉羊养殖加工标准化水平的前提下，通过培育巴美肉羊、巴彦淖尔羊肉地理标志区域品牌，借助"天赋河套"农产品区域公用品牌的品牌效应，打造富川有机羊肉、草原宏宝、美洋洋等企业品牌，形成了品牌溢价优势。

在因政策、资源等因素使得发展规模受限的当下，品牌建设对于唐县肉羊产业高质量发展非常重要。要适时推进"唐县羊肉"区域品牌建设，提高龙头企业的品牌意识，结合唐县优势自然资源禀赋、地域文化、羊文化，讲好品牌故事，做好品牌策划、宣传与保护。

（四）聚集要素资源，促进产业融合，助推产业转型升级

依托地域自然文化资源禀赋，集中整合技术、土地、资本等生产要素，发挥产业组织主体的示范带动作用，以三产融合为导向加强各环节要素资源支持，发展新产业新业态，有助于增强产业发展动力，助推产业转型升级。

比如，宁夏盐池县，依托盐池滩羊肉的美食文化，通过举办全国乡村春晚、民俗嘉年华等活动，发展"文旅产业"，通过筹措各方资金，建设滩羊产业融合发展示范园，发展特色餐饮、休闲旅游、特色民宿、农产品精深加工、冷链物流、文化创意等产业，加速了盐池滩羊一二三产业深度融合发展。山西怀仁市通过举办羊肉交易大会、羊肉品鉴大会、年货节，规划特色旅游路线，建设羊文化博物馆，发展牧家乐，带动了牧旅融合。

唐县肉羊产业链条完整，但第三产业拉动力不强，可以尝试探索羊文化研学、发展羊肉美食餐饮、举办羊文化节、羊肉品鉴会等活动，推进唐县肉羊文旅产业融合发展。

参 考 文 献

韩振兴，刘宗志，常向阳，2018. 山西省特色农业产业集群集中度和竞争力分析——以运城苹果、朔州羊肉、晋城大豆为例［J］. 中国农业资源与区划，39（11）：94-104.

李静，2024. 农业产业集群形成演化与发展研究［J］. 西南林业大学学报（社会科学），8（1）：46-52.

彭迅一，2019. 我国农业产业集群发展的困境与实现路径［J］. 农业经济（2）：15-17.

王江，2024. 中国北方农牧交错带现代农业（羊）产业集群发展模式探索——甘肃省环县案例研究［J/OL］. 中国农业资源与区划，1-16［2024-04-21］. http://kns.cnki.net/kcms/detail/11.3513.S.20231117.1913.006.html.

专题十二　唐县肉羊养殖适度规模及影响因素研究

一、研究背景和概念界定

(一) 研究背景和意义

唐县以肉羊育肥为主，是华北地区最大的肉羊育肥基地。然而，唐县肉羊养殖仍以家庭养殖为主，如何合理确定肉羊养殖的适度规模对提高养殖效率尤为关键，一方面为养殖场（户）合理确定养殖规模，实现养殖收益最大化提供参考；另一方面为政府推进适度规模经营，实现畜牧业高质量发展提供决策支持。本部分的研究根据唐县肉羊养殖场（户）的实地调研数据，对养殖场（户）的适度养殖规模进行测算，并对养殖场（户）肉羊养殖适度规模的影响因素进行分析，对养殖场（户）确定养殖规模具有重要的参考价值，为完善唐县肉羊规模化养殖、发展适度规模经营提供重要的决策参考。

(二) 概念界定

1. 肉羊规模化养殖

根据 2020 年《全国农产品成本收益资料汇编》对肉羊养殖规模的划分，主要分为两种：一是低于 100 只的散养，二是超过 100 只的规模化养殖。本文根据唐县肉羊养殖发展现状和实地调研情况发现，当地大部分肉羊养殖场（户）以家庭养殖为主，养殖规模集中在 1 000～4 000 只。因此，本部分将养殖规模 1 000～4 000 只的家庭养殖场（户）作为肉羊规模化养殖的研究对象。

2. 肉羊养殖适度规模

养殖场（户）作为肉羊养殖的主体，其从事肉羊养殖的目的无疑是为了追求养殖利润的最大化，由于规模经济的存在，养殖场（户）可以通过扩大养殖规模获得更高的经济收益。但是，规模化养殖并不意味着规模越大越好，因此，养殖"适度"问题显得尤为重要。本部分将养殖场（户）作为研究主体，肉羊养殖适度规模既包括养殖场（户）刚好实现盈亏平衡时的保本规模，又包括其在实现利润最大化时的最佳经济规模。

二、唐县肉羊养殖现状分析

（一）唐县肉羊养殖概况

1. 肉羊出栏量

唐县肉羊养殖历史悠久，早在改革开放初期就被评为"小尾寒羊之乡"，到2010年，全县肉羊养殖业已初具规模，经过多年发展走出了一条肉羊专业育肥之路，逐渐成为华北地区最大的肉羊育肥养殖基地，全县肉羊存栏量、出栏量一直保持较高水平。

2019—2021年唐县、保定市及河北省年末肉羊出栏量均呈现明显的增长趋势。唐县肉羊出栏量增速明显快于保定市及河北省肉羊出栏量增速。其肉羊出栏量占保定市肉羊出栏量的比重始终维持50%以上，且从2019年的52.86%增长到2021年的61.3%；在河北省出栏量占比也从2019年的9.81%增长到了2021年的14.82%（表12-1）。

表 12-1 2019—2021 年肉羊出栏量

单位：万只,%

项目	2019 年		2020 年		2021 年	
	出栏量	增长率	出栏量	增长率	出栏量	增长率
唐县	219.27	—	259.17	18.19	343.61	32.58
保定市	414.77	—	451.46	8.85	560.53	24.16
唐县占保定市比重	52.86		57.41	8.61	61.3	6.78
河北省	2 234.47	—	2 265.84	1.4	2 440.07	7.69
唐县占河北省比重	9.81		11.44	16.62	14.82	29.55

数据来源：《保定经济统计年鉴》（2019—2021年）、《河北农村统计年鉴》（2019—2021年）。

2. 肉羊存栏量

2019—2021年，唐县、保定市及河北省年末肉羊存栏量均呈现明显增长趋势。唐县肉羊存栏量的增速明显快于保定市及河北省肉羊存栏量增速。其肉羊存栏量占保定市肉羊存栏量比重从2019年的43.83%增长到2021年的59.08%；在河北省存栏量占比也从2019年的7.78%增长到了2021年的13.18%（表12-2）。

表 12-2　2019—2021 年肉羊存栏量

单位：万只，%

项目	2019 年		2020 年		2021 年	
	存栏量	增长率	存栏量	增长率	存栏量	增长率
唐县	93.02	—	153.23	64.73	173.40	13.16
保定市	212.22	—	271.89	28.12	293.52	7.96
唐县占保定市比重	43.83	—	56.36	28.59	59.08	4.83
河北省	1 194.90	—	1 270.30	6.31	1 316.04	3.60
唐县占河北省比重	7.78	—	12.06	55.01	13.18	9.29

数据来源：《保定经济统计年鉴》（2019—2021 年）、《河北农村统计年鉴》（2019—2021 年）。

3. 羊肉产量

从 2019—2021 年羊肉产量变化情况来看，唐县、保定市及河北省羊肉产量均呈现明显的增长趋势。其中，唐县的羊肉产量增速明显快于保定市及河北省。其羊肉产量占保定市羊肉产量的比重常年在 50% 以上，且从 2019 年的54.94% 增长到了 2021 年的 63.9%；在河北省产量占比常年在 10% 以上，且从 2019 年的 10.58% 增长到了 2021 年的 15.67%（表 12-3）。

表 12-3　2019—2021 年羊肉产量

单位：万吨，%

项目	2019 年		2020 年		2021 年	
	产量	增长率	产量	增长率	产量	增长率
唐县	3.28	—	3.59	9.45	5.31	47.91
保定市	5.97	—	6.43	7.70	8.31	29.24
唐县占保定市比重	54.94	—	55.83	1.62	63.90	14.45
河北省	31.00	—	31.32	1.32	33.88	8.17
唐县占河北省比重	10.58	—	11.46	8.32	15.67	36.74

数据来源：《保定经济统计年鉴》（2019—2021 年）、《河北农村统计年鉴》（2019—2021 年）。

（二）唐县肉羊养殖成本分析

1. 养殖成本主要构成要素

肉羊养殖成本是指肉羊从补栏到出栏整个养殖过程中所消耗和占用的全部成本总和，构成要素分为生产成本和土地成本。生产成本包括物质与服务费用和人工成本。物质与服务费用按投入的生产资料、与养殖相关的服务及其他投入是否直接归属于养殖过程，分为直接费用和间接费用。人工成本为养殖过程中投入人工及劳动力产生的成本，包括家庭用工折价和雇工成本。土地成本为养殖过程中所使用的饲养场地所支付的租金或承包费。根据相关文献梳理并结合唐县肉羊养殖场（户）实际情况，对养殖过程中的成本展开分析，如图 12-1所示。

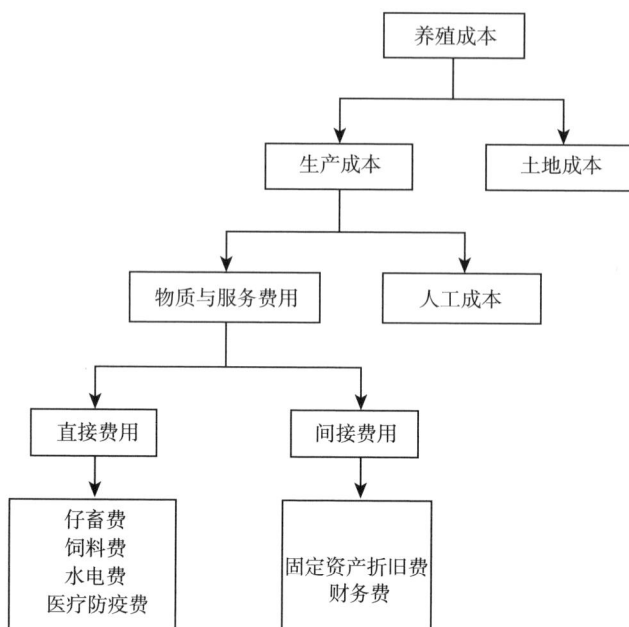

图 12-1　肉羊养殖成本构成

具体说明如下：

仔畜费是肉羊养殖过程中购买羊羔所发生的费用。

饲料费是肉羊养殖过程中为购买饲料所发生的费用，结合实地调研情况，主要指肉羊养殖所消耗的各种精饲料和粗饲料的价款合计。

医疗防疫费指肉羊养殖过程中投入疫苗、治疗费用以及养殖场所病毒消杀费用等。

水电费指肉羊养殖过程中所消耗的水、电费用支出合计。

固定资产折旧费指肉羊养殖过程中所使用的固定资产按照规定残值和折旧方法计提的折旧费用，结合实地调研情况，主要指养殖场（户）的房屋、建筑物、设备机械及运输工具的折旧额合计。

财务费指肉羊养殖过程中为筹集养殖所需资金等而发生的资金占用费，结合实地调研情况，主要指养殖场（户）借贷资金产生的利息费用。

人工成本指肉羊养殖过程中投入劳动力所发生的费用，结合实地调研情况，主要指家庭用工折价和雇佣工人费用合计。

土地成本指肉羊养殖过程中为获得使用饲养场地的权利所支付的租金或承包费，结合实地调研情况，主要指肉羊养殖土地承包租金或养殖小区租金。

2. 养殖成本变动分析

肉羊养殖成本变动情况反映了在一定时期内，养殖场（户）肉羊养殖所产生的各项成本、费用的变化情况。2019—2021 年唐县单只肉羊养殖成本变化情况如表 12 - 4 所示。

表 12 - 4 2019—2021 年肉羊养殖成本变动情况

单位：元/只

	2019 年	2020 年	2021 年
总成本	1 470.20	1 711.65	1 863.10
一、物质与服务费用	1 450.50	1 685.80	1 831.10
（一）直接费用	1 441.30	1 674.30	1 816.30
仔畜费	800.00	850.00	900.00
饲料费	630.00	810.00	900.00
水电费	1.30	1.30	1.30
医疗防疫费	10.00	13.00	15.00
（二）间接费用	9.20	11.50	14.80
固定资产折旧费	8.00	10.00	13.00
财务费用	1.20	1.50	1.80
二、人工成本	18.00	24.00	30.00
三、土地成本	1.70	1.85	2.00

数据来源：根据实地调研数据整理。

从整体情况来看，唐县单只肉羊养殖总成本呈现逐年递增趋势，由 2019 年的 1 470.20 元/只上涨到了 2021 年的 1 863.10 元/只，两年间养殖成本增长了 392.90 元，成本增长率为 26.72%。

从成本三大构成要素来看，各项费用三年间都有不同程度的增长。物质与服务费用两年内增长了 26.24%，物质与服务费用增长额对养殖总成本增长额的贡献率为 96.87%。其中，直接费用增长了 26.02%；间接费用增长了 60.87%。人工成本三年增长率为 66.67%。土地成本的上增幅度为 17.65%。

从具体成本项目来看，直接费用中仔畜费近三年一直保持较高价位，从 2019 年的 800 元/只上涨到了 2021 年的 900 元/只；饲料费上涨趋势明显，从 2019 年的 630 元/只上涨到了 2021 年的 900 元/只；医疗防疫费呈现明显上升趋势，从 2019 年的 10 元/只上涨到了 2021 年的 15 元/只。间接费用也有不同程度的增长，固定资产折旧费和财务费用分别增长了 62.5% 和 50%。

3. 养殖成本结构分析

肉羊养殖成本结构反映了在一定时期内，因肉羊养殖所产生的各项成本、费用占养殖总成本的比重。2019—2021 年唐县单只肉羊养殖成本结构变化情况如表 12-5 所示。

表 12-5　2019—2021 年肉羊养殖成本结构变化

单位：%

	2019 年	2020 年	2021 年
总成本	100.00	100.00	100.00
一、物质与服务费用	98.66	98.49	98.28
（一）直接费用	98.03	97.82	97.49
仔畜费	54.41	49.66	48.31
饲料费	42.85	47.32	48.31
水电费	0.09	0.08	0.07
医疗防疫费	0.68	0.76	0.81
（二）间接费用	0.63	0.67	0.79
固定资产折旧费	0.54	0.58	0.70
财务费用	0.08	0.09	0.10
二、人工成本	1.22	1.40	1.61
三、土地成本	0.12	0.11	0.11

数据来源：根据实地调研数据整理。

从 2019—2021 年单只肉羊养殖成本构成可以看出，物质与服务费用占总成本比重超过 98%，且以直接费用为主。其中，饲料费占总成本的比重超过 40% 且呈现逐年上涨趋势，到 2021 年饲料费占总成本的比重达到 48.31%，饲料价格上涨是饲料费占养殖总成本比重上升的主要原因；仔畜费占总成本的比重呈现下降趋势，由 2019 年的 54.41% 下降到 2021 年的 48.31%；水电费、医疗防疫费等占总成本比重不超过 1%。人工成本和土地成本占比三年来变动不大，人工成本有小幅上涨，原因是雇佣工人的工资上涨。

（三）唐县肉羊养殖收益分析

对唐县肉羊养殖收益的研究，主要围绕养殖收入和养殖利润展开。

1. 养殖收入分析

养殖收入指肉羊饲养过程中所获得的全部收入，不仅包括出售肉羊所获得的销售收入，也包括养殖过程中产生各种副产品的销售收入。对唐县的实地调研结果显示，养殖收入绝大部分来源于出售活羊，肉羊饲养过程中产生的羊粪等副产品收入基本与运输费相抵，此处忽略不计。

2019—2021 年唐县单只肉羊养殖收入变化情况如表 12-6 所示。从单只肉羊养殖收入变化情况来看，2019—2021 年养殖收入呈现先增长后小幅下降的趋势。具体来看，养殖收入主要受肉羊平均出售重量和平均出售价格两方面影响。在整个育肥周期内，养殖户购进育肥羔羊重量在 30～40 斤[*]，育肥到 120～140 斤达到出栏标准，平均出售重量近三年基本保持不变。平均出售价格受市场波动影响，2019 年，活羊平均出售价格为 13.00 元/斤，2020 年羊肉市场行情普遍上涨，平均出售价格为 16.00 元/斤，2021 年小幅下降。

表 12-6 2019—2021 年肉羊养殖收入变化

单位：斤/只，元/斤，元/只

	2019 年	2020 年	2021 年
平均出售重量	130.00	130.00	130.00
平均出售价格	13.00	16.00	15.00
收入	1 690.00	2 080.00	1 950.00

数据来源：根据实地调研数据整理。

2. 养殖利润分析

表 12-7 2019—2021 年肉羊养殖利润变化

单位：元/只，%

	2019 年	2020 年	2021 年
收入	1 690.00	2 080.00	1 950.00
成本	1 470.20	1 711.65	1 863.10
利润	219.80	368.35	86.90
利润率	14.95%	21.52%	4.66%

数据来源：根据实地调研数据整理。

养殖利润是指养殖收入减去养殖成本后的净值。表 12-7 显示，从单只肉羊养殖利润变化情况来看，2019—2021 年养殖利润和利润率变化趋势吻合且均呈现先增长后下降的趋势。2019 年净利润为 219.80 元/只，2020 年羊肉市场行情上增幅度高于仔畜购进费与饲料价格上增幅度，平均净利润达到 368.35 元/只；2021 年受仔畜购进价格、饲料价格上涨以及羊肉市场行情下行影响，净利润下降为 86.90 元/只。从利润率来看，三年间同样呈现先上升后

---

[*] 斤为非法定计量单位，1 斤＝0.5 千克。

下降的趋势。

总体来说，唐县单只肉羊养殖净利润与利润率的走势相同，二者体现了唐县肉羊养殖盈利状况的不稳定性，虽然养殖收入和养殖成本均存在大幅增长，但增长额与增长速度方面，养殖成本均高于养殖收入，导致了 2021 年利润率下降。

三、唐县肉羊养殖适度规模测算

（一）数据来源及样本分析

1. 数据来源

本研究所用数据来源于 2021 年 12 月和 2022 年 7 月对河北省唐县养殖场（户）的调研。调研方式采用入户调研和电子问卷相结合的形式，调研发放问卷 52 份，实际收回有效问卷 44 份，有效率为 84.62%。调研所涉及的问题包括养殖场（户）的基本情况、养殖经营情况、养殖社会化服务情况以及成本、收益情况。样本调查范围主要分布在唐县 12 个乡（镇），因南店头乡、都亭乡、长古城乡肉羊养殖场（户）较其他乡（镇）数量多且集中，因而其样本数量较多（表 12-8）。

表 12-8　唐县养殖场（户）调查样本分布

单位：个，%

样本区域	样本数量	样本比例	样本区域	样本数量	样本比例
王京镇	2	4.55	长古城乡	5	11.36
仁厚镇	4	9.09	北店头乡	4	9.09
齐家佐乡	3	6.82	罗庄乡	2	4.55
羊角乡	2	4.55	都亭乡	6	13.64
雹水乡	4	9.09	北罗乡	2	4.55
南店头乡	8	18.18	合计	44	100.00
军城镇	2	4.55			

数据来源：根据实地调研数据整理。

2. 调研样本分析

（1）养殖场（户）主基本特征（表 12-9）。从性别来看，受访养殖场（户）主以男性居多，占总样本比重为 75%，女性占总样本比重为 25%。

从年龄角度来看，受访养殖场（户）主年龄主要集中在 31~60 岁，占总样本的比重达 77.3%，其中 31~45 岁养殖场（户）主占总样本比重为 45.5%，46~50 岁养殖场（户）主占总样本比重为 31.8%，30 岁及以下和

60 岁以上受访养殖场（户）主样本量较少，分别占 9.1％和 13.6％，可以发现，唐县肉羊养殖人员以中年人为主，青年人及老年人为辅。

从文化程度来看，受访养殖场（户）主文化程度以初中为主，占总样本的比重高达 56.8％，其次是小学及以下文化程度，占比为 36.4％，二者之和达到 93.2％，高中文化程度样本数占比为 6.8％，大专及以上文化程度样本数为 0，说明受访养殖场（户）主文化程度普遍偏低。

表 12 - 9　养殖场（户）主基本特征

单位：个，％

样本项目	项目分类	样本数量	样本比例
性别	男	33	75.00
	女	11	25.00
年龄	30 岁及以下	4	9.10
	31～45 岁	20	45.50
	46～60 岁	14	31.80
	60 岁以上	6	13.60
文化程度	小学及以下	16	36.40
	初中	25	56.80
	高中	3	6.80
	大专及以上	0	0.00

数据来源：根据实地调研数据整理。

（2）养殖场（户）经营特征（表 12 - 10）。主要包括四个方面。

从养殖年限来看，7～10 年的养殖场（户）最多，占受访总样本的比重为 43.2％；其次为 10 年以上，占比为 27.3％；然后是 4～6 年的，占比为 22.7％；1～3 年的最少，占比为 6.8％。

从销售难易情况来看，养殖场（户）主要从事活羊销售，47.7％的受访养殖场（户）表示不存在销售困难，52.30％的受访养殖户表示存在销售困难，其原因是受新冠疫情影响。

从资金周转情况来看，受访养殖场（户）均有不同数额的资金借贷，表示存在资金周转困难的养殖场（户）占比为 86.4％，表示不存在资金周转困难的占比为 13.6％。

从环保政策对肉羊养殖影响程度来看，受访养殖场（户）中有 34.1％表示受到环保政策的制约，其余表示养殖没有受到环保政策制约。

表 12 - 10　养殖场（户）经营特征

单位：个,%

样本项目	项目分类	样本数量	样本比例
从事养殖年限	1～3 年	3	6.80
	4～6 年	10	22.70
	7～10 年	19	43.20
	10 年以上	12	27.30
存在销售困难	是	23	52.30
	否	21	47.70
资金周转困难	是	38	86.40
	否	6	13.60
环保政策制约	是	15	34.10
	否	29	65.90

数据来源：根据实地调研数据整理。

（3）养殖场（户）接受社会化服务特征。社会化服务主要包括养殖培训、合作组织参加情况、养殖保险及政策支持四个方面（表 12 - 11）。参加过养殖培训的养殖场（户）占 72.7%，其余未参加过培训。受访者中 68.2% 表示参加过养殖合作组织，有 54.5% 表示购买过养殖保险，86.4% 受访者享受过政策帮扶。

表 12 - 11　养殖场（户）养殖社会化服务

单位：个,%

样本项目	项目分类	样本数量	样本比例
参加过养殖培训	是	32	72.70
	否	12	27.30
参加过养殖合作组织	是	30	68.20
	否	14	31.80
购买过养殖保险	是	24	54.50
	否	20	45.50
享受过政策支持	是	38	86.40
	否	6	13.60

数据来源：根据实地调研数据整理。

（二）研究假设

在肉羊规模化养殖过程中，养殖场（户）将利润最大化作为根本目的，但养殖场（户）养殖规模并非越大越好。根据规模经济理论，规模发展初期的肉羊养殖单位成本随着养殖规模的扩大呈现下降趋势，出现规模报酬递增，从而形成规模经济，此时养殖场（户）经济效益较好。但随着规模的扩大，养殖的各项成本费用投入不断增加，肉羊养殖单位成本边际递减效应不断减弱，最终形成单位成本上升、规模经济下降的情况。因此，本部分研究做出以下假设：

（1）养殖场（户）符合"理性经济人"，即在养殖过程中，养殖场（户）做出的决策是理性的，主要表现为追求养殖利润最大化。

（2）养殖场（户）的技术、土地、劳动力等生产要素的投入有保障，即在养殖过程中，养殖场（户）可以实现各生产要素投入的自由组合。

（三）模型构建

本文参考高延辉（2008）、党晓峰（2017）、任俊娜等（2022）非线性盈亏平衡模型构建方法。养殖总成本 Y_1、出售价格 P 均为关于养殖规模 X 的函数。其中，养殖总成本函数 Y_1 用一元二次函数的形式表达，公式为：

$$Y_1 = A_0 + A_1 X + A_2 X^2 \qquad (12-1)$$

出售价格函数 P 用一元线性函数的形式表达，公式为：

$$P = B_0 + B_1 X \qquad (12-2)$$

养殖总收入函数 Y_2 用一元二次函数的形式表达，公式为：

$$Y_2 = PX + C = C + B_0 X + B_1 X^2 \qquad (12-3)$$

肉羊养殖场（户）的利润等于养殖总收入 Y_2 减去养殖总成本 Y_1，利润函数 Y 用公式表达为：

$$Y = Y_2 - Y_1 \qquad (12-4)$$

根据上述模型，肉羊养殖规模与养殖成本、收入之间均呈现非线性关系，同时这两条曲线在一定范围内存在两个相交点，交点处的关系表示养殖收入等于养殖成本，也就是养殖利润等于零，用公式表达为：

$$Y = Y_2 - Y_1 = (C - A_0) + (B_0 - A_1)X + (B_1 - A_2)X^2$$
$$(12-5)$$

在此条件下，可求得对应养殖规模 X_1 和 X_2 的值，即肉羊养殖的盈亏平衡点。当肉羊养殖规模在 X_1 和 X_2 之间时，养殖场（户）不会发生亏损，其所对应的养殖规模区间就是养殖场（户）的盈亏平衡规模。

养殖利润最大化，即利润函数 Y 达到最大值。通过边际分析，对利润函数 Y 与养殖规模 X 进行一阶求导可得边际利润，公式表达为：

$$MY = \frac{\mathrm{d}Y(X)}{\mathrm{d}X} = (B_0 - A_1) + 2(B_1 - A_2)X \qquad (12-6)$$

当边际利润为 0 时，可求得养殖规模 X，即为养殖场（户）实现利润最大化时的最佳经济规模，公式表达为：

$$X = \frac{A_1 - B_0}{2(B_1 - A_2)} \qquad (12-7)$$

（四）模型结果

1. 肉羊养殖盈亏平衡规模测算

通过对唐县肉羊养殖调研数据进行整理、汇总成本收益数据，运用 SPSS 统计软件分析得出肉羊养殖规模与养殖成本的非线性回归模型：

$$Y_1 = 0.126 X^2 + 1\,018.631X + 626\,563.746 \qquad (12-8)$$

模型回归结果如表 12-12 所示，通过对养殖规模与养殖成本的回归模型进行检验发现，R^2 以及修正的 R^2 均为 0.998，模型拟合优度较好，能够较好地解释唐县肉羊养殖规模与养殖成本之间的关系。回归模型的 F 值为 2 668.656，对应的检验概率为 0，在 1% 的显著性水平下显著，说明该回归模型变量之间存在显著性关系，具有统计学意义。养殖规模二次项的 T 检验统计量的值为 3.532，对应的 P 值为 0.005，一次项 T 检验统计量的值为 5.076，对应的 P 值为 0，说明在 1% 的显著性水平下显著，通过了 T 检验，其与养殖成本之间具有显著相关关系。养殖规模二次项系数、一次项系数均为正值，说明回归模型开口向上且随着养殖规模扩大，养殖成本呈现增长趋势，具有经济学意义。

表 12-12　养殖规模与养殖成本模型回归结果

	系数	T 检验值	显著性
养殖规模	1 018.631	5.076	0.000
养殖规模^2	0.126	3.532	0.005
（常量）	626 563.746	2.338	0.041
R^2	0.998		
修正的 R^2	0.998		
F 值	2 668.656		0.000

肉羊养殖规模与养殖收入的非线性回归模型：

$$Y_2 = -0.112 X^2 + 2\,387.894X - 899\,603.497 \qquad (12-9)$$

模型回归结果如表 12-13 所示，通过对养殖规模与养殖收入的回归模型进行检验发现，R^2 为 0.997，修正的 R^2 为 0.996，模型拟合优度较好，能够较好地解释唐县肉羊养殖规模与养殖收入之间的关系。回归模型的 F 值为 1 447.050，对应的检验概率为 0，在 1% 的显著性水平下显著，因此该回归模型变量之间存在显著性关系，具有统计学意义。养殖规模二次项的 T 检验统计量的值为 -2.273，对应的 P 值为 0.046，说明在 5% 的显著性水平下显著；一次项 T 检验统计量的观测值为 8.580，对应的 P 值为 0，说明在 1% 的显著性水平下显著，一次项与二次项均通过了 T 检验，因此其与养殖收入之间具有显著相关关系。养殖规模二次项系数为负，一次项系数均为正，说明回归模型开口向下且随着养殖规模扩大，养殖收入呈现增长趋势，具有经济学意义。

表 12-13 养殖规模与养殖收入模型回归结果

	系数	T 检验值	显著性
养殖规模	2 387.894	8.580	0.000
养殖规模^2	-0.112	-2.273	0.046
（常量）	$-899\ 603.497$	-2.421	0.036
R^2	0.997		
修正的 R^2	0.996		
F 值	1 447.050		0.000

基于盈亏平衡分析的"利润＝收入－成本"理论，唐县肉羊养殖利润函数为

$$Y = Y_2 - Y_1 = -0.238 X^2 + 1\ 369.263X - 1\ 526\ 167.24$$

$$(12-10)$$

当 $Y=0$ 时，可求解方程 $X_1 = 1\ 512$，$X_2 = 4\ 239$。

从规模经济角度来看，在养殖过程中，养殖收入随着养殖规模扩大呈现边际效益递增向边际效益递减变化，养殖成本随着养殖规模扩大呈现边际递减向边际递增变化，形成规模不经济—规模经济—规模不经济的发展过程。因此，1 512 只为肉羊养殖盈亏平衡规模最小临界值，4 239 只为肉羊养殖盈亏平衡规模最大临界值。即当养殖规模为 1 512 只与 4 239 只时，养殖场（户）养殖成本与养殖收入相等；当养殖规模小于 1 512 只或大于 4 239 只时，养殖场（户）养殖成本高于养殖收入，养殖场（户）可能面临亏损；当养殖规模介于 1 512 只至 4 239 只之间时，养殖收入高于养殖成本，养殖场（户）处于盈利状态。

2. 肉羊养殖最佳经济规模测算

基于养殖利润函数 Y，令该函数的一阶导数等于 0，肉羊养殖可实现利润最大化，对应的养殖规模即为最佳经济规模，其方程表现形式为：

$$-0.476X + 1\ 369.263 = 0 \qquad (12-11)$$

$$X = 2\ 876.6$$

说明 2 876 只时，肉羊养殖边际成本等于边际收益，养殖场（户）增加单位养殖数量所带来的收益增加量与成本增加量相等，即肉羊养殖规模达到 2 876 只时，养殖场（户）实现利润最大化，实现经济效益最高。此时，平均每只肉羊的出栏成本为 1 598.90 元，所耗费的成本大约为 10.66 元/天。

正如本节内容开头所做出的假设一样，肉羊养殖适度规模的测算是基于养殖场（户）养殖技术、土地、劳动力等条件得到保障的前提下进行的。基于该假设分析的适度规模并不是为了说明养殖场（户）肉羊养殖规模就应该发展到这一适度规模，而是为了探讨未来养殖场（户）肉羊养殖规模的发展空间问题。如果对该条件作进一步的放松，比如养殖场（户）在养殖的医疗防疫技术上受限，就有可能带来养殖效率的降低，在一定程度上增加肉羊养殖成本。反映到非线性盈亏平衡中就是边际成本的上升，从而使得利润最大化下的养殖规模缩小；相反，养殖技术的进步则可能使得利润最大化下的养殖规模扩大。因此，如果将假设条件放宽，养殖场（户）养殖适度规模问题将会变得复杂，同样也更符合现实情况，但由于篇幅所限，未对复杂情况下的肉羊养殖适度规模进行动态研究。

四、唐县肉羊养殖适度规模影响因素分析

（一）肉羊养殖适度规模影响因素的定性分析

肉羊养殖适度规模是养殖场（户）在养殖过程中投入各种生产要素并受到外部环境等因素影响，以期获得利益最大化的活动。通过梳理学术界对养殖适度规模影响因素的相关研究，考虑肉羊养殖适度规模影响因素时主要从个人特征、经营特征、社会化服务三方面展开。

1. 个人特征影响因素分析

（1）性别：一般情况下，女性相较于男性来说更加保守，对事物的接受及调整能力稍弱，所以男性经营主体在养殖适度规模方面更加具有魄力，肉羊养殖适度规模的实现程度更高。

（2）年龄：年龄代表着家庭劳动输出能力的强弱。一般情况下，年龄与劳动能力输出成反比，所以相较于老年经营主体来说，中青年养殖场（户）主劳动能力更强。

（3）文化程度：文化程度指养殖经营主体的学历。文化程度较高的养殖主体对新思想、新技术的接受能力更强，更有利于养殖适度规模的实现。

2. 经营特征影响因素分析

（1）养殖年限：养殖年限指养殖场（户）从事肉羊养殖时间的长短。

（2）销售难易：销售的难易程度直接影响经营主体的养殖积极性。

（3）资金周转：资金周转指养殖场（户）在养殖过程中从资金占用到资金回笼的效率。

（4）环保政策：环保政策对肉羊养殖主体具有一定的制约作用，从而限制养殖场（户）在养殖规模方面的无序扩张，使其养殖规模维持在合理区间，对肉羊养殖适度规模的实现具有正向作用。

3. 社会化服务影响因素分析

（1）养殖培训：养殖培训是指养殖主体在养殖过程中参加的由企业、社会或政府等组织的针对养殖技术、管理经验等的培训指导。

（2）合作组织：养殖合作组织主要指养殖场（户）加入养殖合作社或与屠宰加工企业合作。

（3）养殖保险：养殖保险是养殖场（户）在向承保单位支付一定数量的保险费用后，在饲养期间遭受保险责任范围内的自然灾害、意外事故时有权获得相应补偿。

（4）政策支持：政策支持指政府对养殖场（户）在资金、土地、技术等方面所提供的支持、帮助。

（二）肉羊养殖适度规模影响因素的定量分析

1. 多元线性回归模型

多元线性回归模型主要用来解释因变量（被解释变量）受多个自变量（解释变量）及随机误差项的影响程度。它的一般形式为：

$$Y = \beta_0 + \beta_1 X_1 + \beta_2 X_2 + \beta_3 X_3 + \cdots + \beta_i X_i + \delta \quad (12-12)$$

式中，Y 表示因变量（被解释变量），X_1，X_2，X_3，$\cdots$，X_i 表示自变量（解释变量），δ 表示除自变量（解释变量）外，与因变量（被解释变量）有线性关系的随机误差项。

一般地，需要对多元线性回归模型中的自变量（解释变量）和随机误差项做出假定，主要包括：①各个自变量（解释变量）间不存在多重共线性；②随机误差项与各自变量（解释变量）之间不存在相关关系；③各个随机误差项保持独立，且服从正态分布；④随机误差项的期望值为 0；⑤随机误差项的方差为常量。

2. 模型构建及变量选取

（1）模型构建。需要考虑多个因素对肉羊养殖的适度规模进行解释。常用的影响因素分析法有二元回归、多元回归、Tobit 回归以及 Logit 回归等，由于因变量是连续变量，满足普通最小二乘法（OLS）中要求的因变量必须是连续变量的假设，所以本部分选用多元线性回归分析方法构建不同因素对肉羊养殖适度规模的影响模型，回归模型如下：

$$Y_i = \beta_0 + \sum \beta_i X_i + \varepsilon_i \qquad (12-13)$$

式中，Y_i表示养殖场（户）养殖适度规模的实现程度，用养殖场（户）实际养殖规模与测算出的适度养殖规模的比值来表示，β_0为常数项，β_i为各变量的估计系数，X_i为影响因素，包括养殖主体的性别、年龄、文化程度、销售是否困难、资金周转是否困难、养殖年限、是否参加养殖培训、是否受到环保政策制约、是否参加养殖合作组织、是否参加养殖保险、是否享受政策支持，ε_i为随机误差项。

（2）变量选取。被解释变量：将肉羊养殖适度规模实现程度作为被解释变量，参考苏瑶灿（2020）的适度规模度量方法，将其用养殖场（户）实际养殖规模与测算出的适度养殖规模的比值来表示。

解释变量：根据以往关于养殖适度规模影响因素的研究（候国庆，2017；朱宁，2017；田文勇，2019；武玉环，2020；）及上文对适度规模影响因素的定性分析，选择养殖场（户）的养殖年限、销售是否困难、资金周转是否困难、是否参加养殖培训、是否受到环保政策制约、是否参加养殖合作组织、是否购买养殖保险、是否享受政策帮扶作为解释变量。其中，养殖年限、受到环保政策制约、参加养殖培训、参加养殖合作组织、购买养殖保险、享受政策支持对肉羊养殖适度规模实现程度具有正向影响，销售存在困难、资金周转存在困难对肉羊养殖适度规模实现程度具有负向影响。

控制变量：参考曹江雨（2020）组织管理研究中的控制变量使用，将问卷调研中涉及的人口学变量如性别、年龄、文化程度等，与被解释变量进行独立样本检验及单因素方差分析检验，比较不同人口学变量在因变量上的差异，从而将其作为控制变量使用。其中，男性、文化程度对肉羊养殖适度规模实现程度有正向影响，年龄对肉羊养殖适度规模实现程度具有负向影响。

肉羊养殖适度规模影响因素相关变量定义及赋值说明如表12-14所示。

表 12-14　各变量设定

变量类别	变量名称	赋值说明	变量性质	预期符号
被解释变量	养殖适度规模实现程度Y	养殖场（户）实际养殖规模与测算出的适度养殖规模的比值	连续变量	
解释变量	养殖年限X_1	1至3年=1；4至6年=2；7至10年=3；10年以上=4	分类变量	＋
	销售是否存在困难X_2	是=1；否=2	分类变量	－
	资金周转是否存在困难X_3	是=1；否=2	分类变量	－

（续）

变量类别	变量名称	赋值说明	变量性质	预期符号
解释变量	是否受到环保政策制约 X_4	是＝1；否＝2	分类变量	＋
	是否参加养殖培训 X_5	是＝1；否＝2	分类变量	＋
	是否参加养殖合作组织 X_6	是＝1；否＝2	分类变量	＋
	是否参加养殖保险 X_7	是＝1；否＝2	分类变量	＋
	是否享受政策支持 X_8	是＝1；否＝2	分类变量	＋
控制变量	性别 X_9	男性＝1；女性＝2	分类变量	＋
	年龄 X_{10}	30 岁及以下＝1；31 至 45 岁＝2；46 至 60 岁＝3；61 岁及以上＝4	分类变量	－
	文化程度 X_{11}	小学及以下＝1；初中＝2；高中＝3；大专及以上＝4	分类变量	＋

3. 模型回归分析

（1）模型回归结果。本部分采用 SPSS 统计分析软件构建多元线性回归模型对唐县肉羊养殖适度规模影响因素展开分析，对分类变量采取哑变量处理方式，以便能够更科学地判断其对肉羊养殖适度规模实现程度的影响。

通过方差膨胀因子（VIF）对各变量是否存在多重共线性进行检验，检验结果显示，各变量 VIF 值均在 10 以下，说明变量之间不存在严重的多重共线性问题；DW 值为 1.916，说明不存在序列自相关性；White 异方差检验对应的 P 值为 0.148＞0.05，说明不存在异方差问题；调整的 R^2 为 0.933，说明模型拟合优度较好，各变量能够较好地解释肉羊养殖适度规模实现程度（表 12-15）。

表 12-15　模型回归结果

	变量名	系数	标准误	t 统计量	P 值	VIF
	（常量）	0.216	0.163	1.326	0.196	
解释变量	养殖年限＝1 至 3 年	－0.368	0.095	－3.885	0.001	4.647
	养殖年限＝4 至 6 年	－0.249	0.066	－3.792	0.001	6.155
	养殖年限＝7 至 10 年	－0.162	0.044	－3.712	0.001	3.814
	养殖年限＝10 年以上	0				

（续）

变量名		系数	标准误	t 统计量	P 值	VIF
解释变量	资金周转存在困难	−0.069	0.039	−1.758	0.090	1.466
	资金周转不存在困难	0				
	销售存在困难	−0.058	0.027	−2.186	0.038	1.444
	销售不存在困难	0				
	受到环保政策制约	0.179	0.043	4.193	0.000	3.327
	没有受到环保政策制约	0				
	参加养殖培训	0.053	0.028	1.944	0.062	1.224
	没有参加养殖培训	0				
	参加养殖合作组织	0.068	0.043	1.572	0.128	3.332
	没有参加养殖合作组织	0				
	购买养殖保险	0.071	0.034	2.05	0.05	2.402
	没有购买养殖保险	0				
	享受政策支持	0.092	0.061	1.507	0.143	3.604
	没有享受政策支持	0				
控制变量	性别＝男	0.067	0.032	2.117	0.044	1.532
	性别＝女	0				
	年龄＝30岁及以下	0.525	0.12	4.363	0.000	9.781
	年龄＝31至45岁	0.378	0.063	5.957	0.000	8.126
	年龄＝46至60岁	0.18	0.058	3.088	0.005	6.027
	年龄＝61岁及以上	0				
	文化程度＝初中	0.069	0.03	2.307	0.029	1.795
	文化程度＝高中	0.023	0.085	0.274	0.786	3.727
	文化程度＝小学及以下	0				
	调整的 R^2	0.933	F 值	38.703	DW 值	1.916
	White 异方差检验值	43.716	对应 P 值	0.148		

数据来源：SPSS统计软件。

（2）回归结果分析。从模型回归结果来看，解释变量中养殖年限、销售存在困难、资金周转存在困难、受到环保政策制约、参加养殖培训、参加养殖保险，控制变量中性别（男）、年龄、文化程度（初中）均通过了10%显著水平下的显著性检验，说明以上因素可以解释唐县肉羊养殖适度规模实现程度；而解释变量中参加养殖合作组织、享受政策支持，控制变量中文化程度（高中）均未通过10%显著水平下的显著性检验，说明上述因素对唐县肉羊养殖适度规模实现程度的影响有限。在排除了性别、年龄、文化程度的干扰之后，具体分析如下：

从养殖年限来看，养殖年限在1至3年、4至6年、7至10年均在1%的显著性水平下显著，对肉羊养殖适度规模实现程度影响显著且符号为负，说明存在负向相关关系，其中，养殖年限1至3年与肉羊养殖适度规模实现程度的相关系数为−0.368，说明其比10年以上养殖年限对肉羊养殖适度规模实现程度低36.8%；养殖年限4至6年与肉羊养殖适度规模实现程度的相关系数为−0.249，说明其比10年以上养殖年限对肉羊养殖适度规模实现程度低24.9%；养殖年限7至10年与肉羊养殖适度规模实现程度的相关系数为−0.162，说明其比10年以上养殖年限对肉羊养殖适度规模实现程度低16.2%。总之，肉羊养殖年限越短，其适度规模实现程度越低，相反则越高。

从销售情况来看，销售存在困难对肉羊养殖适度规模实现程度在5%的显著性水平下显著，相关系数为−0.058，说明销售困难不利于肉羊养殖适度规模的实现。

从资金周转是否存在困难来看，资金周转存在困难对肉羊养殖适度规模实现程度在10%的显著性水平下显著，相关系数为−0.069，说明资金周转存在困难不利于肉羊养殖适度规模的实现。

从环保政策制约来看，受到环保政策制约在1%的显著性水平下对肉羊养殖适度规模实现程度影响显著，相关系数为0.179，说明环保政策的实施限制了肉羊养殖规模的无序扩张，使养殖规模保持在合理区间，即环保政策的实施在一定程度上有利于肉羊养殖适度规模的实现。

从参加养殖培训来看，养殖培训与肉羊养殖适度规模实现程度在10%的显著性水平下存在正向相关关系，相关系数为0.053，说明养殖培训有利于肉羊养殖适度规模的实现。

从购买养殖保险来看，购买养殖保险对肉羊养殖适度规模实现程度在5%的显著性水平下显著，相关系数为0.071，说明购买养殖保险更有利于养殖适度规模的实现。

从养殖合作组织来看，参加养殖合作组织对肉羊养殖适度规模实现程度影响的显著性水平高于10%，没有通过显著性检验，说明肉羊养殖适度规模实现程度受其是否参加养殖合作组织的影响不明显。

从政策支持来看，享受政策支持对肉羊养殖适度规模实现程度影响的显著性水平高于10%，没有通过显著性检验，说明养殖场（户）肉羊养殖适度规模实现程度受其是否享受政策支持影响不明显。

从性别影响来看，男性对肉羊养殖适度规模的实现程度在5%的显著性水平下影响显著且符号为正，相关系数为0.067，说明男性更有利于肉羊养殖适度规模的实现。

从年龄影响来看，年龄段在 30 岁及以下、31 至 45 岁、46 至 60 岁均对肉羊养殖适度规模实现程度在 1％ 的显著性水平下影响显著且符号为正，说明均存在正向相关关系，其中 30 岁及以下年龄段与肉羊养殖适度规模实现程度的相关系数为 0.525，31 至 45 岁年龄段相关系数为 0.378，46 至 60 岁年龄段的相关系数为 0.18。说明受访养殖场（户）年龄段越低，对肉羊养殖适度规模的实现程度正向影响越大，年龄段越高正向影响越小。

从文化程度来看，初中文化程度对肉羊养殖适度规模实现程度在 5％ 的显著性水平下拒绝原假设且相关系数为 0.069，高中文化程度显著性水平大于10％，没有通过显著性检验，说明影响不明显，原因可能是，高中文化程度养殖场（户）主从事肉羊养殖的不稳定性增加，更可能从事其他行业。

（3）稳健性检验。回归结果显示，各解释变量与控制变量对肉羊养殖适度规模的影响系数均没有出现明显变化且影响显著，Robust 回归分析与本研究所采用的最小二乘法（OLS）回归分析结论基本一致，说明回归结果具有稳健性（表 12 - 16）。

表 12 - 16　Robust 回归结果

	变量名	系数	标准误	t 统计量	P 值
	（常量）	0.274	0.137	1.998	0.046
	养殖年限＝1 至 3 年	−0.444	0.08	−5.582	0.000
	养殖年限＝4 至 6 年	−0.267	0.055	−4.856	0.000
	养殖年限＝7 至 10 年	−0.181	0.037	−4.94	0.000
	养殖年限＝10 年以上	0			
	资金周转存在困难	−0.102	0.033	−3.112	0.002
	资金周转不存在困难	0			
	销售存在困难	−0.061	0.022	−2.727	0.006
解释变量	销售不存在困难	0			
	受到环保政策制约	0.206	0.036	5.746	0.000
	没有受到环保政策制约	0			
	参加养殖培训	0.058	0.023	2.493	0.013
	没有参加养殖培训	0			
	参加养殖合作组织	0.092	0.036	2.52	0.012
	没有参加养殖合作组织	0			
	购买养殖保险	0.054	0.029	1.874	0.061

（续）

	变量名	系数	标准误	t 统计量	P 值
解释变量	没有购买养殖保险	0			
	享受政策支持	0.087	0.051	1.69	0.091
	没有享受政策支持	0			
控制变量	性别＝男	0.048	0.027	1.809	0.07
	性别＝女	0			
	年龄＝30 岁及以下	0.472	0.101	4.661	0.000
	年龄＝31 至 45 岁	0.336	0.053	6.318	0.000
	年龄＝46 至 60 岁	0.171	0.049	3.494	0.000
	年龄＝61 岁及以上	0			
	文化程度＝初中	0.049	0.025	1.952	0.051
	文化程度＝高中	0.023	0.071	0.326	0.744
	文化程度＝小学及以下	0			

数据来源：SPSS 统计软件。

五、研究结论

1. 唐县肉羊养殖现状

从成本变动来看，近三年唐县肉羊养殖成本呈现逐年递增趋势，仔畜费和饲料费上涨最为明显。从成本结构来看，近三年唐县肉羊养殖场（户）成本结构变化较为平稳，其中土地成本占总成本的比重变化不大，人工成本占总成本的比重小幅上升，物质与服务费用占总成本的比重呈现小幅下降趋势，但始终居于主导地位。从收入角度来看，近三年唐县肉羊养殖收入受市场价格影响明显，呈现先增长后下降的趋势。从养殖利润角度来看，近三年唐县肉羊养殖净利润与利润率波动性较大，二者变化趋势相同且均呈现先增长后下降的趋势。

2. 唐县肉羊养殖适度规模测算

运用 SPSS 统计分析软件建立非线性盈亏平衡模型，测算出唐县肉羊养殖场（户）盈亏平衡规模以及最佳经济规模，结果显示：唐县养殖场（户）的肉羊养殖盈亏平衡规模为 1 512～4 239 只，最佳经济规模为 2 876 只，即养殖规模为 2 876 只时养殖利润可实现最大化。此时，平均每只肉羊的出栏成本为 1 598.87 元，所耗费的成本大约为 10.65 元/天。

3. 唐县肉羊养殖适度规模的影响因素

实证分析结果表明：各解释变量在排除养殖场（户）性别、年龄、文化程度干扰后，一是养殖年限 1 至 3 年、4 至 6 年、7 至 10 年相较于养殖年限 10 年以上对肉羊养殖适度规模实现有显著负向影响，相关系数分别为 -0.368、 -0.249、-0.162；二是销售存在困难对肉羊养殖适度规模实现有显著负向影响，相关系数为 -0.058；三是资金周转困难对肉羊养殖适度规模实现有显著负向影响，相关系数为 -0.069；四是环保政策对肉羊养殖适度规模实现有显著正向作用，相关系数为 0.179；五是参加养殖培训对肉羊养殖适度规模实现有显著正向作用，相关系数为 0.053；六是参加养殖合作组织对肉羊养殖适度规模实现影响不明显；七是购买养殖保险对肉羊养殖适度规模实现有显著正向影响，相关系数为 0.071；八是政策支持对肉羊养殖适度规模实现影响不明显；九是男性对肉羊养殖适度规模实现有显著正向影响，相关系数为 0.067；十是年龄在 30 岁及以下、31 至 45 岁、46 至 60 岁对肉羊养殖适度规模实现有正向影响，相关系数分别为 0.525、0.378、0.18；十一是初中文化程度相较于小学及以下文化程度对肉羊养殖适度规模有显著正向影响，相关系数为 0.069，高中文化程度对肉羊养殖适度规模实现程度影响不显著。

参 考 文 献

党晓峰，黄崇，2017. 对畜类养殖业本量利分析的改进与应用 [J]. 财会月刊 (23)：52 - 55.

任俊娜，李艳红，云燕，武佳伟，2022. 我国农牧交错带肉羊养殖适度规模研究——以山西省雁门关农牧交错带 37 县规模肉羊养殖为例 [J]. 中国畜牧杂志，58 (7)：285 - 288.

苏瑶灿，2021. 阜平县种粮户适度规模经营及其影响因素研究 [D]. 保定：河北农业大学.

田文勇，余华，吴秀敏，2019. 污染治理成本视角下生猪适度养殖规模测算——基于四川生猪调出大县的调查 [J]. 农村经济 (3)：122 - 127.

武玉环，朱宁，秦富，2020. 我国蛋鸡养殖适度规模研究——基于 5 省实地调研数据 [J]. 中国农业资源与区划，41 (10)：70 - 78.

朱宁，秦富，2017. 蛋鸡养殖污染治理投入与适度规模分析——基于 5 省规模养殖户的调研 [J]. 湖南农业大学学报（社会科学版），18 (3)：7 - 12.

图书在版编目（CIP）数据

河北省羊产业经济研究：2021—2022 年 / 赵慧峰等
著. -- 北京：中国农业出版社，2025. 8. -- ISBN 978-
7-109-33402-1

Ⅰ. F326.372.2

中国国家版本馆 CIP 数据核字第 2025J5T565 号

中国农业出版社出版

地址：北京市朝阳区麦子店街 18 号楼
邮编：100125
责任编辑：张楚翘
版式设计：小荷博睿　责任校对：张雯婷
印刷：北京中兴印刷有限公司
版次：2025 年 8 月第 1 版
印次：2025 年 8 月北京第 1 次印刷
发行：新华书店北京发行所
开本：700mm×1000mm　1/16
印张：17.75
字数：340 千字
定价：88.00 元
